AF349189

SEIS PERSONAJES EN BUSCA DE AUTOR
CADA CUAL A SU MANERA
ESTA NOCHE SE IMPROVISA

LUIGI PIRANDELLO

Seis personajes en busca de autor
Cada cual a su manera
Esta noche se improvisa

Edición de Romano Luperini

Traducción, notas y apéndice bibliográfico
sobre Pirandello y la literatura española
de Miguel Ángel Cuevas

DECIMOSEXTA EDICIÓN

CÁTEDRA
LETRAS UNIVERSALES

Título original de la obra:
Sei personaggi in cerca d'autore
Ciascuno a suo modo
Questa sera si recita a soggetto

1.ª edición, 1992
16.ª edición, 2026

Traducción de la introducción: M.ª de las Nieves Muñiz

Diseño de cubierta: Diego Lara

© Ediciones Cátedra (Grupo Anaya, S. A.), 1992, 2026
Valentín Beato, 21. 28037 Madrid
Depósito legal: M. 36.243-2011
I.S.B.N.: 978-84-376-1137-2
Printed in Spain

INTRODUCCIÓN

Luigi Pirandello

1. La formación, las poesías, las primeras novelas[*]

La formación de Pirandello (nacido en Agrigento en 1867) está condicionada por tres ambientes culturales diferentes: el siciliano de su infancia, su adolescencia y su primera juventud; el romano de sus estudios universitarios y de los años inmediatamente posteriores al regreso de Alemania (en Roma pasará ya casi todo el resto de su vida); el alemán de su estancia en Bonn para realizar los estudios de doctorado. Entre el ambiente siciliano y el romano Pirandello debió de encontrar una continuidad de fondo; de origen meridional era el grupo de intelectuales con el que se relacionó en esa ciudad (entre ellos destaca Luigi Capuana) y en cualquier caso él mismo estaba ligado a la cultura y la literatura del positivismo sicilianos, desde Verga hasta De Roberto, aunque ya empezaba a poner en discusión sus premisas «científicas» abriéndose a temas menos fácilmente explicables con los parámetros de la ciencia y la razón, como eran el espiritismo y la parapsicología.

En este clima cultural, tendrá lugar el encuentro de Pirandello con el libro de Alfred Binet *Les altérations de la personnalité*, que, aun partiendo de premisas positivistas, a

---

* Advertencia: Para las citas de Pirandello se recurrirá a las siguientes siglas: *SPSV = Saggi, poesie, scritti varii*, ed. M. Lo Vecchio Musti, Mondadori, I Classici Contemporanei Italiani, Milán, 1960; *TR = Tutti i romanzi*, ed. G. Macchia, 2 vols., Mondadori, I Meridiani, Milán, 1986; *MN1967 = Maschere Nude*, 2 vols., Mondadori, I Classici Contemporanei Italiani, Milán, 1967; *NA =Novelle per un anno*, ed. M. Costanzo, 3 vols., Mondadori, I Meridiani, Milán, 1988-1990.

través del estudio del hipnotismo y los estados de distracción y sonambulismo, había llegado a reconocer la existencia del inconsciente y la presencia, en cada hombre, de distintas personalidades contrapuestas. El relativismo de la conciencia y la crisis del concepto mismo de identidad, que serán centrales en tantas obras de Pirandello, tienen sin duda en este libro un punto de referencia obligado.

Contemporáneamente, el joven Pirandello iba analizando la crisis de valores de finales de siglo: la bancarrota de la vieja generación del Romanticismo y el Resurgimiento nacional, la inercia e ineptitud de las nuevas generaciones. El artículo *Arte y conciencia de hoy,* de 1893, constituye un documento sumamente significativo de ese malestar intelectual que no sólo era individual, sino también colectivo. Allí Pirandello no se limita a constatar una disgregación ética, denunciando la «inanidad contemporánea» y realizando un examen de conciencia de la condición intelectual a finales de siglo, sino que trata de definir los rasgos mismos de la modernidad, vista como tumultuoso y «continuo choque de voces discordantes» al que el arte debe adecuarse de alguna manera. En estas páginas aflora ya una poética de la discordancia y la contradicción muy distinta de la concepción organicista del arte que, sin embargo, estaba también presente en su formación a causa del influjo, primero de Carducci —pero también de Capuana y De Sanctis—, luego del vitalismo irracionalista propugnado por Gabriel-Jean-Raymond Séailles, de quien había leído el *Essai sur le génie dans l'art.*

Por otra parte, durante los años pasados en Bonn, la formación estética de Pirandello (que en la ciudad alemana estudió sobre todo lingüística y filología) aparece igualmente dividida entre la admiración por Goethe y sus teorías organicistas en estética (de Goethe tradujo en verso las *Elegías romanas)* y la predilección por autores amantes de la escisión, la ironía, lo fantástico y lo paradójico (como Heine, Tieck, Chamisso). Concuerda con esta última tendencia el interés con el que asistió en Bonn a las clases sobre lo cómico y el humorismo impartidas por

Theodor Lipps, un estudioso cuya obra *Komik und Humor*
citará más tarde en el ensayo *El humorismo*.

Del carácter provincial que tuvo la formación siciliana
de Pirandello queda el testimonio de sus primeros libros
de pocsía: *Mal giocondo* (1889) y *Pasqua di Gea* (1891), este
último concebido en Bonn y dedicado a la muchacha alemana que amó en aquella ciudad. En ellos una visión pe-
simista de la vida, inspirada por la lectura de Leopardi, ya
consciente del fin del antropocentrismo y del «límite» de
la condición humana, sirve para justificar un paganismo
tomado de Carducci y una exaltación vitalista del eros
contrapuesta al sentido cristiano del pecado.

Por lo demás, esa producción poética no fue una experiencia exclusivamente juvenil, sino que perduró cuando
ya Pirandello había llegado a ser un novelista afirmado
(su último libro de poesías, *Fuori di chiave* [*Fuera de clave*], lo
escribió a la edad de cuarenta y cinco años). Tras los dísti-
cos de *Elegie renane* (1895) y la traducción de las *Elegías romanas* de Goethe (1896), en *Zampogna* (1901) se advierten
ya síntomas significativos de una crisis expresiva, con la
consiguiente apertura al lenguaje de la más alta poesía
contemporánea (y en particular de Pascoli). Pero en este
caso Pirandello tampoco tiende a la concentración lírica
del simbolismo, sino más bien a la narratividad en verso:
de hecho aquí encontramos ya auténticos relatos versifi-
cados como *L'intrusa* y sobre todo *Padron Dio* (cabe recordar, por lo demás, que, en la última década del siglo, el
autor se había encaminado hacia la prosa, escribiendo
dos novelas y otras tantas colecciones de cuentos, *Amori
senza amore* y *Beffe della vita e della morte*). *Fuori di chiave*
(1912) es, con todo, el libro más consciente y maduro de
Pirandello poeta; podría decirse incluso que fue ese mismo grado de conciencia lo que lo indujo a abandonar la
poesía. En efecto, allí el programa humorístico que había
elaborado mientras tanto (el ensayo *El humorismo* es de
1908) se aplica a la poesía mediante una coherente subversión de su propio estatuto lírico que provoca una especie de autocontestación interna. El lenguaje poético,
con su tradición monológica y simbólica, se revela así

como algo ajeno a la nueva poética. El prosaísmo exasperado, el tono gnómico y reflexivo, el léxico uniforme y cotidiano exigían ya la forma narrativa y teatral.

En 1893, siguiendo el consejo de Capuana, Pirandello había empezado a dar sus primeros pasos como novelista, escribiendo *Marta Ajala,* que publicará sólo en 1901 en *La Tribuna* y luego en volumen en 1908 bajo el nuevo título de *L'esclusa* [*La excluida*]. El cambio de título es significativo porque mientras que el de la versión inicial se atiene a la tradición naturalista (que en general utiliza el nombre del personaje para titular la obra), el definitivo pone en primer plano una condición: la de la exclusión y la otredad que acerca a Marta Ajala a los protagonistas de novelas humoristas posteriores: desde Mattia Pascal hasta Serafino Gubbio. Así, al estudio naturalista de una situación histórica y ambiental determinada —la de una familia del sur y una mujer injustamente arrojada de su casa por el marido celoso— se alternan descripciones de una condición existencial de soledad y toda una serie de retratos grotescos deformados expresionísticamente: aspectos que anuncian ya la superación de la poética naturalista (por otra parte, la temática de la familia meridional reaparecerá en *Il turno,* escrita en 1895 y publicada en 1902, pero incurriendo en cierto costumbrismo exterior).

En el fondo es también una novela siciliana *I vecchi e i giovani* [*Los viejos y los jóvenes*], larga y compleja narración sobre la crisis política y moral de la clase dirigente italiana (tanto la nacida del Resurgimiento como la de la etapa posterior a la Unidad), envuelta en escándalos financieros e incapaz de enfrentarse con la explosión del problema meridional y la revuelta de los Fascios sicilianos. Se trata de una novela construida sobre un eje precario, bajo el empuje de tendencias contradictorias: por un lado novela histórica que prosigue la tradición de *Mastro-don Gesualdo* de Verga y *Los virreyes* de De Roberto, por el otro, aspiración a ser novela humorística (y de hecho fue escrita entre 1906 y 1909, cuando estaba elaborando el ensayo antes citado). De ahí las contradicciones y desajustes de esta potente y compleja máquina narrativa, capaz de poner en escena ambientes distintos (el parlamentario de la capital y el provinciano de Sicilia) y decenas de personajes representantes de todas las clases sociales, de todas las posturas políticas (reaccionarios filoborbónicos como don Ippolito, burgueses conservadores y negociantes como Flaminio Savio, socialistas como el príncipe Lando Laurano que apoya la formación de los Fascios en Sicilia, hombres del pueblo como el garibaldino Mauro Mortara). Así, la misma distinción entre el bien y el mal, entre honradez y corrupción, presente en muchas páginas de denuncia política y moral de la novela, queda contradicha por el análisis psicológico y humorístico encaminado a mostrar la relatividad de todo juicio y la complejidad contradictoria de la personalidad humana. Por otra parte, el planteamiento político resulta a la postre inconciliable con el final mismo de la novela, confiado al portavoz del autor, don Cosmo, quien observa que la historia «no concluye», sino que es una corriente sin sentido y sin meta.

I vecchi e i giovani —que Pirandello definió como «la novela de la Sicilia posterior a 1870, amarguísima y populosa novela, donde se encierra el drama de mi generación» [*SPSV*, pág. 1288]— en realidad clausura una fase de la trayectoria pirandelliana: constituye, en suma, el balance de un periodo histórico y, para el autor, una piedra tumbal sobre su propio pasado. La época de su gran narrativa humorística está, en efecto, a punto de abrirse.

2. El relativismo filosófico y la poética
del humorismo

La poética del humorismo fue elaborada por Pirandello en los primeros años del nuevo siglo, entre *Il fu Mattia Pascal* [*El difunto Mattia Pascal*] publicada en 1904 (que no sólo es su primera aplicación práctica sino que proporciona también —sobre todo en las dos *Premisas* iniciales— algunos de los presupuestos teóricos de la nueva poética) y el ensayo *El humorismo,* aparecido en 1908; es más, la primera edición de este trabajo ponía de relieve su vínculo con la novela mediante la dedicatoria «Al alma de Mattia Pascal bibliotecario».

La *Premisa segunda* de *Il fu Mattia Pascal* hace depender la actitud humorística del descubrimiento de Copérnico, es decir del fin del antropocentrismo y el relativismo consiguiente. En cierto sentido no es, pues, exagerado afirmar que la poética del humorismo expresa la toma de conciencia pirandelliana de lo moderno en el plano literario. En las páginas finales del ensayo, el autor parece, en efecto, perfectamente consciente de la muerte del mundo clásico, en el que los personajes podían ser aún «personas perfectas» o héroes íntegros, coherentes y unívocos, expresiones de un punto de vista único y superior, el de la «verdad» y la «belleza»:

> Sí, un poeta épico o dramático puede representar a un héroe en el cual luchen elementos contrapuestos e inconciliables, pero él con esos elementos *compondrá* un carácter, y querrá captarlo como algo coherente en todos sus aspectos. Pues bien, el humorista hace precisamente lo contrario: *descompone* el carácter en sus elementos integrantes; y mientras aquél intenta captarlo como alguien coherente en cada uno de sus actos, éste se divierte representándolo en todas sus incongruencias. El humorista no reconoce héroes [...]; sabe qué es la leyenda y cómo se forma, qué es la historia y cómo se forma: composiciones todas, más o menos ideales, y quizá tanto más ideales cuanto más aspiran a un estatuto de realidad: composiciones que se divierte en descomponer. [*SPSV*, página 158.]

Si el héroe pertenece al mundo clásico del *epos*, el *personaje* (y con la cursiva subrayamos la peculiar acepción pirandelliana de este término, que indica un tipo especial de personaje «inepto» y ajeno a los mecanismos sociales) pertenece en cambio a la modernidad, donde ya no existe una idea fuerte y unitaria de verdad, el hombre ha dejado de creer que podrá dominar la naturaleza con sus conocimientos e incluso es consciente del carácter precario y relativo de toda percepción suya y hasta de sus mismas ideologías. Como puede verse, Pirandello parece ya anticipar la distinción teórica de Bajtin entre el lenguaje monológico del *epos* y el polifónico de la novela, entre mundo de la tradición y mundo de la modernidad. Ya que para él, siendo sólo una máscara incluso la identidad individual, el *personaje* no podrá sino apartarse de la existencia social (dominada por la cristalización de las ideologías y la moral convencionales) y dedicarse a una actitud humorística, es decir crítico-negativa y analítica, de descomposición de las ilusiones dominantes, hasta llegar a la renuncia extrema a cualquier forma de identidad y «consistencia», incluida la de su propio nombre.

El relativismo humorístico no tiene, sin embargo, en Pirandello sólo una base histórica —es decir, no depende sólo de una revolución en las conciencias producida por la epistemología copernicana—, sino que parece depender también de una estructura permanente de la condición humana reconducible en última instancia a la contradicción ontológica entre Vida y Formas, entre el flujo vital, caótico e indistinto, que subyace a las pulsiones profundas del hombre, y las cristalizaciones sociales que obligan al orden y la coherencia. Esta consideración sitúa, obviamente, a Pirandello en el clima cultural —de Nietzsche a Bergson— que estaba difundiéndose en Europa, entre finales del XIX y principios del XX. Sin embargo —y aquí reside la originalidad de Pirandello con respecto a cierto Nietzsche y, sobre todo, a Bergson— falta en su pensamiento toda redención paradisiaca del estado de escisión, todo optimismo del «eterno retorno» o del «élan vital»: a la mística fusión con la vida él le antepone —al menos en el periodo de aplicación más fiel de su poética, es decir, entre 1904 y 1922— la distancia de la reflexión, la interrupción provocada por la vigilancia, el método analítico de la descomposición: una actitud desmistificadora, desengañada, crítico-negativa.

Por otra parte, la clave de la actitud humorística no reside en una adhesión inmediata e irreflexiva a lo indistinto, sino en una postura de sospecha y desdoblamiento que implica la intervención de la razón, si bien no usada como *Weltanschauung* racionalista sino como arma empírica, es decir como arte de la distinción y la argumentación. Es más, la misma distinción pirandelliana entre lo cómico y lo humorístico exige el recurso al concepto de reflexión, pues mientras que lo cómico es una simple e inmediata «percepción de lo contrario», el humorismo es el «sentimiento de lo contrario», resultante necesariamente de un acto reflexivo. Para citar un conocido ejemplo pirandelliano: sólo si yo *reflexiono* sobre el hecho de que la vieja emperifollada se viste y se arregla de forma tan ridícula por la esperanza de conservar el amor de un marido más joven, sólo entonces puedo *sentir* piedad y mezclar la risa con la emoción. En el humorismo el sentimiento mismo no se da, pues, en estado puro (y es por tanto muy diferente del que produce la intuición lírica de Croce): más bien «la llama del sentimiento [...] se enfría hundiéndose en el agua helada de la reflexión» [*SPSV*, pág. 132]. En realidad, esta última funciona como extrañación respecto al acontecimiento y al sentimiento mismo que suscita en el sujeto, es decir como una toma de distancia, como una «distracción» de él. El *pathos* romántico del *Erlebnis*, de la experiencia directa que permite entrar en el corazón del ser e identificarse con él, se rechaza sin vacilaciones. La vía de la reflexión es en cambio la de la descomposición crítica: «la reflexión penetra, aguda y sutil, por todas partes y lo descubre todo: cada imagen del sentimiento, cada forma ideal, cada apariencia de realidad, cada ilusión» [*SPSV*, pág. 146]. Y es precisamente este espacio concedido a la reflexión lo que induce a Pirandello a apartarse del intuicionismo lírico propio de la estética de Croce (en la segunda edición del *Humorismo* la polémica con este filósofo será reiterada). Por otra parte, el arte mismo deja de ser expresión del sentimiento, de su inmediatez y «naturalidad», para convertirse en el resultado de un esfuerzo y un artificio, de un *Kunstwollen* que no vacila en mezclar (ya a partir de *Il fu Mattia Pascal*), lo literario y lo metaliterario.

De acuerdo con este rechazo tanto de la estética romántica del *Erlebnis* como de la visión idealística del arte en cuanto lirismo e intuición pura, se rechaza también la estética simbolista fundada en el juego analógico, en la asociación «por similitud y contigüidad». En efecto, el humorismo actúa mediante el arte de la ruptura y la interrupción, y tiende a crear efectos de *choc* a través de la evidenciación del contraste, de la contradicción, de lo imprevisible.

En suma, Pirandello no busca un arte que reconcilie al hombre con la vida o que pretenda destilar su esencia profunda y oculta, sino que tiende a un arte de la discordancia y la contradicción, consciente de que la realidad es irreductible a un sentido último. Mientras que el arte clásico o romántico y aún el naturalista, querían reproducir la sustancia de la realidad y descartar por tanto los elementos casuales o accesorios, evitar las digresiones, buscar la unidad, la coherencia y la organicidad, el arte humorista se contrapone a la tradición en la medida en que rompe toda fácil consecuencialidad, busca lo deforme, lo múltiple, lo marginal, lo incongruente, lo imprevisible, y ama la digresión o la disonancia.

Esta instancia antitradicional se refleja también en el plano estilístico y lingüístico. En efecto, la poética humorística rechaza las «leyes externas» de la composición retórica o el «estilo artístico» para adecuarse al movimiento libre y espontáneo de la lengua común. Mientras que el lenguaje literario tradicional, clásico o romántico, aspira a lo sublime porque quiere comunicar el carácter excepcional de la revelación de la verdad, un ideal de perfección y la autenticidad del *Erlebnis,* la lengua cotidiana de Pirandello se corresponde con su relativismo filosófico no menos que con su programa literario y concuerda con una visión de la literatura y del arte en la que no se da posibilidad de iluminaciones definitivas, de epifanías salvíficas o de descubrimientos milagrosos, sino sólo una constatación del carácter paradójico e incoherente de la existencia degradada y sin objeto.

Pero la reflexión y la descomposición, además de intervenir humorísticamente en la representación de las ideologías, mina el terreno de la subjetividad y la psicología. Podría incluso decirse que con el humorismo pirandelliano asistimos a una destitución del yo en toda regla, en la medida en la que la presencia simultánea de los contrarios destruye la unidad del «alma», que deja así de ser el lugar de la identidad y la integridad. La autorreflexión, el «verse vivir», la tendencia al desdoblamiento, la distancia crítica propia de la descomposición humorística hace que se perciba en ella el desorden de las pulsiones, el engaño de las «racionalizaciones» y la superposición de personalidades distintas. De esa forma, no sólo el yo se vacía y la identidad entra en crisis, sino que la interioridad misma desaparece: deja, en suma, de existir un lugar auténtico. La inmediatez y naturalidad de las sensaciones y las pasiones se resuelve así en una trama abstracta de interpretaciones y racionalizaciones que anulan su concreción y espontaneidad, imprimen el sello de la contradicción, revelan el caos allí donde antes se veía orden, coherencia, organicidad. Por un lado, cortando cualquier lazo vital con la existencia, el *personaje* se limita a mirar sarcásticamente desde fuera (de forma abstracta, mediata, reflexiva) la vida social, que es esencialmente una vida de *máscaras* incapaces de «desnudarse»; por el otro, desde el punto de vista subjetivo, el «verse vivir» se superpone al «vivir» y lo suplanta. El sentido de las cosas se escapa, tanto si se mira la vida ajena como si se considera la propia, los significados usuales se revelan falsos y la atribución de un nuevo sentido queda suspendida o confiada a la angustia y a la incertidumbre de una búsqueda meramente cerebral.

La extrañación se presenta, pues, como una actitud alegórica, puesto que, a quien no se sumerge en la «naturalidad» de la existencia y no se identifica con sus significados inmediatos, las cosas se le aparecen como en una radical suspensión de sentido: entre significados y significantes se abre un vacío que nunca se colma del todo y que el sujeto puede tan sólo intentar superar mediante un esfuerzo abstracto exclusivamente intelectual. Podría decirse, en suma, que el *personaje* humorista toma sobre sí la he-

rencia de esa condición alegórica y de extrañación que
Bajtin descubre en las máscaras tradicionales del bufón y
el bobo.

3. Las novelas humorísticas

Il fu Mattia Pascal, primera obra humorística de Pirandello, apareció en 1904, inicialmente, por entregas, en la
revista *Nuova Antologia,* luego en volumen. El carácter
marcadamente innovador y antitradicional de la novela
es ya evidente desde sus dos Premisas ya que en ellas se
desarrolla en parte la acción narrativa, del mismo modo
que a lo largo de la novela se alternan narración y meta-
narración, casi como si el autor quisiera subrayar el aspecto artificial de la construcción novelesca, poniendo
en evidencia el momento teórico y explicitando su reflexión acerca de la nueva poética.

Por otra parte, en toda la novela la técnica del relato
tiende también a poner en discusión su propia «naturalidad». El soliloquio tiene un papel central, con toda la enfatización teatral y el «falsete» que comporta. Por medio
suyo el lenguaje —aunque generalmente incoloro e incluso burocrático— adquiere expresividad. El recurso
continuo a interjecciones, exclamaciones, interrogacio-
nes, preguntas retóricas, interlocuciones y expresiones
como «creo yo», «qué os parece», «sí, sí, eso es», revelan la
presencia constante de ese «recitativo», que también con-
tribuye a restar encanto y naturalidad al relato, subrayando lo que de artificioso tiene la técnica narrativa. Además, la extrañación se consigue también con otros medios: por ejemplo, el uso de las parataxis tiende a descom-
poner el comportamiento de los personajes en una serie
de gestos paralelos sin jerarquía, orden, ni coherencia,
mientras que los retratos deformantes, grotescos, violentamente expresionistas, destruyen la armonía de la persona induciendo al lector a experimentar «el sentimiento de
lo contrario».

Por otra parte, con esta obra Pirandello disuelve el es-

quema de la novela de formación en el momento mismo
en el que lo utiliza. El programa de autoeducación y auto-
construcción emprendido por Mattia Pascal al asumir la
identidad de Adriano Meis y trasladarse a una gran ciudad (primero Milán, luego Roma) fracasa, en efecto, mi-
serablemente, de modo que, en su conjunto, *Il fu Mattia
Pascal* puede considerarse un *Bildungsroman* del revés, en
cuanto que no sólo tiende a demostrar la imposibilidad
de una formación individual, sino que delinea una parábola merced a la cual el protagonista termina por ser un
superviviente de sí mismo, casi educado, no a la vida,
sino a la no-vida. De hecho Mattia, escapado del infierno
familiar y repentinamente enriquecido por un golpe de
suerte en el juego, puede, sí, tratar de hacerse pasar por
muerto conviritiéndose en Adriano Meis y reconstruyen-
do desde cero una nueva identidad, pero sólo para sufrir
una nueva derrota. La única salida posible será por tanto
la de aprender a vivir como «ex» (como «fue»), fuera de
la vida.

Al final, en sus últimos capítulos, *Il fu Mattia Pascal* se
presenta ya como una especie de antinovela en la medida
en la que denota una condición de acronía —una suspensión del tiempo, una inmovilidad, un eterno presente—
que bloquea de por sí la posibilidad de cualquier desarrollo narrativo. El «difunto» Mattia Pascal ya ha renunciado a vivir y de ese modo se ha librado definitivamente del
chantaje de la espera y el progreso lineal del tiempo. Ya
no quiere seguir siendo una «persona» y así deja también
de ser un personaje tradicional para convertirse en *personaje*. Vive ya en un cronotopo situado fuera del tiempo lineal y del espacio social (este último reducido a lugares
muertos o de diálogo con los muertos: la biblioteca abandonada, el cementerio, el lecho donde murió su madre y
ahora duerme Pascal) desde el que mira, extrañado, las
existencias todavía ligadas a las instituciones, a las convenciones, a los lugares y tiempos de la vida «normal».

La solución final no pretende afirmar la necesidad de
una aceptación del «estado civil» (como interpretaba Benedetto Croce). Frente a don Eligio, que hacía residir el

sentido de su historia precisamente en esa conclusión, el
«ex» Mattia Pascal puede con razón objetar que él no ha
vuelto de ningún modo a «entrar en el orden» [*TR*, I, pági-
na 578] y que ignora incluso quién es. El *personaje* ha renunciado ya a la ilusión de la identidad tanto individual
como social. Se sitúa así en la posición alegórica de la
otredad y la suspensión de los significados dados, en una
actitud de distancia y estudio que retomará poco más tarde el protagonista de los *Quaderni di Serafino Gubbio operatore*
(*Cuadernos de Serafino Gubbio cámara de cine*). En sustancia, el
personaje se convierte en una figura de la reflexión del
autor, en una abstracción personificada, es decir en una
alegoría.

Así pues, en el ámbito de una consideración histórica
que tenga en cuenta toda la producción pirandelliana y el
panorama literario italiano desde la Unidad hasta hoy, *Il
fu Mattia Pascal* debe ser considerado no sólo como la primera novela íntegra y coherentemente humorística de
Pirandello, sino también como uno de los primeros y más
significativos ejemplos de la alegorización moderna en la
literatura italiana.

Tras una novela fallida (*Suo marito*, de 1911, publicada
más tarde con el título de *Giustino Roncella nato Boggiòlo*), Pirandello escribirá su obra maestra narrativa con *Si gira...*
[*Se rueda...*], publicada en 1915 en la *Nuova Antologia* y luego en volumen en 1916; una segunda versión, definitiva,
apareció en 1925 con el título *Quaderni di Serafino Gubbio
operatore*. Aquí la polémica con lo moderno y la toma de
conciencia de las transformaciones que produce en el arte
y en la función misma del intelectual, adquieren el valor
de un *choc* que induce al autor a un rechazo de la inmediatez de la vida tal como es reproducida por el cine (el protagonista es un cámara que se queda mudo a causa de un
trauma mientras rueda en vivo una escena de muerte) y
una elección a favor del teatro. De este modo la novela
representa también un momento necesario de transición
hacia la producción teatral que en efecto se concentrará
en los años inmediatamente posteriores a 1915.

La misma estructura de los *Quaderni* resulta abierta y

experimental. El argumento es aparentemente el mismo, fuerte y vistoso, de los guiones cinematográficos entonces de moda: una historia de amor, que gira en torno a la inevitable mujer fatal, la actriz Nestoroff, que al final es asesinada por un admirador, Aldo Nuti, cuando éste, durante el rodaje de una cacería, en vez de disparar a un tigre, dirige contra ella el arma y acaba bajo las garras de la fiera (mientras Serafino sigue filmando mecánicamente la escena, dando vueltas a la manivela, aunque ya sin voz). Sin embargo, el argumento es poco más que un pretexto, ya que permanece «reacio a la fabulación» que se yuxtapone en estratificaciones sucesivas, casi como «una novela por hacer» (G. Debenedetti). En la narración abundan las anticipaciones, las vueltas atrás, los relatos intercalados. Su estructura casi diarística («Cuadernos de notas») acentúa esta impresión de apertura que se despide definitivamente de la estructura narrativa tradicional.

Como es sabido, el gran problema de la novela moderna, según Bajtin, es el tratamiento de la extrañación. Aquí es resuelto con rigurosa e implacable coherencia a través de la figura del protagonista que desde el comienzo es presentado en una actitud distanciada de estudio y descomposición crítica perfectamente identificada en su caso con la profesión de cámara, neutral e impasible. A esa misma gestión de la otredad le corresponde la concepción del *espacio:* por un lado el de la integración, el mundo de la ciudad y el universo fatuo y variopinto de la *Kosmograph* —dominado por las leyes de las máquinas y el dinero—, por el otro el de la exclusión, representada por el subsuelo en el que viven los amigos de Serafino, Simone Pau y el violinista que se ha vuelto loco por haberse visto obligado a acompañar con su música un piano automático.

Como Mattia Pascal, también Serafino Gubbio es, pues, un «excluido». Su historia es un ejemplo paradigmático de cómo se llega a ser escritor: a raíz de un trauma, por un golpe de la existencia que nos convierte en *personajes,* con la consiguiente situación de extrañamiento. Sólo que Mattia creía aún en la posibilidad de construirse otra nueva identidad, mientras que Serafino ha renunciado a ello. Es más, los *Quaderni* relatan cómo desaparece en él hasta la última chispa de ilusión, representada por su tímido e inconfesado amor por Luisetta. Al final Serafino es realmente el intelectual sin cualidad: degradado a la mera función técnica de la filmación, no le queda otra cosa que el silencio. Su desposeimiento, que lo obliga a reducirse al gesto con el que da vueltas a la manivela, se convierte en imagen de una condición existencial y social: su «silencio de cosa» es, por tanto, metáfora de la cosificación misma del artista que puede sólo registrar los acontecimientos que la realidad va poniendo ante sus ojos, pero no ya interpretarlos.

La plena realización de la poética implícita en los *Quaderni* («ver» sin interpretar ni dejarse implicar) tendrá lugar en el teatro más que en la siguiente novela, *Uno, nessuno e centomila* [*Uno, ninguno y cienmil*], publicada sólo en 1925-26 (primero en revista, luego en volumen), pero iniciada ya en 1909. Quizá también a causa de esta larga gestación, *Uno, nessuno e centomila* parece relacionarse en parte con *Il fu Mattia Pascal,* del que toma los rasgos del protagonista, los temas y la estructura narrativa, pero por otro lado preludia ya soluciones del último Pirandello, alejándose no sólo de la primera novela humorística, sino también de los *Quaderni.*

Vitangelo Moscarda, protagonista de la nueva novela, es sin duda una prosecución de Pascal. Ambos se mueven entre el fantasma de un padre muerto, representado por la figura sustitutoria del administrador de sus bienes, y la presencia inquietante de una esposa casada por directa imposición del padre en *Uno, nessuno e centomila,* por su sustituto en *Il fu Mattia Pascal.* Ambos son unos ineptos y viven en un estado de inoperancia que es también intento de evasión de la ley paterna. Ambos, en fin, emprenden una revuelta contra el padre, más incierta y tortuosa en Pascal, más consciente, segura y directa en Moscarda, que rechaza abiertamente la imagen paterna atacando tanto su figura de usurero, como la de su sustituto, el administrador Quantorzo. En suma, mientras que Pascal vive su propia crisis de identidad de modo pasivo y casi inconsciente, Moscarda se erige en protagonista activo de ella.

Sin embargo, llegados a la parte final de la narración, una vez destruida la identidad resultante de ser hijo de un banquero y un usurero (significativo es a este respecto el episodio en el que Moscarda aparece como protagonista de un «robo» en el banco heredado de su padre), el yo narrante inserta la ruptura con la ley paterna y la afirmación de la suya propia dentro de una parábola existencial que es presentada como positiva y ejemplar. Inicia así la «curación» del personaje. Mientras que Pascal y Gubbio se cuidan muy mucho de dejarse implicar en el flujo de la vida adoptando una actitud de extrañeidad y sarcástica desconfianza, Vitangelo Moscarda trata de hacer coincidir extrañación y vida proponiendo una paradójica solución de tipo sapiencial: el hospicio que lo acoge al final le permite vivir en contacto con la naturaleza, e incluso convertirse en algo parecido a una planta, una piedra, un animal, plenamente inmerso en la corriente insensata de la vida, sin nombre, sin identidad, sin pensamientos e incluso sin inconsciente. En suma, mientras que *Il fu Mattia Pascal* y *Uno, nessuno e centomila* poseen la misma estructura narrativa —una narración retrospectiva en primera persona que aúna voz narrante y protagonista—, distinta es la conclusión: que si en el primer caso queda abierta y suspendida humorísticamente, en *Uno, nessuno e centomila* aparece cerrada por un mensaje paradójicamente positivo. Así, las modalidades de la descomposición humorística, aplicadas de forma tan despiadada en el curso de la novela al análisis de las hipocresías sociales y de las ilusiones individuales y a la demostración del relativismo de toda convicción y la muerte de cualquier verdad, se reservan al final una zona franca ante la que se detienen. No por nada la conclusión adopta un registro estilístico más elevado que el de las páginas anteriores, e incluso exageradamente lírico, encaminado a celebrar —con acopio enfático de adjetivos accesorios, repeticiones y abstracciones— la adhesión corporal de Vitangelo al frescor y la

ternura de la naturaleza. La verdad es que en *Uno, ninguno
y cienmil*, la naturaleza, vaciada de sentido, termina por cobrar uno nuevo y ejemplar, consistente precisamente en
ese mismo carecer de sentido. Así, el arte recupera el encanto y el «aura» perdidos: ya no es imagen de una alteridad desconocida, alegoría de una accesibilidad al sentido
y al valor, como en las novelas anteriores, sino símbolo
de plenitud y transparencia.

Este «misticismo laico-mundano» (R. Barilli) resulta,
por lo demás, coherente respecto a la evolución del último Pirandello. La provocación del público ya no era posible en la época posterior a las vanguardias y en el ocaso
del expresionismo. También en Pirandello termina por
prevalecer una exigencia de compensación estética. De
este modo, al final el horror (ese horror del que, sin embargo, tanto se habla en la novela) se transforma en idilio
bucólico, la enajenación de la existencia histórica en una
ontologización de la vida, ya transfigurada en «mito», según una tendencia ampliamente presente en la literatura
italiana del tiempo y en la última producción del propio
Pirandello. La conclusión de la novela, implicando un
abandono de la poética del humorismo, marca, pues, a
mediados de los años 20, un momento importante de
crisis.

4. La primera producción dramática

A parte de algunos intentos teatrales juveniles y algún
experimento de forma dramática en la última década
del xix (cuyo resultado más relevante es *L'epilogo* de 1892,
luego titulado *La morsa*), Pirandello se dedica con cierta
constancia al teatro a partir de 1910. Sin embargo, sólo
en 1916 empieza a trabajar en él de modo continuado,
aunque todavía seguirá considerándolo durante algunos
años como un «paréntesis» destinado a cerrarse con la
reanudación de la actividad narrativa. Por fin, en el curso
de los años 20, después de *Sei personaggi in cerca d'autore* [*Seis
personajes en busca de autor*] (1921), la elección teatral será

irreversible y perdurará sin vacilaciones hasta su muerte.

Una de las razones —quizá la más importante— del retraso con el que Pirandello encontró la vía del teatro es de índole teórica, y emerge no sólo en los ensayos (desde *La acción hablada* de 1899 hasta *Teatro y literatura* de 1918, pasando por el fundamental *Ilustradores, actores y traductores* de 1907), sino también en la producción dramática misma en la que el elemento metateatral está programáticamente presente (*Sei personaggi in cerca d'autore* y *Questa sera si recita a soggetto* [*Esta noche se improvisa*]). Estas razones, que explican en el plano teórico los motivos de la desconfianza del autor, van unidas a otras de carácter práctico: probablemente Pirandello hallaba más dificultades para llevar adelante su doble batalla, contra el naturalismo y contra el simbolismo, en el teatro que en las novelas, en los relatos e incluso en la poesía (1912). La única alternativa al teatro naturalista y a sus consecuencias en la práctica escénica italiana, supeditada al modelo francés del teatro *boulevardier,* parecía residir en la vuelta al texto literario y por tanto en la primacía de la instancia literaria sobre la escénica; pero aquí la experiencia dominante era la del «estilo artístico» de d'Annunzio —combatido desde siempre por Pirandello—, mientras que en la última década del siglo se perfilaba la reducción del teatro a palabra, promovida por las tendencias simbolistas (piénsese por ejemplo en Maeterlinck).

El título del artículo pirandelliano *Teatro y literatura* presenta, pues, una copulativa allí donde el autor ve, en realidad, una disyuntiva, una oposición de valores. Según Pirandello, la representación escénica no puede ser sino una «traducción» del texto literario confiada a la voz y el cuerpo de los actores, traducción que «materializa», interpretándola pero también falseándola, la palabra literaria: «Ese personaje en el escenario dirá las mismas palabras del drama escrito, pero no será nunca el del poeta, porque el actor lo ha recreado en sí mismo, y suya es la expresión aunque no sean suyas las palabras, suya la voz, suyo el cuerpo, suyo el gesto» [*SPSV,* pág. 1023].

Sólo en los años de la guerra mundial Pirandello encontrará una vía original para resolver la contradicción entre teatro y literatura, moviéndose en dos direcciones: 1) la elaboración del concepto de autonomía de los personajes respecto al autor y 2) la acentuación del aspecto desacralizador del trabajo artístico, desarrollando la posibilidad tanto de atenuar el «aura» en torno a la literatura, como de proyectar formas capaces de autocriticarse (el «teatro en el teatro» es también un modo de autocontestación interna del género mismo). Ambas direcciones convergen de hecho en un proyecto —poco claro teóricamente para Pirandello que, como muchos entonces, confundía símbolo y alegoría— tendente a realizar un teatro de fuerte abstracción alegórica, con personajes obstinadamente ergotantes y *raisonneurs,* disecados y como desvitalizados, incapaces ya de *Erlebnis,* completamente autónomos con respecto a la subjetividad de un autor que, a lo sumo, los maneja como marionetas con el único fin de demostrar implacablemente una tesis racional.

Según Pirandello, el personaje debe residir todo él en su carácter, identificarse con su «máscara»: los distintos aspectos de su personalidad deben reducirse y concentrarse en pocos rasgos esenciales. Es más, precisamente esa concepción del carácter debe ser considerada como la premisa necesaria del drama o de la comedia, ser su base preconstituida. Una vez que se ha hecho autónomo, el personaje es sustraído a las pretensiones contrapuestas del autor y del actor y transformado en una figura objetivamente viva, en una «máscara» tan independiente ya y con rasgos tan peculiares *suyos* como para no conservar ninguna huella de su origen literario y no permitir tampoco excesiva libertad a la intepretación del actor: el empeño con el que Pirandello cuida las detalladas acotaciones responde a este doble motivo. Pirandello propone, en suma, un compromiso singular y genial: la utilización tradicional de los personajes fijos (que habían servido a la Commedia dell'Arte para garantizar la mayor libertad posible de improvisación a los intérpretes), es tenida en cuenta sólo con el fin de respetar rígidamente los diálogos y el espíritu del texto literario, precisamente mientras este último es desnudado y cristalizado —y por ese camino, teatralizado—, de modo que los personajes quedan así reducidos a «máscaras». El oficio de actor es, por tanto, exaltado y, al mismo tiempo, frenado. Autor y actor terminan por reducir su papel en beneficio del personaje, que puede formar con ambos el tercer lado de un triángulo conflictivo, como ocurre en *Seis personajes en busca de autor*.

La aceptación del medio teatral fue gradual y estuvo marcada desde un principio por la adaptación escénica —limitada a la dimensión del acto único— de algunos relatos suyos. En ella es aún evidente la dependencia del tejido narrativo: las acotaciones, por ejemplo, tienden a resumir motivos narrativos antes que a sugerir los aspectos visivos y gestuales propios de la teatralización de la historia. Por otra parte, una tendencia al recitativo estaba ya presente en su anterior producción (no sólo en los cuentos sino también y sobre todo en *Il fu Mattia Pascal*), donde el deseo de dar a los personajes una autonomía viviente había inducido ya al autor a reducir drásticamente su tradicional papel de mediador ideológico y a privilegiar en cambio el empleo del monólogo, el discurso directo, el diálogo. En suma, estaba naciendo una estructura teatral ya en el corazón mismo de la técnica narrativa adoptada por Pirandello, y ello como necesaria consecuencia de la teoría de la autonomía de la obra y los personajes con respecto al autor. Esta fase de trasvase recíproco entre narración y teatralización caracteriza sobre todo los primeros actos únicos que dependen estrechamente de un texto anterior (*Lumìe di Sicilia,* 1910, *Il dovere del medico,* 1911, *La patente,* 1917, *La giara,* 1917), pero en mayor o menor medida se percibe en casi toda la producción teatral de Pirandello hasta *Seis personajes en busca de autor.*

Si formalmente la carrera teatral de Pirandello comienza en 1910, con la puesta en escena de *La morsa* [*El atolladero*] y con la adaptación del cuento *Lumìe della Sicilia* [*Limones de Sicilia*], es con *All'uscita* [*A la salida*], en 1916,

cuando se inaugura realmente la historia del teatro pirandelliano. Por el contrario, las convenciones burguesas parecen tomarse aún en serio en *La morsa* (cuya ideación se
remonta, por lo demás, al periodo de la primera versión
de *L'esclusa*): si la vida late aún en Micuccio que confía en
el amor de la actriz empujada por él años antes a la fama y
el éxito, a partir de 1916 el eje principal de su búsqueda
tiende a congelar la existencia fijándola en personajes-
máscara que representan papeles o «posturas» preconcebidas y cristalizadas. De estas figuras la vida parece haberse escapado petrificándolos en posturas deliberadamente
descarnadas. El paso de «persona» a *personaje* que ya habíamos notado como solución conclusiva de *Il fu Mattia Pascal* se realiza así también en la producción teatral, que
además (como hemos visto) nace de modo programático
precisamente de la concepción de caracteres-máscaras en
torno a los cuales —y a partir de los cuales— se imagina
luego la trama.

All'uscita marca una fecha importante también desde
este punto de vista. El alejamiento del tono narrativo y
del planteamiento naturalista aún presente en los anteriores actos únicos es clarísimo. La desecación y la rare-
facción de la alegoría, el efecto de desmaterialización y
desvitalización que le es propio, son aquí más fácilmente
perceptibles porque la misma ideación de los personajes y
la trama se sitúa más allá de la vida: protagonistas son las
«apariencias» de difuntos, las sombras del Filósofo, del
Hombre Gordo, de la Mujer Asesinada, del Niño. Se respira aquí el mismo clima —desnudo y leve, austero y de
«fábula antigua» o de parábola— de ciertas *operette morali*
leopardianas (por lo demás, ese gran ejemplo de abstracción alegórica está siempre presente en Pirandello). Al final queda sólo en la escena el Filósofo, deseado y espera-
do, mientras que los otros personajes, que han vivido de
variadas formas, pueden desvanecerse en la nada una vez
cumplido su último deseo. Él en cambio ha disipado, sí,
sus ilusiones y destruido las formas y convenciones con la
fuerza corrosiva del razonamiento, pero pagando el precio de no haber vivido ni deseado nunca: por eso no tiene

últimos deseos y debe «quedarse siempre aquí, razonando sin cesar» (*MN 1986*, I, pág. 254).

La búsqueda iniciada con *All'uscita* parece interrumpirse en *Liolà*, donde la inmediatez de la vida y del eros toma clamorosamente su revancha a través de la figura del protagonista, emblema de una fecundidad y una vitalidad típicamente meridionales. Y, en efecto, en esta obra —significativamente concebida y escrita primero en siciliano— se asiste a la recuperación de motivos antropológicos remotos, que pueden hacer pensar en el componente dionisiaco de la antigua civilización griega (Pirandello traducirá en siciliano, dos años después, *El cíclope* de Eurípides). Pero, si nos fijamos, en realidad, también *Liolà* es ante todo un «personaje», un emblema fijo, aunque de lo festivo y la vitalidad. Además, esta comedia está igualmente animada por una fuerte carga polémica antiburguesa, que aquí se dirige contra la convención de la familia y contra el mito que asocia, en el personaje del tío Simone, potencia sexual y potencia económica, poder de engendrar y poder de comprar. Al final, el escándalo permanece abierto y ninguna boda reparadora concluye la historia. Liolà no se comporta como Mattia Pascal, aunque derive de él: se niega a casarse con Tuzza y se limitará a criar a un cuarto hijo (tiene ya tres de otras tantas mujeres solteras). La burla tramada contra el tío Simone no va dirigda sólo contra su presunción de querer parecer aún fértil, sino sobre todo contra la pretensión de la riqueza de poder comprarlo todo, incluso un hijo, así como la exigencia económica de los propietarios de tener a toda costa un heredero a quien dejar cuanto han acumulado. Y no menos burlada queda Tuzza que, por avaricia, está dispuesta a dejar a Liolà y a hacer pasar al hijo que va a tener de él por un hijo del tío Simone.

La vía de reducción alegórica abierta por *All'uscita* reaparece con mayor evidencia en 1916 y 1917 con *Pensaci, Giacomino!, Così è (se vi pare), Il piacere dell'onestà*, y luego, entre 1918 y 1920, con *Il giuoco delle parti, Come prima, meglio di prima, La signora Morli, uno e due, Tutto per bene*, mientras que menor importancia tienen otras «piezas» de esos años (*La patente, La giara, L'innesto, Ma non è una cosa seria, L'uomo, la bestia e la virtù*). El tema del triángulo burgués es retomado y a la vez subvertido, es decir sometido a un proceso de reducción y abstracción que vacía su esquema tradicional desorientando al espectador («¿El público?... Siempre le he metido los dedos en los ojos», escribía Pirandello a Virgilio Talli que estaba poniendo en escena *Così è (se vi pare)*, en mayo de 1917 [*MN 1986*, pág. 423]). La lógica de las convenciones burguesas es aceptada sólo para ser llevada —de forma paradójica y expresionista— hasta sus extremas consecuencias a fin de hacerla explotar por dentro (ejemplar en este sentido es la obra maestra de este periodo, *Il piacere dell'onestà* [*El placer de la honradez*]). Ese respeto «humorístico» de los papeles establecidos por la sociedad burguesa está a menudo representado por personajes que se atienen conscientemente a la norma de las convenciones para terminar de hecho por desenmascararla gracias, precisamente, a la coherencia y al rigor con que las respetan (como harán Ciampa en *Il berretto a sonagli*, Baldovino en *Il piacere dell'onestà*, Leone Gala en *Il giuoco delle parti*). Pero la erosión de las hipocresías tradicionales puede lograrse también jugando con la perspectiva extrañada y desencantada de los personajes (como Laudisi en *Così è (se vi pare)*) o con la rebelión de las fuerzas vitales como el instinto materno (en *Come prima, meglio di prima* y *La signora Morli, uno e due*) o la atracción sexual (al final de *Ma non è una cosa seria*). A veces las dos actitudes (la interior de aceptación y la extrañante de revuelta) pueden convivir en un mismo personaje, como ocurre con Ciampa, que respeta hasta el fondo las reglas de la apariencia social, pero las pone en realidad al servicio de su deseo de revancha y de ese impulso a la subversión y a la locura que lo induce a creer que puede meterse «hasta las cejas el gorro de cascabeles de la locura» y «salir a la calle a escupirle a la cara a la gente la verdad» [*MN 1986*, pág. 683]. En cualquier caso dominan la escena los *raisonneurs*, ilustradores del poliperspectivismo y del relativismo humorístico pirandelliano, protagonistas de un teatro que puede llamarse dialéctico. Por algo las obras más relevantes de esta fase son *Così è (se vi pare)* [*Así es (si os parece)*], *Il piacere dell'onestà* [*El placer de la honradez*], *Il giuoco delle parti* [*El juego de los papeles*], donde tienen una función de primer plano los personajes abstractos, maestros del puro razonamiento: Laurisi, Baldovino, Leone Gala. Menos convincentes son en cambio las «piezas» en las que la crueldad del rigor demostrativo queda atenuada por una vena de patetismo y, con ella, por una actitud de condescendencia para con cierto humanismo compasivo de cuño pequeño burgués (como ocurre en *Pensaci, Giacomino!*, *Come prima, meglio di prima*, *Tutto per bene*).

El drama *Così è (se vi pare)* —representado por primera vez en Milán en junio de 1917— es una especie de manifiesto del relativismo gnoseológico pirandelliano. El señor Ponza considera como su segunda esposa a una mujer que en cambio su suegra tiene por hija suya y primera esposa de él. Están en discusión aquí tanto el concepto de identidad (¿quién es la mujer?) como el de verdad (¿está loca la suegra, como afirma el señor Ponza, o es en cambio él el demente?). Las autoridades de la ciudad de provincia en que se desarrolla la acción abren una especie de investigación judicial y luego instruyen un juicio para apurar, a falta de datos objetivos (el registro civil fue destruido por un terremoto) quién es realmente la esposa, y someten así a un cruel proceso tanto a la pobre vieja como al yerno. Se ha dicho justamente que el escenario se transforma en una «cámara de tortura» (G. Macchia): en efecto nos hallamos ante un auténtico teatro de la crueldad pequeño-burguesa puesto en movimiento por la vana presunción (de origen positivista) de que existe una verdad objetiva demostrable con hechos. El drama debe su eficacia al empecinamiento con el que el autor ataca la noción corriente de verdad y pone en escena el sadismo pequeño-burgués. La verdad, en última instancia, no existe, sino que —y aquí está la enseñanza más moderna y actual de Pirandello— es sólo un proceso social, un hacerse histórico y relativo que vive únicamente en la subjetividad de las conciencias y en la dialéctica y el conflicto de las interpretaciones. Así, el furor con el que se lleva a cabo la investigación en la escena, oculta otro furor —metódico, frío— tras la impasible batuta del autor: el de la denuncia de una mentalidad y unas costumbres, de una perspectiva gnoseológica y a la vez de un ambiente y una clase perfectamente identificables.

Il piacere dell'onestà —representado por primera vez en Turín en noviembre de 1927— fue definido por el joven Gramsci, que asistió a su estreno, como una especie de «bomba» que el autor hacía explotar en el cerebro de los espectadores. El comportamiento del protagonista (Baldovino) ya aparece anticipado en el título: él pretende adecuarse en todos sus detalles al código de honor de la sociedad burguesa, respetar sus criterios de «honradez» con coherencia absoluta y con el «placer» —el de un juego abstracto y cerebral— que deriva de tal rigor. Ya esta completa fidelidad del carácter del personaje al programa enunciado por el título demuestra lo elevado del nivel de concentración y reducción alegórica del protagonista. Y en efecto Baldovino se construye a sí mismo según una lógica «separada del plano vital, mecánica y perfecta» (A. Leone De Castris). Baldovino acepta, sí, casarse con Ágata *pro forma* para dar un nombre y un padre legal al hijo que ésta espera de su amante, el marqués Fabio Colli, pero luego pretende guardar esas formas hasta sus últimas consecuencias y así termina por desenmascarar la hipocresía del marqués y a la madre de Ágata, que había urdido la boda. Ocurre lo imprevisto: al final la vida prevalece sobre las ficciones, Ágata se enamora de verdad de Baldovino y la boda fingida se transforma en un matrimonio auténtico. Se comprende así la valoración positiva de Gramsci: la aceptación de las formas —aquí la del papel de marido— se vuelve contra sí misma, revelando su carácter absurdo. Por otra parte, a la «honradez ficticia y contra natura» [*MN 1986*, pág. 614] que deriva de tal aceptación, Pirandello no contrapone otra honradez más auténtica: la alternativa está entre mirar vivir sin vivir, como hace Baldovino (que puede atenerse rigurosamente al placer de la honradez sólo porque ha decidido no vivir), o bien vivir en el caos de las pulsiones y en la realidad de las ilusiones y las hipocresías que son necesarias para convertir esas pulsiones en vida social. De modo que el final feliz no debe llevarnos a engaño: Baldovino ha pasado sólo por el control racional de la existencia propio de alguien que no vive y por eso permanece lúcido ante el caos de las pasiones e incluso —podríamos añadir— ante la necesaria «falta de honradez» que comporta. En uno y otro caso no hay verdadera salida. Por otra parte, que el implacable *raisonneur* llegue a un pacto con la vida y acepte al fin sumergirse en ella, es también la señal de una derrota en su búsqueda de un «papel» que le permita finalmente «tener consistencia» dejando a un lado los fracasos e ilusiones del pasado. En suma, se repite, aunque de forma distinta, el fracaso de Mattia Pascal convertido en Adriano Meis: de nada ha servido que en su segunda encarnación el personaje haya asumido una consistencia más desencantada y consciente. La vida que inicialmente había atraído a Baldovino con sus ilusiones arrastrándolo al juego de azar y a las deudas, no hace más que dominarlo nuevamente con el amor de Ágata.

Otro tanto ocurre con Leone en *Il giuoco delle parti* [*El juego de los papeles*], representado por primera vez en Roma en diciembre de 1918. También él viene de un fracaso (el de su matrimonio con Silia) y ha optado por la «indiferencia» y el mirar vivir buscando una salida en la lucidez del razonamiento que elimina los sentimientos, «clarifica» lo «turbio» y «fija en líneas apacibles y precisas todo lo que tumultuosamente se mueve dentro de ti» [*MN 1986*, págs. 530-1]; también él respeta hasta el fondo la norma de conducta que le dicta su papel de marido insultado (y por eso desafía a duelo al ofensor de su mujer, a pesar de estar separado de ella) distinguiéndola cuidadosamente de la del amante (a quien corresponde en cambio luchar y morir por ella); pero también él es arrastrado al final por las pasiones de la vida, no ya como parte «indiferente» y separada, sino implicada (tanto es así que, con gélida revancha, provoca la muerte del amante). Así, el mismo cerebralismo abstracto que impulsa a apartarse de la vida se revela como una forma de crueldad, un juego egoísta y narcisista que termina por mostrar todo su sadismo no sólo para con el amante sino también para con Silia, un personaje especularmente opuesto al de Leone, en cuanto que aún es «natural», inmerso como está en las contradicciones de la vida y en el magma de sus impulsos contrapuestos. El superhombre del racionalismo burgués se revela a la postre —y probablemente no podría ser de otra manera— mucho menos desinteresado de lo que quisiera parecer y termina por resultar sólo más tortuosamente enviscado en las ilusiones y los oportunismos de la mayoría.

Esa distancia que los personajes no logran conservar, pertenece en cambio por completo a su ideador, que con implacable frialdad los hace moverse en la escena y cierra toda salida a la prisión burguesa en la que se debaten. De modo que su crueldad es algo más que un duplicado de la de sus protagonistas: es también una forma implacable de juicio y de conocimiento crítico.

5. La gran época teatral
y el «teatro en el teatro»

El notable éxito alcanzado en 1920 por *Tutto per bene* [*Todo para bien*] y sobre todo por *Come prima, meglio di prima* [*Como antes, mejor que antes*], el entusiasmo creativo que empuja a Pirandello, entre 1921 y 1922, a poner en escena sus dos obras maestras, *Sei personaggi in cerca d'autore* y *Enrico IV* (también la primera, tras el fracaso del estreno en Roma en mayo de 1921, triunfó pocos meses después en Milán, en septiembre), la fama internacional alcanzada (ya en 1922 sus dramas fueron representados en Londres, Nueva York, Atenas, París) y los consiguientes viajes al extranjero, cada vez más numerosos, su nombramiento en 1925 como director del Teatro d'Arte de Roma y el inicio de una intensa actividad como director de escena, la relación entablada —no sólo en el terreno profesional— con la actriz Marta Abba (contratada en 1925), marcan su progresiva y ya definitiva conversión a las tablas: comienza así la gran época teatral de Pirandello, cuya fama culmina con la concesión del premio Nobel de literatura en 1934.

En la «edición definitiva» de su teatro de la que él mismo se encargó, Pirandello quiso reunir en el primer volumen «tres obras» [*MN 1967*, pág. 291] escritas en diferentes años, unificadas bajo la etiqueta de «teatro en el teatro»: *Sei personaggi in cerca d'autore*, de 1921, *Ciascuno a suo modo* [*Cada cual a su manera*] de 1923, *Questa sera si recita a soggetto* [*Esta noche se improvisa*] de 1928-29. Como puede verse, la estrategia del autor es clara: quiere colocar *Seis personajes en busca de autor* en la cabecera de su teatro, casi como para resaltar su carácter paradigmático.

Una primera razón de esta preferencia es probablemente el hecho de que en esta obra Pirandello considera haber alcanzado por primera vez los dos objetivos implícitos en su búsqueda teórica sobre el teatro: la plena autonomía de los personajes con respecto al autor y la desacralización del momento artístico, llevada hasta la autodestructuración interna de la obra.

La autonomía de los personajes es tal que aparecen en escena «en busca de autor», cada cual con su verdad contrapuesta a la de todos los demás, y ante la ausencia de un autor-mediador capaz de recomponer ideológica y estéticamente las historias con un sentido unitario, catártico, tranquilizador. La desacralización llega incluso a poner al desnudo todos los artificios teatrales —desenmascarados como pacotilla y trucos vulgares— y la negación de la materialidad del escenario, a la denuncia de su función sublimadora e hipócritamente neutralizadora. Desde el comienzo la escena es despojada de toda su magia, aún no preparada para la representación, atestada de atrezzos que no deberían aparecer en público ya que su misma vista pone en discusión la naturalidad de la *mimesis* artística subrayando en cambio su carácter postizo y artificial.

Pero hay quizá una segunda y no menos fundamental razón de la preferencia pirandelliana por los *Seis personajes*. En efecto, esta obra revela un mecanismo profundo del arte teatral de Pirandello, no sólo en sentido técnicoformal, sino también, por así decirlo, gnoseológico. Pirandello pone aquí en discusión los modos mismos de conocimiento artístico en la modernidad, con un incremento evidente de conciencia teórica entre la edición del 21, el Prefacio y la redacción definitiva de 1925 (que modifica sensiblemente sobre todo el final). Vale la pena, por ello, detenernos en algunos puntos cruciales del Prefacio.

Ante todo Pirandello distingue a los escritores «de naturaleza histórica» de los de «naturaleza filosófica»: los primeros se atienen a los hechos que deben ser narrados, los segundos —entre los cuales se incluye a sí mismo— sienten en cambio «la necesidad espiritual» de atribuir a figuras, sucesos, paisajes un «significado universal» [*MN 1967,* pág. 36]. Pues bien, él afirma haberse negado a dar vida al drama de los Personajes porque no conseguía descubrir en su historia ese sentido general. Obviamente aquí Pirandello no cuenta sólo una anécdota biográfica (con relación a una novela, empezada en 1917 y nunca concluida, que habría debido desarrollar el tema del drama), sino que quiere ilustrar una modalidad operativa suya en cuanto autor. En ese momento Pirandello se ve obligado a enfrentarse con el problema de la significación y la alegoría. Lo hace con los equívocos debidos también a las oscilaciones históricas de la terminología (de tal modo que, por ejemplo, confunde símbolo y alegoría o no advierte su oposición inconciliable), tomando de sus lecturas goethianas la actitud prejudicial de desconfianza hostil hacia el «simbolismo alegórico». Pero más que la terminología contará aquí la linealidad de su discurso teórico que, por el contrario, es meridianamente clara. Mientras que el «simbolismo alegórico», que Pirandello rechaza, «parte de un concepto, o mejor, es un concepto que se hace, o trata de hacerse imagen», la «necesidad espiritual» del autor «busca en cambio en la imagen, que debe permanecer viva y libre en toda su expresión, un sentido que le dé valor» [pág. 36]. Primero —sostiene Pirandello— debe estar la imagen «viva y libre» (mientras que en el «simbolismo alegórico» la representación «sería tenida por fábula» carente de cualquier «verdad fantástica» o «sentimental», estando como está subordinada a la «demostración de una verdad moral»); luego el sentido y el valor que el autor debe «buscar» en ella. En otra palabras, deben darse ante todo los «caracteres» y los «personajes», que tienen que vivir libre y autónomamente (incluso con respecto a su creador) como imágenes a las que éste ha de asignarles un valor. Como vemos, estamos muy cerca de la teorización de un procedimiento alegórico, que a la concreción histórica del dato y a su viviente autonomía con respecto al sujeto superpone la marca de un significado —y aquí reside su diferencia con respecto al símbolo— no implicado en él, ni inmediatamente perceptible a partir de él. Lejos de rechazar el elemento «viviente» de la imagen, la alegoría, lo considera como una premisa necesaria para su propia intención significante: de ahí el carácter «figural» (en el sentido de Auerbach) que tiende a asumir en Pirandello. La alegoría no puede no partir de imágenes, personajes o hechos dotados de un específico significado literal, cargados de pasiones individuales y de verdades parciales y fragmentarias, que podrán adquirir un «significado universal» sólo gracias a la intervención de un artista y a las exigencias de su «necesidad espiritual». La autonomía hermenéutica no es sino la otra cara de la autonomía histórica de la imagen; y viceversa, la viviente libertad de esta última garantiza la independencia gnoseológica del intérprete. Entre *ordo rerum* y *ordo idearum* no se da identificación como en el símbolo, sino escisión, como siempre ha ocurrido en la producción alegórica, ya sea clásica o moderna.

Y, sin embargo, en la alegoría moderna, a diferencia de la antigua y la medieval, lo que falta es precisamente el «significado universal». La escisión se ha convertido en abismo, la imagen tiende a vaciarse. Y ése es precisamente el drama que quiere contar Pirandello: un drama gnoseológico, es más, el drama gnoseológico de la modernidad. Por ello desaparece el autor tradicional, con su capacidad de interpretación global y de mediación ideológica. Los personajes son abandonados a sí mismos, en busca de autor en la medida en la que buscan un «significado universal» imposible ya. Su historia no es más que la «figura» de esa imposibilidad. Al significado histórico-literal de su drama, con sus pasiones vivientes, se añade otro, pero del todo negativo. Estamos, en suma, en el campo de la gran alegoría moderna, esencialmente crítico-destructiva.

Cuando Pirandello escribe en el Prefacio «Yo no conseguía encontrar este sentido [el sentido "universal"] en aquellos personajes» [*MN 1967*, pág. 37], el problema que plantea es —como diría Walter Benjamin— «ontológico, no psicológico». Es el acto de dar significado lo que aquí está en discusión. Los Personajes querrían dotar de significado su historia vivida, pero el autor ya no puede hacerlo. En el Prefacio él declara haber rechazado no «el ser», sino la «razón de ser» de sus Personajes (es decir, su pretensión de valor), y haberles dado otra, y, con ella, un valor diferente. De esta forma Pirandello describe con precisión el mecanismo de la alegoresis descubriendo también sus presupuestos últimos (se trata en efecto de una alegoresis totalmente negativa —el mundo permanece como algo «inexplicable»—, como sucede a menudo en la modernidad). En *Seis personajes* el acto de la significación alegórica se pone a sí mismo en escena.

La modificación del final, en 1925, concuerda con tales presupuestos. Se afirma aquí, en la conciencia que capta la contradicción entre *ordo idearum* y *ordo rerum,* el momento demoniaco, irracional, en cuanto que escapa a los esquemas racionales no sólo del director, que querría encontrar un equivalente escénico de la historia de los Personajes, sino sobre todo del autor que, movido por su propia «necesidad espiritual», desearía también hallar ese «significado universal». Mientras que la versión de 1921 se limitaba a poner de relieve el contraste entre el mundo fantástico de los personajes y el material y vulgar del escenario, y la confusión entre ficción y realidad denunciada por el Director que mandaba a todos a su casa, la edición definitiva pone en primer plano la presencia aterrorizadora de los personajes, su inútil exigencia de sentido y de valor (que obviamente procede tanto de ellos como de toda la vida en general) y, por último, la oscuridad que recae sobre la escena para indicar el vacío de luz y significado en el que se ven obligados a permanecer los espectadores en particular y los hombres en general. Salta a primer plano el aspecto perturbante, o «siniestro», de la distancia que separa los hechos de su sentido —más allá de los significados fáciles y manidos, pero tranquilizadores, que la sociedad sigue produciendo y que el Director hubiera querido sugerir a los espectadores. La carcajada «chillona» de la Hijastra que huye del escenario expresa el sarcasmo de la vida que no sólo escapa a toda posibilidad de adaptación escénica no deformante sino a cualquier posible significado. La inaprensibilidad del sentido no es lúdica como en lo postmoderno, sino angustiosa, como siempre en lo moderno.

Precisamente de ahí nace la imposibilidad del drama. El desajuste cognoscitivo es lo que hace imposible la tragedia. Los Personajes llevan al escenario no sólo un «hecho» (como exige el Director, que quisiera que se limitasen a proporcionar un asunto representable en las escenas) sino otras tantas interpretaciones distintas del mismo. Ante la ausencia de un autor tradicional que sepa captar dentro del «hecho» la tensión hacia un significado universal, esas interpretaciones entran en un conflicto recíproco sin posibilidad alguna de acuerdo (la del Padre contra la de la Hijastra, la del Hijo contra las del Padre y de la Hijastra), y ni siquiera el Director puede recomponer estos fragmentos de sentido. Como tampoco puede el espectador, entre otras cosas porque la historia está descompuesta en planos diferentes enfrentados (además del conflicto de las interpretaciones entre los distintos personajes, está el que contrapone la realidad y la ficción, el pasado evocado por los Personajes y el presente en el que ese pasado es revivido por ellos de modo distinto, y donde, en cualquier caso, se intenta ofrecer un equivalente escénico necesariamente divergente de la verdad tal como ellos la han vivido). La impresión es la de una fragmentación gritada y gesticulante, que, a pesar de todo, un orden logra mantener unida.

No es el orden del drama sino el de la alegoría. En efecto, falta lo que en el drama es central: un eje unitario de valores sobre el que personajes, autor y espectadores puedan dividirse o recomponerse. Poniendo en primer plano los fragmentos de sentido y el caos de las pasiones de sus protagonistas, Pirandello quiere representar la imposibilidad del arte moderno de convertirse en interpretación global, en juicio, en discurso monológico capaz de armonizar la discordante polifonía de las voces de los Personajes. Es la instancia alegórica lo que le permite a Pirandello —en el Prefacio al igual que en la acción— tanto anular la voluntad romántica de *Erlebnis* que arrastra a los Personajes poniendo paródicamente en evidencia su «exaltación pasional», como dar un orden al caos. A este respecto cabe notar la semejanza entre las palabras de Pirandello y las de Walter Benjamin, teórico de la alegoría. «Representar un caos no significa en modo alguno representar caóticamente, es decir románticamente», escribe Pirandello, y Benjamin pocos años después, en los apuntes sobre Baudelaire y París: «La descripción de una confusión es algo completamente distinto de una descripción confusa.»

La polémica antirromántica de Pirandello debería ser tomada más en serio de lo que ha sido hasta ahora. El elemento patético de los «hechos» (lo que suscita el inmediato interés del Director) no es más que la desarticulada materia pasional sobre la que se dirige la intención alegórica. La situación familiar que está en el centro de todos los dramas burgueses es nuevamente sacada a la luz, pero como mero material de desecho: si es puesta en entredicho la ficción teatral, su pretensión de vaciar y neutralizar las vicisitudes de los Personajes para divertir a los espectadores, ello no significa en absoluto que la tragedia exista realmente fuera de las puertas del teatro, en la inmediatez de la vida. La vida ya está contaminada en sus raíces, lo trágico ya se ha degradado en «exaltación pasional». La tragedia ha muerto como género en el teatro porque lo auténtico ya no existe en la vida.

Pero precisamente a causa de esa radicalidad era muy

improbable que Pirandello, después de haber reconocido la disolución del drama contribuyendo de modo decisivo a destruir su carácter absoluto, la pretensión de *mimesis* y el proceso de identificación del espectador con los personajes, pudiera desembocar luego —como propone P. Szondi— en una forma de teatro épico y narrativo. Es significativo que la Hijastra le grite al Padre, empeñado en imponerle a la historia un orden y un sentido moral: «¡Aquí no se cuenta nada!, ¡Aquí no se cuenta nada!» Y sin embargo, esa negación no implica que el autor se haya quedado a medio camino sin llevar hasta el fondo «la abolición del elemento dramático» (como le reprocha Szondi). Antes bien, Pirandello parece querer jugar con el peculiar poder deconstructivo de la alegoría: no le interesa pasar de una forma a otra y abandonar el drama por el teatro épico, sino atacar la consistencia misma de la forma y por tanto de-construir una y otra posibilidad.

La suspensión de los significados no se alcanza a través del juego analógico de la «deriva» del sentido, sino a través de su conflicto que pone en relación disyuntiva planos distintos: el plano de la «vida vivida» de los Personajes y el de la ficción escénica, el plano del diálogo dramático y el de la narración «épica» se niegan y se «extrañan» recíprocamente quitándose cualquier posibilidad de «consistencia» o de estabilidad. Al inaugurar el ciclo del «teatro en el teatro» y al mismo tiempo la obra completa del autor, *Seis personajes* quiere decir adiós, desde el comienzo, a toda pretensión integradora y sublimante de la forma poniendo en cambio de relieve el carácter abierto, contradictorio, deconstructivo de esta nueva visión.

Ya hemos visto que ni siquiera la historia de los Personajes debe ser interpretada románticamente. Por lo demás ellos no son sino ideaciones del autor y viven una vida exclusivamente fantástica y artificial. Más que ser expresiones directas y variadas de la vida y la pasión, constituyen otras tantas máscaras fijas de ella. Desde el comienzo aparecen desecados en un carácter rígido, reducidos a meros nombres que indican su relación de parentesco, a emblemas del remordimiento (el Padre), de la venganza (la Hijastra), de la indignación (el Hijo), del dolor (la Madre), de la inocencia sacrificada (el Muchachito, la Niña). Un continuo proceso de extrañación «campea en el vacío», porque desarticula irónicamente los sucesos que ellos narran y que desearían interpretar en la escena. Ellos exhiben la misma materia pesadamente melodramática de muchos otros dramas o novelas: un incesto está a punto de realizarse, una joven se prostituye para sacar a su familia de la miseria, una madre asiste a su perdición, una niña muere ahogada, un muchachito se suicida. Que se trate de pretextos, es evidente, y de hecho el autor no se molesta ni siquiera en explicar plenamente su dinámica ni en el plano psicológico ni en el de la intriga narrativa (por ejemplo, ¿por qué se mata el Muchachito? ¿Es responsable en alguna medida de la muerte de su hermanita? ¿Cómo ha podido a los catorce años hacerse con una pistola?). La verdad es que de la tragedia quedan aquí tan sólo los colores violentos, no el significado profundo. Revelan a lo sumo un residuo decimonónico que en Pirandello no desaparece nunca del todo (y sobre el que ha llamado justamente la atención P. Szondi), pero poco tienen que ver con el sentido último de una obra como *Seis personajes,* que quiere más bien representar la imposibilidad de lo trágico, tanto en la vida como en el arte.

La misma disociación entre el argumento y su significado emerge también en el otro gran drama de 1921, *Enrique IV,* del que la crítica ha subrayado con razón su aparente contraposición y su sustancial complementariedad respecto a *Seis personajes.* A primera vista parece proponerse restaurar precisamente el ambiente escenográfico de la tragedia (y «tragedia» fue, en efecto, su subtítulo inicial), casi como por una palinodia de *Seis personajes.* El espacio es el tradicional de una tragedia: la corte; las tres unidades aristotélicas están rigurosamente respetadas; el protagonista parece ser un rey que se comporta con dignidad, lenguaje y tono reales. En realidad, la escena es postiza y la corte tiene cierto gusto *Kitsch,* mientras que el rey es sólo un burgués corriente que desde hace ocho años finge ser Enrique IV, porque deliberadamente sigue representando el papel de loco después de que durante doce años, perdida efectivamente la razón a causa de una caída de caballo, ha creído ser en verdad ese personaje histórico que ahora se limita a representar por puro cálculo. La tragedia, pues, resulta degradada y la obra se propone más bien como una discusión sobre la tragedia misma revelando así su carácter metateatral. El autor recurre de nuevo a los ingredientes de un melodrama del xix: la locura, los celos, la venganza (la caída de caballo ha sido provocada por un rival en amor, que así le quita al protagonista a la mujer amada y es matado por ello en la escena final); pero el significado ha de buscarse en otra parte. Se puede recitar una tragedia, no vivirla. Y de hecho el protagonista siempre ha tenido vocación de actor, es decir no vocación de vivir, sino de representar la vida. El «gusto de la historia» del que habla Enrique IV es el placer puramente racional de mirar vivir a los demás y atenerse, en su propia existencia, a la rigidez codificada de formas y normas, a un guión conocido escrito con antelación (la historia ya ha acontecido) que excluye los imprevistos y sorpresas de la vida verdadera. Convirtiéndose en Enrique IV, el protagonista se ha situado dentro de la serie tranquilizadora de los hechos históricos y fuera del flujo vital y de la sociedad de nuestro siglo. El gusto de la historia permite la toma de distancias con respecto a costumbres, sentimientos, hipocresías de nuestro tiempo y por tanto esa extrañación total, ese distanciamiento crítico y cognoscitivo que ya Serafino Gubbio había experimentado en los *Cuadernos*.

En cuanto emblema de la extrañación, de la no coincidencia con el flujo de la vida, Enrique IV asume una actitud alegórica, es decir una actitud que excluye toda sintonía, y con ella, la posibilidad misma de conocimiento intuitivo o simbólico. El loco y el actor —las dos figuras que contemporánea o alternativamente representan al protagonista— se distinguen precisamente por esta distancia no sólo respecto a la existencia real en la que están inmersos los hombres corrientes, sino también respecto a sus propios sentimientos, que ambos viven de modo oblicuo o desdoblado; y, en efecto, incluso antes de volverse loco, el protagonista poseía «una lucidez que de golpe lo situaba fuera de toda intimidad para con su mismo sentimiento» [*MN 1967*, pág. 313]. Pues bien, precisamente esa «lucidez», esa capacidad de abstracción, esa distancia extrañada que suspende el sentido común aceptado por todos mostrando la «locura» de la vida social diaria y dejando abierto un vacío incolmable entre significante y significado y entre los hechos y su interpretación, son otras tantas premisas de la significación alegórica. La distonía no es sólo una condición psicológica o, peor aún, una alteración psiquiátrica: es la situación típica del conocimiento para el alegorista moderno, desde Baudelaire hasta Pirandello. Y de hecho *Enrique IV* es ante todo una alegoría de una desesperada defensa de la razón obligada a disfrazarse de locura para desenmascarar así la verdadera locura de quienes no saben que están locos pero se comportan como tales («Estoy curado, señores: porque sé perfectamente que me hago el loco aquí, y lo hago sereno. Lo malo para vosotros es que vuestra locura la vivís con agitación, sin saberlo y sin quererlo» [pág. 368], le grita Enrique IV a sus invitados). Pero hay más. De nuevo está aquí en juego el presupuesto mismo del conocimiento y de la significación alegórica. El fingimiento de la locura no es más que la forma o la figura de la extrañación: defenderla significa salvaguardar su contenido, es decir el mecanismo cognoscitivo alegorizante que la otredad hace posible. Belcredi es matado por celos o venganza sólo en el sentido inmediato, literal, del drama donde rigen esas reglas románticas que en cambio pierden todo su valor en el segundo nivel, alegórico, de la significación. El desencadenante del gesto homocida del protagonista reside en un desesperado y sin embargo lucidísimo intento de negación de la negación. «—¡Tú no estás loco!—», había gritado Belcredi, y Enrique como respuesta: «—¿Conque no estoy loco? ¡Aquí tienes! —*Y lo hiere en el vientre»* [pág. 370]. El *no* («No/estás loco») es abolido con una estocada: ahora Enrique será considerado loco por todos «y para siempre» [pág. 371]: es decir, podrá seguir mirando desde fuera la vida, suspendiendo los significados comunes y manidos, haciendo planear sobre ellos preguntas y dudas de alguien que busca —y no encuentra— un «significado universal» y por eso se ve obligado a alegorías negativas y vacías, capaces sólo de indicar un desajuste entre la insensatez de la vida y el sentido que reclama la inteligencia, y por tanto una ausencia de significado antes que un significado positivo.

Enrique IV no es una tragedia sino a pesar suyo y no sin contradicciones en un primer nivel de lectura. El protagonista no mata empujado por una ira heroica o generosa, como en las tragedias: el suyo es en cierto sentido un gesto calculado de venganza incluso mezquina, pero por otro lado, en un nivel distinto de significado, es un movimiento —igualmente premeditado— de inteligencia pura tendente a salvaguardar la condición del conocimiento y con ella el acto mismo de la significación alegórica.

Antes de proseguir con *Ciascuno a suo modo* [*Cada cual a su manera*] el ciclo del «teatro en el teatro», Pirandello escribió, entre otras cosas menores, una obra notable, *Vestire gli ignudi* [*Vestir al desnudo*] (1922), que parece retomar algunos aspectos de *Seis personajes en busca de autor* y en particular el tema de una intriga pasional ya acontecida, de una historia de amor y muerte (también aquí la víctima es una niña) que pertenece al pasado y de la que, en el momento presente, los protagonistas dan distintas interpretaciones, oscilando también entre los polos opuestos de la confesión (monólogo) y de la narración (tercera persona). Reaparece asimismo el problema del autor (aquí un novelista) que reconstruye los hechos —como intentaba hacer el Director en *Seis personajes*— imaginándolos parecidos pero, en parte también necesariamente distintos a los que han vivido los personajes. La novedad más importante está en la protagonista, Ersilia, un gran personaje y el único que —pagando con la muerte el derecho a ser creída y el valor de decir la verdad— sabe ponerse por encima de la bajeza e hipocresía del infierno burgués que la rodea (el cónsul, su mujer, el teniente de navío). La miseria de la pequeña y mediana burguesía es sacada así despiadadamente a la luz. Sirviéndose de Ersilia, el autor pone al desnudo motivaciones y comportamientos, contraponiéndolos implícitamente al destino de su heroína: sólo Ersilia tiene, en efecto, el orgullo y la fuerza suficientes como para mostarse y morir «desnuda» —sin el falso velo de oropeles o pantallas de protección—, tras haber intentado en vano en un primer momento revestir también ella con cierto embellecimiento moral e ideológico su primer frustrado intento de suicidio (que había hecho pasar por un gesto desesperado de amor). De modo que en su grito final («Dejadme morir en silencio: desnuda»), resuena, dramático, un desafío al falso convencionalismo de las relaciones burguesas: «Id, id a decírselo, tú a tu mujer, tú a tu novia, que está muerta —ya veis— no ha podido vestirse» [*MN 1967, I*, pág. 915].

Entre las otras obras de estos años merecen también mención *La vita che ti diedi* [*La vida que te di*] y el acto único *L'uomo dal fiore in bocca* [*El hombre de la flor en la boca*]. En la primera el esquema del contraste Vida/Forma (identificado en este periodo como eje del teatro pirandelliano por un intérprete y amigo del autor, Adriano Tilgher) tiende ya a una ontologización del primer término. Algo parecido ocurre en el acto único donde la perspectiva de la muerte sirve para valorizar los instantes aislados e inconexos de la corriente vital que sigue fluyendo bajo y contra las incrustaciones de la existencia, con una conclusión que recuerda la de *Uno, nessuno e centomila*.

Lo cierto es que en este periodo, después de los grandes resultados de *Seis personajes, Enrique IV, Vestir al desnudo*, en el teatro pirandelliano comienza a gestarse un cambio que se anuncia ya, además de en *La vida que te di* y *El hombre de la flor en la boca*, en *Cada cual a su manera*, aunque resultará más evidente algunos años después, en la última obra del «teatro en el teatro», *Questa sera si recita a soggetto* [*Esta noche se improvisa*]. Gradualmente la posición humorística y alegórica tiende a debilitarse y el relativismo pasa, de ser perspectiva negativa, crítica y polémica, a convertirse o en la base de una suerte de optimista «misticismo laico-mundano» (R. Barilli) fundado en la identificación positiva de arte y vida, o bien (pero ambas soluciones se superponen a menudo), en una forma de rebuscamiento demasiado fácil: es el *pirandellismo*, presente en buena parte de la producción de la segunda mitad de los años 20 (piénsese en *Diana e la Tuda,* escrita para Marta Abba en 1925-26, y en *L'amica delle mogli,* 1927, *O di uno o di nessuno,* 1929, *Come tu mi vuoi,* 1930). Y no es casual, después de tantos años de enfrentamiento polémico, su acercamiento a d'Annunzio (en *Diana e la Tuda,* es, por ejemplo, evidente el influjo de *La Gioconda*), mientras que también resulta significativa a este respecto su adhesión al fascismo (en 1924 se inscribirá al partido) interpretado como movimiento revolucionario de la Vida en contraposición a todas las cristalizaciones de las formas asociadas de existencia.

Cada cual a su manera, puesto en escena por primera vez en Milán en mayo de 1924, toma, sí, de *Vestir al desnudo* la temática del desenmascaramiento de las bellas mentiras, pero sin la fuerza y el rigor de aquel drama. Y sin embargo, en muchos aspectos, *Cada cual a su manera* parece avanzar aún más en la revolución de las formas teatrales emprendida por Pirandello: el espacio del teatro es invadido por la vida, implica a los espectadores, se cuela en el pasillo, el palco, incluso en la calle, con un intercambio entre el interior y el exterior que llevará al Director del teatro a gritar en un momento determinado: «Pero, señores míos, ¿estamos en el teatro o estamos en la calle?» [*MN 1967,* I, pág. 195], devolviendo su sentido literal a una expresión metafórica. La supresión de la barrera entre escena y exterior, que en cambio había permanecido levantada en la tradición anterior de la «escena *en abyme*», es aquí total. Es más, la vida verdadera —la de la Moreno y el barón Nuti— irrumpe en el teatro (de modo que éste, adoptando a gran escala la técnica de la «escena *en abyme*», se hace representación de segundo grado de esa irrupción), hasta la bofetada de la mujer a la primera actriz que la representa en el escenario (se trata, obviamente, de una comedia «en clave»). La atención al público es llevada hasta imaginar varios niveles: no sólo se puede distinguir, con J. M. Gardair, un Público número 1 (el real del estreno) y un Público número 2 (el falso puesto en escena por el guión), sino que, según R. Alonge, se pueden identificar varios círculos concéntricos de espectadores: 1) el de Doro y Francesco que observan el episodio representado por Delia y Rocca y lo interpretan y viven como espectadores interesados implicados en él, hasta el punto de cambiar ambos radicalmente de opinión, aunque siempre manteniendo posturas encontradas; 2) el de Diego, amigo de ambos que observa tanto ese episodio como, sobre todo, las reacciones que suscita en los amigos y es por tanto un espectador de segundo grado respecto a los dos primeros; 3) Nuti y la Moreno, espectadores «reales», que han ido al teatro para ver representar su historia; 4) los otros espectadores previstos por el guión del autor, que presencian la irrupción de la vida en la ficción y el encuentro en el pasillo del teatro entre el barón Nuti y la Moreno; 5) los espectadores reales del estreno que ven recitar a los actores y a los falsos espectadores.

Otra novedad la constituye la presencia de un personaje, Diego, que lleva a las tablas el método de la asociación espontánea de las imágenes y la lógica simétrica del inconsciente con el natural efecto desorientador para el oyente, acostumbrado en cambio a la lógica asimétrica del discurso común (a él le debemos, entre otras cosas, una teorización que parece ya consciente de algunos descubrimientos del psicoanálisis, de los «subterráneos de nuestro ser» en los que viven, ocultas para nosotros mismos, nuestras «almas repudiadas» [pág. 141]). Por último —otro elemento llamativo de ruptura— falta el tercer acto, suprimido por la irrupción de la vida en la escena: si la vida no concluye, también el arte —parece decir— debería dejar en suspenso el sentido de la historia que representa.

Y sin embargo estos elementos de indudable novedad no logran convertirse en puntos de fuerza de la representación. Para empezar, el público implicado en la representación está formado por falsos espectadores, mientras que al público real parece asignársele una tradicional condición de pasividad, acentuada, por lo demás, en este drama por la debilidad de la extrañación crítica y del personaje encargado de hacerla perceptible, Diego Cinci. Este último, por un lado es un portavoz del autor que parece confiar a sus réplicas frías e irónicas —un poco como las de Laudisi en *Así es (si os parece)*— la función de contracanto y comentario paródico respecto a la implicación emotiva y el juego de las pasiones que agitan a Doro y a Francesco y también a Nuti y a la Moreno; por el otro, aparece en cambio íntimamente recorrido por una vida interior inquieta y contradictoria que lo abre hacia lo irracional y lo vuelve problemático, dotado de una inestable vida existencial e incapaz, por tanto, de asumir el papel inmóvil de espejo racional, crítico-negativo, de la historia. Ocurre así que el acostumbrado melodrama decimonónico, recitado por Delia y Rocca y vivido por la Moreno y Nuti, termina por ser tomado realmente en serio: el gesto final de solidaridad en el horror y la negatividad que une a las dos parejas, primero en el escenario, luego en la realidad del pasillo, arrojando cada vez a los amantes uno en brazos del otro —«los dos juntos» y «ahogados en la misma sangre» [pág. 197], como dice melodramáticamente Nuti—, débilmente criticado en la escena por una frase de Diego al final del II acto («¡Si durara!» [pág. 187]), puede ser en la réplica de la vida vivida que se desarrolla en el Segundo entreacto coral, comentado de este modo por un Espectador Inteligente que manifiesta evidentemente el punto de vista del autor: «Han hecho sin duda alguna ante nuestros ojos, sin quererlo, lo que el arte había previsto» [pág. 197]. Es una frase que, en vez de distanciar críticamente, convalida, de modo que la escena, donde se refleja el poder cognoscitivo del arte, no resulta desacralizada sino revalorizada. Es más, dado el carácter metateatral de *Cada cual a su manera,* ésta parece precisamente la conclusión real del drama: si la historia queda sin solución, el verdadero discurso del autor —que concierne a la relación entre arte y vida— no queda en modo alguno sin ella.

Lo cierto es que la realidad entra en la ficción desorganizándola sólo en apariencia. En efecto: 1) la irrupción de la «vida verdadera» se desarrolla según las pautas que el arte ha previsto y anticipado, 2) también la «vida verdadera» es sólo la que se lleva a escena, es vida representada. La situación no es ya la de los *Seis personajes,* donde la ficción escénica era desenmascarada y la miseria de su intento de reproducción y neutralización estética denunciada, mientras que la ausencia del autor era una metáfora de la falta de cualquier verdad superior en el momento artístico. Aquí en cambio el arte tiende ya a coincidir con la vida y la verdad estética a imponerse como inmóvil garantía de verdad, independientemente del relativismo que hace inestable, contradictorio y problemático el comportamiento de los personajes: al final Nuti y la Moreno deben actuar «forzosamente» como el arte ha previsto. De espejo extrañante de la vida, el teatro tiende a convertirse en una ocasión de reencuentro para la realidad disgregada del yo y, en resumidas cuentas, en una nueva forma de catarsis. Precisamente este momento de sublimación aparece en contradicción insanable con un intento de provocación y de efectiva implicación crítica del público.

La caída de la barrera entre escena y exterior, la intervención de los espectadores y la intención metateatral, ahora explícita e incluso abrumadora, caracterizan aún más a *Esta noche se improvisa.* Por otra parte Pirandello puede disponer ya de un dominio pleno de los medios y efectos de dirección, tras sus tres años de experiencia como responsable del Teatro del Arte, durante los cuales había podido medirse con la maestría de los grandes directores de su tiempo (Pitoëff, Reinhardt y Piscator, sobre todo). El hecho de que el estreno tuviera lugar en Alemania (en enero de 1930), donde las innovaciones teatrales confiadas a la creatividad intrusista de la dirección estaban más desarrolladas, no puede considerarse como algo casual. *Esta noche se improvisa* ha sido justamente definida como un gran ensayo de teatro contemporáneo: las escenas *en aby-me* y el empleo de lo interartístico propio del expresionis-mo (música, cine, melodrama, danza, cabaret) están su-bordinados a un diseño metateatral evidente no sólo en los discursos teóricos del doctor Hinkfuss, el director, sino en la arquitectura y la articulación interna de toda la obra.

Aquí los actores, convertidos en personajes, se rebelan contra su director. La rebelión es llevada a las tablas por-que tiene lugar durante una representación sin texto pre-vio. Por ello los actores a veces hablan como tales y de esa forma quedan integrados en el momento metateatral (conscientes, en efecto, de su profesión y de las funciones que conlleva, discuten de ello con el director), otras veces representan su papel como personajes, ensimismándose tanto en él que se olvidan de estar actuando. El paso de uno a otro aspecto (del más abiertamente metateatral al teatral) no tiene, sin embargo, ninguna marca distintiva, de modo que la oscilación y el intercambio continuos en-tre uno y otro provocan su extrañación recíproca: el ac-tor se distancia del personaje y éste de aquél. Magistral es en tal sentido la muerte de Sampognetta que, no pudien-do ser representada por el Viejo Actor Brillante (el cual no se halla en la escena —a causa del carácter improvisa-do de la representación— las condiciones necesarias para dar forma a su papel), es narrada por él a los espectadores con un ensimismamiento progresivo que lo empuja al fi-nal a meterse nuevamente en el papel y volver a la repre-sentación (y en efecto actúa con gran eficacia).

Precisamente esta capacidad de ensimismación de los actores termina por destruir de alguna manera el proyec-to del director. El doctor Hinkfuss (en quien el autor quiere probablemente encarnar a los directores de la es-cuela alemana) no se propone sólo suplantar al autor, sino también reducir a los actores a meros instrumentos de su voluntad. La falta de guión les deja una libertad que él concibe de modo instrumental: el riesgo de anarquía que comporta debería, en efecto, inducirlos a obedecer la disciplina que el director se siente así autorizado a imponer. En ausencia de un texto escrito bien definido, el único árbitro termina por ser él, el doctor Hinkfuss. El resultado no puede no ser sino un doble vaciamiento: el del «significado universal» que el autor debería buscar (y que al director, ocupado en sus juegos escénicos, no le interesa) y de la vida que los actores sienten dentro de sí y quisieran expresar metiéndose dentro de sus personajes. De aquí la evidente polémica del autor contra Hinkfuss (en cuya boca pone, a pesar de ello, no pocas de sus ideas sobre el teatro); y de ahí también la rebelión de los actores que, expulsado el director, pueden representar libremente y de un modo cada vez más apasionado la historia de Mommina (hija de Sampognetta) perseguida por los celos del marido, identificándose hasta tal punto en su personaje la Primera Actriz que, cuando ésta representa su muerte, sufre también un colapso cardiaco. Llegados a este punto, ante las consecuencias de una excesiva ensimismación, los actores se ven obligados a reclamar un autor o al menos un texto escrito y a reconocerle un papel al director (aunque probablemente no el que el doctor Hinkfuss se había atribuido, sino otro más modesto de organizador escénico del espectáculo).

Esta conclusión, sin embargo, es —si nos fijamos bien— sólo la del ensayo teórico implícito en *Esta noche se improvisa*. La obra en sí es mucho más rica, más compleja y contradictoria. Respecto a *Seis personajes* representa un desarrollo radical que apunta a una crisis de la problemática allí afrontada. La búsqueda de un autor y un significado pertenecen al pasado, de modo que su ausencia se considera ya natural. El puesto del autor se lo disputan ahora, por un lado el director, por el otro los actores. En lugar del drama y de su imposibilidad (en cierto modo angustiosa y también dramática) estará el espectáculo: si el director toma el poder, o bien la improvisación, si los actores se rebelan e imponen el suyo. En cualquier caso el juego de los tres niveles en *Seis personajes* ya no es posible: mientras que el drama de 1921 tenía como centro a los personajes, los actores y el autor ausente pero buscado, la «representación sin guión» de 1928-29 se reduce a sólo dos niveles, es decir al plano de los personajes y al de los actores, tanto si el director está presente (ya que no se preocupa del significado sino del espectáculo entendido como entretenimiento del público), como si está ausente (ya que los actores tienden sólo a convertirse en personajes y a asumir su sentido limitado, individual, anecdótico). Por eso quedan sólo el significado literal, menudo, inmediato, y la posibilidad de su visión extrañada, la ensimismación del actor en el papel hasta vivirlo plenamente y el distanciamiento producido por la conciencia de que se trata sólo de representar una ficción. En suma, el director expulsa, sí, al autor, pero colma su ausencia sólo reduciendo el drama a magia ilusionística y a juego unidimensional para la diversión del público; y los actores expulsan, sí, al director, pero a falta de un autor y de un «significado universal», pueden sólo ser pura vida, pasión elemental carente de un sentido distinto y superior.

Es la muerte de la posibilidad alegórica; y corre el riesgo de coincidir, para Pirandello, con la muerte misma del teatro. Se trata de una derrota, y sin embargo Pirandello se empeña en hacerla pasar por una victoria: la del arte ya identificado con la vida.

Si queda sólo el flujo vital y el arte —en *Esta noche se improvisa* el de los actores, pero ello vale también para todo artista en general— no se distingue ya de él, entonces la vida, con su desordenada inmediatez y su pasionalidad incontrolada, termina por cobrar un valor y un sentido en sí misma, fuera de cualquier «significado» de autor. «La vida que nace no la gobierna nadie» [pág. 172], dice un actor en *Esta noche se improvisa,* pero la opinión de Pirandello autor no sería distinta. El componente idealístico y romántico de su formación juvenil retorna, reforzado y corregido por la experiencia del irracionalismo vitalista de Séailles y la probable influencia de Bergson. La solución romántico-simbolista que Pirandello había combatido durante tanta parte de su carrera de escritor, vuelve a la luz. De nuevo la sintonía —la identificación con el flujo vital, de la que el arte sería expresión— puede parecer preferible a la distonía, que sin embargo había sido el resorte más auténtico de la búsqueda pirandelliana (hasta el gran resultado dramático de *Enrique IV*). Si *Esta noche se improvisa* evita esta solución extrema, es porque para hacerle frente queda una capacidad de extrañación y de abstracción metateatral (que aún denotan un desdoblamiento, una escisión, no una *correspondence*); pero el dique se está desmoronando ya, también porque, al faltar la búsqueda de un «significado universal», extrañación y metateatralidad se ven obligadas a subsistir en el vacío, como míseros sucedáneos de la «necesidad espiritual» de la que había nacido *Seis personajes*.

Llegado a este punto, a Pirandello le quedan sólo dos caminos: o el adiós al teatro (y de hecho no ha faltado quien ha considerado *Esta noche se improvisa* como el testamento teatral del autor) o su transformación en sentido romántico y lírico para así celebrar el poder del arte de entrar en armonía con la vida, de hacerse él mismo vida. Pero si toda la vida se convierte en arte y teatro (no está libre Pirandello del influjo del pantateatralismo de Evréinov), los dos caminos corren el riesgo de reducirse a uno: si todo es teatro, nada lo es de modo específico y el género teatral se disuelve. Abolida la distancia entre ficción y vida (como ocurre con la Primera Actriz, que casi muere por representar la muerte de Mommina), tiende a desaparecer también la que separa lo auténtico de lo inauténtico, entre la opacidad e insignificancia del mundo y la búsqueda de un significado. De ahora en adelante bastará sumergirse en lo indistinto vital. El arte, entrando en el círculo mágico de la vida, vuelve a apropiarse quizá —como querría Pirandello— de un intacto valor originario suyo, pero pagando el precio de abandonar la escisión y la descomposición analítica y dialéctica. *Esta noche se improvisa* constituye, pues, un momento fundamental de crisis, en ciertos aspectos anticipado ya por *Cada cual a su manera*: se anuncia ya la solución de los mitos teatrales. Está a punto de comenzar una nueva fase de la búsqueda pirandelliana.

6. Los «Cuentos para un año»

Pirandello escribió relatos a lo largo de toda su vida artística. Pero el momento en el que elabora el proyecto de su recopilación definitiva con arreglo a un orden determinado aunque —como veremos, enigmático—, corresponde al periodo de las obras maestras teatrales, inmediatamente posterior a *Seis personajes en busca de autor,* entre el estreno de *Enrique IV* (febrero de 1922) y el de *Vestir al desnudo* (noviembre del mismo año). Había ya publicado, en varias editoriales, 14 volúmenes de cuentos, desde el primero, aparecido en 1894, *Amori senza amore,* hasta el último, *Berecche e la guerra,* de 1919. Pero ahora, en 1922, decide reordenar toda esta producción suya dentro de un proyecto unitario. Hubiera deseado reunir todos sus cuentos bajo un solo título, *Novelle per un anno* [*Cuentos para un año*], subdividiéndolos, por exigencias editoriales, en 24 volúmenes (aunque habría preferido —y es un detalle quizá no casual— un único volumen «monumental»), cada uno de los cuales habría debido comprender 15, hasta un total de 360 a 365, es decir, aproximadamente uno por cada día del año. A causa de su muerte, ocurrida en diciembre de 1936, Pirandello pudo publicar sólo 14 volúmenes, mientras que el número 15, apareció póstumo en 1937. La edición actual de *Novelle per un anno* resulta, por tanto, subdividida en quince secciones que contienen un total de 225 relatos. A estos 225 habría que añadir luego 26 dispersos (varios de los cuales el autor proyectaba recuperar probablemente para su recopilación), hasta un total de 251.

La mayor parte de estos relatos fue escrita entre el comienzo del siglo y 1915 (con particular intensidad entre 1909 y 1914, a causa, en este periodo, de su nutrida colaboración con el *Corriere della sera* al que la mayor parte de los cuentos iba destinada), con una acusada disminución después de 1919 y una reanudación en los últimos años. Pero 1922, el año del proyecto y de la publicación de cuatro de los 14 volúmenes, es también aquél en el que más intenso fue su trabajo tanto de reelaboración de los relatos ya escritos, como de su selección encaminada a crear nuevas reagrupaciones.

Y sin embargo, el criterio con el que una vieja recopilación es desmembrada y sus elementos internos son redistribuidos en las distintas secciones de *Novelle per un anno* resulta sustancialmente enigmático. El orden de los cuentos no es ni cronológico ni temático; es más, el autor parece mostrar un cuidado especial en mezclar motivos y situaciones diferentes y relatos escritos en épocas muy distantes: en suma, las relaciones de contigüidad entre cuento y cuento se sustraen a cualquier ley que no sea la del azar, fuera de cualquier criterio intrínseco de reorganización del material. Es más, el orden de la obra parece incluso exclusivamente extrínseco, fundado en la repetición de los números y las formas: por ejemplo, cada sección recibe su título del cuento que la encabeza (salvo la última, *Una giornata [una jornada]*, que lo toma del que la cierra). Y sin embargo, la búsqueda de un orden es evidente y prueba una exigencia del significado. La misma estructura de la obra, tan visiblemente elaborada y rebuscada, parece remitir a una clave, aunque ésta no llegue a descubrirse.

En suma, los personajes, paisajes, historias aparecen «en busca de autor», pero de ese autor ausente quedan, en esa voluntad de orden y, por tanto, de mensaje, las huellas palpables de una presencia. Estamos, como puede verse, en el mismo clima del que nacieron los *Seis personajes:* también aquí el orden alegórico es sustancialmente negativo y vacío: encierra una multiplicidad de fragmentos cuya ley, a falta de un orden superior interpretativo, no puede ser otra que la del caos.

La total temporalidad y mundanidad de las historias narradas pertenecen a un *ordo rerum* tumultuoso y caótico porque está ya totalmente escindido del *ordo idearum*. Privado de una luz interior que lo redima, el orden de las cosas aparece en una fragmentaria y convulsa casualidad y caducidad, mientras que la precisión organizativa del orden de las ideas permanece conclusa en su perfección y aislamiento. Cada cosa es sólo lo que es, en la miseria de su particularidad inmediata, literal, individual, y por ello abandonada al flujo destructivo de un tiempo sin salvación.

Ya el título mismo de la obra alude a la disipación del tiempo. Ciertamente, en su elección ha intervenido el influjo de una tradición medieval y renacentista; pero el orden que en esa tradición viene dado no sólo por la organización de la materia, sino también por una determinada visión del mundo, se ha perdido. El tiempo aquí es el imprevisible y abierto de la vida. En los cuentos de Pirandello circula un eterno presente, una singular falta de espesor y de *pathos* del pasado. Ningún *«pathos* de la distancia»*, nunca. Ninguna mitificación: sólo la dispersión casual de los días y los sucesos, un derroche de hechos triviales, exentos de cualidad, exactamente como los antihéroes que los protagonizan.

Puede que responda a un plan también la implícita invitación al lector a enfrentarse con la temporalidad que sugiere el título de la última sección y el tema mismo del relato epónimo, *Una jornada*. Un hombre es arrojado del tren en una estación desconocida, en una ciudad ignota por donde vaga desorientado. Los aspectos de la realidad se acumulan ante él, como algo extraño, en un movimiento vertiginoso que lo deja atónito, aturdido, dividido entre el sentido de culpa de quien no logra comprender aunque la gente lo reconozca y lo salude y el «deseo acuciante de descubrir algo» [*NA*, III, 1, 783], de hallar la clave de su situación. La otredad es llevada hasta el extremo de hacerlo sentirse un extraño frente a sí mismo: ante el espejo el hombre no se reconoce ya, tan profunda ha sido la acción devastadora del tiempo. En el vértigo de las cosas que confusamente se agolpan a su alrededor le sigue el del tiempo: aparecen sus hijos, que en un instante pasan de niños a adultos e incluso a viejos. En suma, en este relato el espacio —la ciudad desconocida— y el tiempo —la deriva de los días y las generaciones— dejan de pertenecerle al hombre. El «año» al que se alude en el título de la obra parece hecho de estas «jornadas».

En los *Cuentos para un año* sucesos y personajes no sólo están inmersos en esta radical precariedad y temporalidad, sino en una absoluta mundanidad. La tendencial desaparición de la naturaleza como encanto y *correspondance* simbólica y su frecuente aparición, en la mayor parte de los relatos, como marca de extrañación, irremediablemente «otra» respecto al hombre, la forma imprevisible y fragmentada, por instantes y mínimos resquicios, con los que sólo puede captarse su belleza, el predominio gris de la dimensión social y su comunicación, con sus ritos y signos, que parecen obstruir por todas partes el horizonte haciéndolo opaco y espeso, el desfile incesante y menudo de casos siempre nuevos que confiere al conjunto de la obra la articulación de una auténtica comedia social (sin duda la más vasta de todo el siglo xx italiano), la infinita multiplicidad de las situaciones que sin embargo no se convierte en efectiva variedad sino que produce más bien la sensación de una repetición obsesiva y cristalizada, la sucesión acumulativa de detalles que no se insertan en una totalidad orgánica unitaria, remiten al lector al espacio unidimensional de una historia reducida a crónica, a acopio de fragmentos. El mismo lenguaje deliberadamente bajo y cotidiano, casi burocrático, está en armonía con esta desublimación.

Junto con *Seis personajes en busca de autor*, los *Cuentos para un año* constituyen una de las mayores obras maestras del alegorismo moderno, vacío y negativo, y sin embargo animado aún por una exigencia de *quête*. En las páginas de estos relatos todo un mundo gesticulante y chillón parece girar convulsa y confusamente en busca de un sentido sin encontrarlo y a pesar de ello, de alguna manera, postulándolo.

7. El último Pirandello:
LA PRODUCCIÓN DE LOS MITOS

La conclusión de *Uno, ninguno y cien mil* abre un nuevo espacio de búsqueda. Por lo demás, el año de publicación de la novela, 1926, se sitúa en un momento de transformación de la sociedad y la cultura italianas. El fascismo se ha convertido en un régimen a todos los efectos. Las tendencias de vanguardia, derrotadas, están ya declinando: al momento crítico-negativo del arte le está sucediendo otro que recupera el «aura» tradicional y ya no tiende al elemento dialéctico sino al catártico, mítico, simbólico. Los aspectos innovadores procedentes del surrealismo francés están dirigidos a una ontologización de la vida, en sentido irracionalista, y conciliados con una absolutización del arte, y así muy a menudo resultan atenuados e incluso edulcorados. También en las tendencias más innovadoras y avanzadas —desde el «realismo mágico» de Bontempelli hasta el surrealismo presente tanto en Florencia como en Roma (Landolfi, Delfini, Savinio)— no obedece ya a la instancia provocadora y a la ruptura con el público. El mismo Pirandello, en este periodo, se muestra particularmente sensible a la exigencia de un mensaje positivo y a veces (como en los primeros dos «mitos») explícitamente ideológico, que modifique su imagen de escritor a los ojos de los lectores y de los espectadores y atenúe los elementos disgregadores y amargamente humorísticos de su propio arte. Si se añade a esto que en los años 30 se asiste, en poesía, a una recuperación plena —a través de la experiencia del hermetismo— de la tradición postsimbolista (si bien abierta de nuevo a temáticas surrealistas), se podrá comprender el fondo histórico sobre el que, en la última década de su carrera artística, se fragua en Pirandello un cambio de poĕtica, con el paso de una producción que apunta al desvelamiento humorístico de las contradicciones a otra que tiende a revelar y celebrar líricamente el Ser en su inmovilidad ahistórica. Esta evolución no va en un solo sentido ni llega a resultados de definitiva abjuración del pasado: muy al contrario se desarrolla con contradicciones y retornos a él; pero la dirección de la búsqueda y su significado global van en el sentido indicado.

De esta nueva fase dan testimonio los últimos relatos escritos entre 1931 y 1936 y sobre todo los tres mitos teatrales, iniciados en 1927. Si la búsqueda de Pirandello humorista y alegórico, desde *El difunto Mattia Pascal* hasta *Enrique IV* y el proyecto de los *Cuentos para un año,* era sustancialmente racional, guiada por el hilo del razonamiento implacable y la lógica con el que trataba de enfrentarse con el abismo de la ausencia de sentido y de gritar una verdad, aunque siempre negativa y «facciosa», ahora, en los mitos *La nuova colonia* (1927), *Lazzaro* (1928), *I giganti della montagna* (1930-33) y en el cuento en verso *La favola del figlio cambiato* (1933), prevalecen en cambio procedimientos y sugestiones de tipo simbolista, irracional, místico, e incluso, a veces, trascendental, tendentes a afirmar verdades universales que deberían percibirse inmediatamente a través de procesos meramente intuitivos y por la fuerza sugestiva de las imágenes.

Mientras que, para el Pirandello dialéctico y alegórico, de los fragmentos que campean desmembrados y en contradicción mutua, no nace un sentido unitario y la única verdad es la convulsa y parcial del *personaje* en busca de autor, aquí el significado universal está dado por la estructura misma del relato que lo implica en sus articulaciones internas, de modo que del conjunto de detalles debe emerger una verdad general válida para todos. En el lugar de una verdad relativa que se da —o trata con esfuerzo de abrirse camino— en el conflicto de las interpretaciones y que en cualquier caso sigue siendo precaria o incluso se busca inútilmente, ahora está *la* verdad, afirmada con una fuerza tanto mayor en cuanto que es proporcional a su carácter enigmático y misterioso. Al estilo concitado y alegórico encaminado a privilegiar una forma argumentativa de discurso, se sustituye otro inspirado en un lirismo difuso que tiende a iluminar mágicamente a espectadores y lectores implicándolos en una especie de *Erlebnis* de la escritura. Por otra parte eso es precisamente lo que ocurre cuando el arte vuelve a aspirar a su sacralidad, en cuanto emanación de una divinidad inexplicable presente en cada aspecto de la vida pero capaz de revelarse sólo a través de la estética. Lo particular y lo universal, el orden de las cosas y el de las ideas, la verdad del mundo y la verdad del arte vuelven a coincidir, como ocurre precisamente en el símbolo. La enfatización del momento creador (constante en el último Pirandello) remite a una concepción de la superioridad del arte sugiriendo no sólo una analogía entre los creadores (el creador de la naturaleza y el de la poesía), sino también una correspondencia entre sus criaturas y por tanto entre el orden del mundo y el de la obra. En vez de captar la carencia, la escisión, la contradicción, el Pirandello de los mitos aspira a un arte de la integralidad, de la organicidad, de la naturalidad, que sea voz plena de un absoluto.

La verdad que los detalles (ya inseparables de la universalidad de la que emanan) revelan, es en *La nuova colonia* la de la Madre Tierra que castiga con un terremoto a quienes no saben vivir a la altura de los valores naturales que su mito expresa y en cambio salva y santifica a quien sigue fiel a ellos porque es capaz de acoger en su interior las fuerzas vitales de la creación (la Spera, que es la verdadera protagonista de la obra es, en efecto, una imagen de la maternidad); y en *Lazzaro* la que hace realizar a Lucio, sacerdote de un teísmo panespiritualista e inmanentista, el milagro de hacer andar a su hermana paralítica, y a Sara y a Arcadipane el prodigio de una vuelta a la salud de la naturaleza y el campo en una hacienda feliz contrapuesta a la monstruosidad de la ciudad y la vida mecánica de la civilización moderna. En *Los gigantes de la montaña* el prodigio, que puede realizarse de nuevo sólo fuera de la vida asociada, consiste en la liberación mágica y simultánea de las fuerzas del sueño, del espíritu, del inconsciente y de la creación artística.

Y sin embargo, en este último mito, el momento de la contradicción no sólo está presente, sino que atañe tanto a las formas de expresión y comunicación de esas energías profundas —de ahí el contraste entre Ilse que quiere llevar el mensaje estético entre los hombres representando la *Favola del figlio cambiato*, y Crotone para quien, voluntariamente exiliado en la villa de Scalogna, el mundo de los sueños y el arte puede subsistir sólo en su autosuficiencia, radicalmente separado de la sociedad—, como a la oposición entre el mundo del inconsciente, los fantasmas y la poesía por un lado y el del público y la vida común que lo rechaza por el otro. Una laceración que queda abierta al final en vez de resolverse, con lo cual perdura en esta obra un elemento dialéctico y crítico, ausente, en cambio, en *La nuova colonia* y *Lazzaro:* de ahí, entre otras cosas, la clara superioridad artística de este último mito, aun en su estado incompleto, respecto a los otros dos.

Los tres mitos parten sustancialmente del epílogo de *Uno, ninguno y cien mil* (que, también desde este punto de vista, revela su importancia como momento de transición en la carrera artística pirandelliana) expresando la necesidad de renunciar a la realización de la identidad, a la consistencia del propio cuerpo y del propio nombre, y de aprender a ser «todo» y «nada» viviendo fuera de la sociedad, en microcomunidades aisladas: al hospicio de Moscarda le corresponden la isla edénica donde se refugian los contrabandistas de *La nueva colonia,* la finca de Sara en *Lázaro,* La villa de Scalogna en *Los gigantes de la montaña.* Neta es la antítesis entre naturaleza y civilización, campo y ciudad, presente también de modo especial en *El cuento del hijo cambiado,* donde el Príncipe al final antepone al reino y al poder, y por tanto a la vida organizada, el retorno a la madre (a la madre natural y a la Madre Tierra), eligiendo el sol y el mar del sur en lugar de las «ciudades / atareadas en ocupaciones / ciegas y mezquinas» [II, pág. 1303]. La contraposición adquiere un tinte particularmente ideológico en *La nueva colonia* y *Lázaro:* el primero es, en efecto, un mito político que narra un intento de palingénesis social y su fracaso, mientras que el segundo es un mito religioso que representa dos maneras distintas de concebir la relación con lo divino: una rígida y moralista, la otra inmersa en el ritmo de la naturaleza y la inmanencia de la vida cotidiana.

En *Los gigantes de la montaña* el planteamiento es más complejo y más articulada la estructura debido a que el rechazo de la sociedad se inserta en un campo de tensiones en el que la perspectiva de la vida asociada no puede ser nunca del todo eludida y donde la solución irracional y mágica intentada por los habitantes de Scalogna choca contra la realidad dramática y violenta impuesta por la sociedad. Estamos ante un retorno al tema de la imposibilidad del drama, que aquí es puesto en duda no por la ausencia del autor sino por la del público. El dilema que Pirandello plantea aquí concuerda, en suma, con los escritos teóricos de este periodo donde se pone de manifiesto su desconfianza ante el cine que por aquellos años amenazaba, con su atractivo más fácil y asequible, la existencia del teatro, y sobre todo con su fallida experiencia de director del «Teatro d'Arte» en Roma, que se cerraría en 1928 por penuria de espectadores y de fondos: o retirarse al mundo protegido y separado de los sueños y los fantasmas renunciando a la comunicación y al mensaje, o adaptarse a la vulgaridad del público. La obra expresa una alternativa en todo caso penitencial, vivida por el autor en todo su dramatismo. A pesar de la indudable aspiración a lograr una solución de tipo simbólico e irracional —mediante la sublimación del exilio transformado en paraíso y del horror impotente elevado a esplendor mágico y estético—, el mundo separado de Cotrone que aspira a la beatitud de lo infinito se ve obligado a enfrentarse con lo finito que lo circunda, con su miseria y su dura realidad. El mito simbolista de un arte autosuficiente y totalitario en su exclusiva relación con la naturaleza está aquí tratado todavía alegóricamente: el sueño de organicidad y autosuficiencia choca contra un límite, una carencia, un vacío: se restringe al mundo nocturno y está condenado a la impotencia en el diurno. Al espectador no le quedará, pues, la verdad absoluta de un símbolo sino la percepción de posibilidades diferentes y contradictorias. Así, el programa simbolista —y dannunzia-

no—— de la conversión de la naturaleza en arte y del arte
en naturaleza se enfrenta con la irrupción de la dimensión social, es decir con una perspectiva ajena a él que
abre en su interior fisuras y tensiones.

De este modo, al final de su carrera artística, Pirandello parece querer recuperar, al menos en parte, la carga
dialéctica de su mejor producción teatral, reintroducien-
do en ella tensión y apertura, casi como queriendo dejar,
en esta obra semi testamentaria, una imagen más coherente y fiel de sí mismo y de su compromiso como dramaturgo.

8. La recepción y el debate crítico

Hay que esperar al final de la primera guerra mundial
para encontrar un lector capaz de reconocer todo el valor
de Pirandello como narrador, y no se trata de un crítico
profesional, sino de otro escritor, Federigo Tozzi, que llama la atención sobre su modernidad (el «negativismo», la
perspectiva relativista y nihilista) y hace también observaciones interesantes de carácter lingüístico y estilístico.
Contemporáneamente, el joven Antonio Gramsci, entonces crítico teatral, valoraba positivamente *Liolà* (por
razones exclusivamente estéticas) y *El placer de la honradez*
(por razones políticas, ya que veía en la obra una crítica
de las ideologías y prejuicios dominantes).

Después de Tozzi será otro escritor, Massimo Bontempelli, en su conmemoración pirandelliana de 1937, quien
fijará, con la distinción entre *persona y personaje,* «la terminología más útil para identificar los elementos del contraste, de donde emanan la narrativa y la producción teatral de Pirandello». Son palabras de Giacomo Debenedetti, uno de los pocos críticos literarios de los años 30 que
comprendió y valoró la obra pirandelliana en toda su importancia, y en particular los relatos, ayudado en ello por
las observaciones del propio Bontempelli.

En efecto, a pesar del éxito internacional de su teatro
en los años 20 y del reconocimiento crítico subsiguiente

(en el que sobresalió Adriano Tilgher, que fue también colaborador del autor), la crítica literaria entre las dos guerras, de planteamiento idealístico, parece paralizada por el juicio negativo de Croce, quien liquidaba casi toda la obra pirandelliana, considerada como un híbrido de poesía y de un «convulso, confusionario, filosofar», de modo que no sería «ni arte verdadera, ni filosofía». No es quizá casual que intuiciones brillantes de la novedad revolucionaria de Pirandello como descubridor de la muerte del «aura» del personaje, vengan de quien, fuera de Italia, se hallaba libre del influjo idealístico: nos referimos a Walter Benjamin que, en *La reproducción técnica de la obra de arte*, se ocupa de *Se rueda...* (luego *Cuadernos de Serafino, cámara de cine*) y de las observaciones que el autor hace en esta novela acerca de la relación entre el personaje y la cámara cinematográfica.

La verdadera fortuna de Pirandello comienza entre la segunda mitad de los años 50 y la primera de los años 60. Es el periodo del *boom* económico y de la segunda gran revolución industrial en Italia, que produce hondas transformaciones también en la cultura y la literatura. Es el momento del experimentalismo y la neovanguardia (nace el Grupo 63) y de la apertura a las tendencias culturales dominantes en Europa, desde el psicoanálisis hasta el estructuralismo, desde el neopositivismo hasta la fenomenología, que favorecían una reactualización de la obra pirandelliana. Se celebra en Venecia, en 1961, el Congreso Internacional de Estudios Pirandellianos, con ponencias decisivas (para el teatro la de Mario Baratto, que sienta las bases de la comprensión del *personaje* pirandelliano; para los relatos la de Benvenuto Terracini, que somete *Cuentos para un año* a un atento análisis estilístico). En el curso de una década aparecen un libro de Renato Barilli (1964), miembro del Grupo 63, que ve en Pirandello al primer autor italiano capaz de abrir el camino a la vanguardia y de traspasar la «barrera del naturalismo» (y mientras tanto Luigi Squarzina ponía en escena, en 1961, *Cada cual a su manera*, interpretado en clave abiertamente vanguardista), los trabajos de Carlo Salinari (1957, luego

1960) y de Arcangelo Leone De Castris (1962), y las páginas densamente personales y morales que Leonardo Sciascia le dedica a Pirandello en 1961. En esos mismos años, además, Debenedetti reanuda su reflexión sobre el autor en su curso universitario de 1962-63 dedicado a *El difunto Mattia Pascal* al que hará seguir otro sobre los *Cuadernos de Serafino Gubbio* (estos apuntes serán publicados póstumos en 1971). Se remonta también a este periodo la primera biografía importante de Pirandello, escrita por Gaspare Giudice y publicada en 1963, mientras que la apreciación internacional de su teatro queda consagrada por el libro del crítico húngaro Peter Szondi que en 1956 publica *Teoría del drama moderno* (traducido en Italia en 1972), donde ve en el autor siciliano un momento crucial de cambio en la dramaturgia europea, situándolo más allá del drama tradicional (cuya imposibilidad denotaría), a las puertas ya del teatro épico narrativo.

En los últimos veinte años, la producción crítica sobre Pirandello ya ha superado ampliamente las incomprensiones de los contemporáneos. Favorecidos por la organización de congresos anuales promovidos por el Centro Nazionale di Studi Pirandelliani de Agrigento (dirigido por Enzo Lauretta) y por las publicaciones de una revista especializada (*Rivista di studi pirandelliani*, dirigida por Nino Borsellino), la crítica pirandelliana sigue cinco vías fundamentales de investigación: la filológica y documental (recordamos sobre todo los nombres de Alessandro D'Amico, Sarah Zapulla Muscarà, Elio Providenti, Mario Costanzo); el estudio del ambiente cultural y de la formación estética (después de los de Gösta Andersson, son relevantes sobre todo los libros de Claudio Vicentini de 1970 sobre la estética de Pirandello y de Graziella Corsinovi de 1979 sobre su expresionismo); el análisis del teratro y de los problemas de dirección (y aquí ha de mencionarse sobre todo a Franca Angelini, sin olvidar a Roberto Alonge y a Paolo Puppa); el examen pormenorizado de la obra en sus estructuras formales y sus implicaciones psicológicas y psicoanalíticas (recordamos a Cesare Segre para el teatro y a Maria Antonietta Grignani para las novelas, mientras que la investigación psicológica parte de un trabajo fundamental de Gardair de 1972 y cuenta con la interesante aunque discutible contribución de Elio Gioanola en 1983); la visión histórica de la obra a través de un análisis de las ideologías y un estudio comparado de la producción europea (decisiva ha sido en esa dirección, la investigación de planteamiento marxista, donde destaca la monografía de Arcangelo Leone De Castris de 1962, seguida luego en 1974 por un artículo de este mismo crítico; pero recordamos también el libro de Roberto Alonge de 1972, los artículos de Guido Guglielmi recogidos en volumen en 1974 y 1986, los trabajos y el libro de Robert Dombroski de 1978, así como el volumen de Giuseppe Petronio de 1990, mientras que se sitúan en una vertiente comparatista los estudios de Giancarlo Mazzacurati de 1987 y de Wladimir Krysinski de 1988).

Un lugar a parte lo ocupan las contribuciones de Giovanni Macchia, recogidas en una monografía unitaria en 1981, que tienen el mérito, entre otras cosas, de sacar a la luz la deuda cultural de Pirandello con Binet, con Séailles y con las concepciones teosóficas y espiritistas de su época. En esta misma línea se sitúa también la monografía de Nino Borsellino aparecida en 1983 y ampliada en 1991. Entre las recopilaciones de artículos, tiene especial valor la de Lucio Lugnani de 1986, mientras que la reciente monografía de Umberto Artioli (1989) es un ejemplo del ultrancismo de la tendencia neohermética que se ha afirmado en esta última década: sus análisis, tan brillantes como capciosos, se inspiran en un misticismo esotérico que a menudo parece relacionarse más estrechamente con la cultura del intérprete que con la del texto analizado.

Dado que la postura de Artioli refleja la que hoy domina en buena parte la cultura italiana, es previsible que en el inmediato futuro las contribuciones mejores vengan de la línea documental y filológica: la actual edición de las obras completas de Pirandello, bajo la dirección de Giovanni Macchia, ya casi concluida (faltan sólo los últimos volúmenes del teatro y los dedicados al ensayismo y la poesía), es ya un indicio alentador en este sentido.

BIBLIOGRAFÍA

1. Ediciones de la obra de Pirandello

Una bibliografía completa de los escritos de Pirandello se encuentra en el volumen L. Pirandello, *Saggi, poesie, scritti varii*, ed. de M. Lo Vecchio Musti, Mondadori, Milán, 1960, págs. 1291-1397. Las *Obras completas* de Pirandello se hallan en curso de publicación también en Mondadori (col. «I Meridiani») bajo la dirección de Giovanni Macchia. Ya han aparecido: *Tutti i romanzi*, ed. G. Macchia, 2 vols., 1973; *Novelle per un anno*, ed. M. Costanzo, 3 vols. en 6 tomos, 1986-1990; *Maschere nude*, vol. I, ed. A. d'Amico, 1987. A la espera de que sea completada la edición Mondadori, filológicamente correcta y apoyada por amplios aparatos de notas, debe recurrirse a *Maschere nude*, Mondadori («I Classici Italiani Contemporanei»), Milán, 1958, 2 vols. y a *Saggi, poesie e scritti varii*, cit. Para el epistolario, cfr. *Carteggi inediti*, ed. S. Zappulla Muscarà, Bulzoni, Roma, 1980; *Lettere da Bonn*, ed. E. Providenti, Bulzoni, Roma, 1984; *Epistolario familiare giovanile*, ed. E. Providenti, Le Monnier, Florencia, 1986 y (para la correspondencia con Marta Abba): *A Marta Abba per non morire*, ed. P. Frassica, Mursia, Milán, 1991.

2. Estudios críticos

2.1. *Repertorios bibliográficos*

Barbina, A., *Bibliografia della critica pirandelliana (1889-1961)*, Le Monnier, Florencia, 1967.

DONATI, C., *Bibliografia della critica pirandelliana (1962-1981)*, Edizioni La Ginestra, Florencia, 1986.

2.2. *Biografía*

SCIASCIA, L., *Pirandello e la Sicilia*, Sciascia, Caltanissetta, 1961.
GIUDICE, G., *Luigi Pirandello*, Utet, Turín, 1963.
LAURETTA, E., *Luigi Pirandello. Storia di un personaggio «fuori di chiave»*, Mursia, Milán, 1980.
AGUIRRE, M. L., *Vivere con Pirandello*, Mondadori, Milán, 1989.

2.3. *Historias de la crítica*

FERRONI, G., *Luigi Pirandello*, en *I classici italiani nella storia della critica*, ed. W. Binni, III: *Da Fogazzaro a Moravia*, La Nuova Italia, Florencia, 1977, págs. 59-128.
ANGELINI, F., *Il punto su Pirandello*, Laterza, Roma-Bari, 1992.

2.4. *Estudios de carácter general*

2.4.1. Monografías

LEONE DE CASTRIS, A., *Storia di Pirandello*, Laterza, Bari, 1962 (última ed. 1991).
LUGNANI, L., *Pirandello. Letteratura e teatro*, La Nuova Italia, Florencia, 1970.
VIRDIA, F., *Invito alla lettura di Pirandello*, Mursia, Milán, 1975.
ALONGE, R., *Pirandello tra realismo e mistificazione*, Guida, Nápoles, 1977.
ANGELINI, F., *Luigi Pirandello*, en *Il teatro del Novecento da Pirandello a Fo*, Laterza, Roma-Bari, 1977 (última ed. 1990).
MAZZALI, E., *Luigi Pirandello*, La Nuova Italia, Florencia, 1979.
MACCHIA, G., *La stanza della tortura*, Mondadori, Milán, 1981.
BORSELLINO, N., *Ritratto di Pirandello*, Laterza, Roma-Bari, 1983 (nueva ed. aumentada: *Ritratti e immagini di Pirandello*, ibíd., 1991).

BARILLI, R., *Pirandello. Una rivoluzione culturale,* Mursia, Milán, 1986.

2.4.2. Estudios específicos

TOZZI, F., *Realtà di ieri e di oggi,* Alpes, Milán, 1928.

BONTEMPELLI, M., *Introduzioni e discorsi (1936-1942),* Bompiani, Milán, 1945.

GRAMSCI, A., *Marxismo e letteratura,* ed. G. Manacorda, Editori Riuniti, Roma, 1975.

CROCE, B., «Luigi Pirandello», en *Letteratura della nuova Italia. Saggi critici, VI,* Laterza, Bari, 1945.

DEBENEDETTI, G., «"Una giornata" di Pirandello», en *Saggi,* ed. F. Contorbia, Mondadori, Milán, 1982.

— *Il romanzo del Novecento,* Garzanti, Milán, 1961.

BENJAMIN, W., *L'opera d'arte nell'epoca della sua riproducibilità tecnica,* Einaudi, Turín, 1966.

TERRACINI, B., «Le *Novelle per un anno* di L. Pirandello», en *Analisi stilistica. Teoria, storia, problemi,* Feltrinelli, Milán, 1966.

SALINARI, C., «La coscienza della crisi», en *Miti e coscienza del decadentismo italiano,* Feltrinelli, Milán, 1960.

SCIASCIA, L., *Pirandello e la Sicilia,* cit.

— *Alfabeto pirandelliano,* Sellerio, Palermo, 1989.

ANDERSSON, G., *Arte e teoria. Studi sulla poetica del giovane Pirandello,* Almqui & Wiksell, Estocolmo, 1966.

VICENTINI, G., *L'estetica di Pirandello,* Mursia, Milán, 1970.

GARDAIR, M., *Pirandello. Fantasmes et logiques du double,* París, 1972.

LEONE DE CASTRIS, A., *Il decadentismo italiano,* De Donato, Bari, 1974.

GUGLIELMI, G., *Ironia e negazione,* Einaudi, Turín, 1974.

— *La prosa italiana del Novecento. Umorismo, metafisica, grottesco,* Einaudi, Turín, 1986.

DOMBROSKI, G., *La totalità dell'artificio. Ideologia e forma nel romanzo di Pirandello,* Liviana, Padua, 1978.

CORSINOVI, G., *Pirandello e l'espressionismo,* Tilgher, Génova, 1979.

GIOANOLA, E., *Pirandello e la follia,* Il Melangolo, Génova, 1983.

LUGNANI, L., *L'infanzia felice e altri saggi su Pirandello,* Liguori, Nápoles, 1986.

MAZZACURATI, G., *Pirandello nel romanzo europeo*, Il Mulino, Bolonia, 1987.

KRYSINSKI, W., *Le paradigme inquiet. Pirandello et le champ de la modernité*, Le Préambule, Montreal, 1989 (ed. italiana a cargo de C. Donati, Edizioni Scientifiche Italiane, Nápoles, 1988).

GRIGNANI, M. A., «Le parole di traverso: lingua e stile nel *Fu Mattia Pascal*», en AA.VV., *Lo strappo nel cielo di carta. Introduzione alla lettura del «Fu Mattia Pascal»*, La Nuova Italia Scientifica, Roma, 1988.

— «*Uno, nessuno e centomila*: la scrittura», en AA.VV., *Nuvole e vento. Introduzione alla lettura di «Uno, nessuno e centomila»*, Edizioni del Centro Studi Pirandelliani, Agrigento, 1989.

ARTIOLI, U., *L'officina segreta di Pirandello*, Laterza, Roma-Bari, 1989.

ANGELINI, F., *Serafino e la tigre. Pirandello fra scrittura, teatro e cinema*, Marsilio, Venecia, 1990.

PETRONIO, G., *Restauri letterari da Verga a Pirandello*, Laterza, Roma-Bari, 1990.

Ténganse además presentes las Actas de los Congresos organizados por el Centro Studi Pirandelliani de Agrigento, publicadas ininterrumpidamente desde 1975.

3. ESTUDIOS SOBRE EL TEATRO

TILGHER, A., *Studi sul teatro contemporaneo*, Libreria di Scienze e Lettere, Roma, 1922.

GRAMSCI, A., *Marxismo e letteratura*, cit.

BARATTO, M., «Per una storia del teatro di Pirandello», en AA.VV., *Atti del Congresso Internazionale di studi pirandelliani*, Olschki, Florencia, 1967.

— *Da Ruzante a Pirandello*, ed. G. Mazzacurati, Liguori, Nápoles, 1990.

GENOT, G., «Caractères du lieu théâtral chez Pirandello», en *Revue des Études Italiennes*, XIV, 1968.

SZONDI, P., *Teoria del dramma moderno (1880-1950)*, Einaudi, Turín, 1972.

AA.VV., *I miti di Pirandello,* ed. E. Lauretta, Palumbo, Palermo, 1975.

PUPPA, P., *Fantasmi contro giganti,* Pàtron, Bolonia, 1978.

— *Dalle parti di Pirandello,* Bulzoni, Roma, 1987.

ALONGE, R., *Missiroli: «I giganti della montagna»,* Multimmagini, Turín, 1980.

SCRIVANO, R., *Finzioni teatrali. Da Ariosto a Pirandello,* D'Anna, Messina-Florencia, 1982.

SEGRE, C., *Teatro e romanzo,* Einaudi, Turín, 1984.

— *Intrecci di voci. La polifonia nella letteratura italiana del Novecento,* Einaudi, Turín, 1991.

ALFONZETTI, B., *Il trionfo dello specchio,* CUECM, Catania, 1984.

AA.VV., *Pirandello e il teatro,* Palumbo, Palermo, 1985.

AA.VV., *Testo e messa in scena in Pirandello,* La Nuova Italia Scientifica, Roma, 1986.

D'AMICO, A. (ed.), *Pirandello capocomico,* Sellerio, Palermo, 1987.

SQUARZINA, L., *Questa sera Pirandello,* Marsilio, Venecia, 1990.

APÉNDICE BIBLIOGRÁFICO

PIRANDELLO Y LA LITERATURA ESPAÑOLA

ANDRENIO, *Pirandello y compañía,* Madrid, 1928.

Anónimo, «Luigi Pirandello en España», *La Prensa,* 5-3-1925.

BOYD, E. A., «Miguel de Unamuno: Philosopher and Novelist. Unamuno and Pirandello», *New York Herald,* 21-1-1923.

BOYLE, E., «L'ideologia di Pirandello e Unamuno», *Glos Prawdy,* 298 (1927).

BRUMMER, R., «Autor und Geschöpf bei Unamuno und Pirandello», *Wissenschaftliche Zeitschrift der Friedrich Schiller Universität,* V (1955-56).

CARELLI, L., «Tre personaggi e due scrittori: Unamuno e Pirandello», *Quaderni degli amici della Spagna,* 2 (1965).

CHAIX-RUY, J., «Cervantes, Flaubert, Pirandello et l'humanisme», *Bulletin de l'Institut Français en Espagne,* 90 (1956).

CHICHARRO DE LEÓN, J., «El pirandellismo en la literatura española», *Quaderni iberoamericani,* II (1954).

De Filippo, L., «Pirandello in Spagna», *Nuova Antologia*, XCIX (1964).

Farinelli, A., «Pirandello y Calderón», *La Nación*, 21-2-1937.

Foresta, G., «Pirandello e Unamuno», *Nuovi Quaderni del Meridione*, XI (1973), 41.

Gallina, A. M., «Pirandello in Catalogna», *Atti del Congresso Internazionale di studi pirandelliani*, Florencia, 1967.

Gutiérrez Cuadrado, J., «Crónica de una recepción. Pirandello en Madrid», *Cuadernos Hispanoamericanos*, CXI (1978), 333.

Kallay, N., «Mi a rokonsag Unamuno és Pirandel Között», *Literatura*, 1927.

Kelly, A., *I rapporti tra Unamuno e Pirandello nella critica letteraria contemporanea*, Palermo, 1976.

— «Multiform truth of Unamuno and Pirandello», *Rocky Mountain Review of Language and Literature*, XXXI (1977), 3.

Leal, L., «Unamuno y Pirandello», *Italica*, XXXIX (1952).

Leighton, Ch. H., «Alejandro Casona's pirandellism», *Symposium*, XVII (1963), 3.

Marqueríe, A., «Pirandello e Unamuno», *Legioni e Falangi*, Milán, 1941.

Mesa Carlos, E., «Pirandello ante Cervantes», *Boletín de la Academia Colombiana*, XXXII (1982), 136.

Monner Sans, J. M., «De Cervantes a Pirandello», *Pirandello y su teatro*, Buenos Aires, 1959, 2.ª.

— «Unamuno, Pirandello y el personaje autónomo», *La Torre*, IX (1961).

Newberry, W., «The influence of Pirandello in two plays of Manuel and Antonio Machado», *Hispania*, Kansas, XLVIII (1965).

—«Echegaray and Pirandello», *PMLA*, LXXXI (1966), I.

— «A pirandellian trilogy by Jacinto Grau», *Forum Italicum*, I (1967), 4.

— «Pirandello and Azorín», *Italica*, XLIV (1967), I.

— «Luca de Tena, Pirandello and the Spanish tradition», *Hispania*, Massachusets, L (1967).

— «Aesthetic distance in García Lorca's *El Público:* Pirandello and Ortega», *Hispanic Review*, XXXVII (1969), 2.

—«Cubism and pre-pirandellism in Gómez de la Serna», *Comparative Literature*, XXXI (1969), 1.

— «Pirandellism in the plays of Pedro Salinas», *Symposium*, XXV (1971), 1.

— *The pirandellian mode in Spanish literature from Cervantes to Sastre*, Albany, 1973.

REBELLO, L. F., «Fortuna di Pirandello nella Penisola Iberica», *Enciclopedia dello spettacolo*, Roma, 1960.

RODRÍGUEZ CELADA, A., «Afinidades ideológicas entre Pirandello y Unamuno», *Arbor*, CVIII (1981), 421.

ROSSI, G. C., «Pirandello, Boito, D'Annunzio nella interpretazione di Ramiro de Maeztu», *Studia Iberica*, 1973.

SANVISENTI, B., «Pirandello e Benito Pérez Galdós», *Convivium*, II (1939).

SEDWICK, B. F., «Unamuno and Pirandello revisited», *Italica*, XXXIII (1956), I.

STANDISH, P., «Pirandello, Pygmalion and Spain», *Revue de littérature comparée*, XLVII (1973), 2.

SUÁREZ GALBÁN, E., «Calderón y Pirandello», *Boletín de la Academia de Artes y Ciencias de Puerto Rico*, II (1966).

UNAMUNO, M., «Pirandello y yo», *La Nación*, 15-6-1923.

VAN PRAAG-CHANTRAINE, J., «Espagne, terre d'élection du pirandellisme», *Sinteses*, XI (1957).

VARTIC, I., «Cervantes si Pirandello», *Steaua*, XXIII (1972), 8.

YOUNG, M. F., «An analysis of Ortega y Gasset's theory of Deshumanization and its applicability among selected works of Luigi Pirandello, Mies van der Rohe and Le Corbusier», *Dissertation Abstracts International*, 38 (1978).

SEIS PERSONAJES EN BUSCA DE AUTOR
CADA CUAL A SU MANERA
ESTA NOCHE SE IMPROVISA

PREMISA[1]

Cada una de las tres obras recogidas en este [volumen] presenta personajes, casos y pasiones que le son propios y que nada por ello tienen que ver con los de las otras dos; pero las tres unidas, a pesar de ser tan diversas, constituyen una especie de trilogía del teatro dentro del teatro, no sólo porque en todas ellas la acción tiene lugar expresamente en el escenario y en el patio de butacas, en un palco o en los pasillos o en el vestíbulo de un teatro, sino además porque se representa en ellas cualquier posible conflicto entre los elementos del teatro: personajes y actores; autor, director y ayudante de dirección; críticos teatrales y espectadores, interesados o no.

La diversidad que entre sí presentan las tres obras resulta, aparte las diferencias temáticas, del modo y de la cualidad de los propios conflictos entre los elementos del teatro. En la primera el conflicto se da entre los Personajes, los Actores y el Director; en la segunda, entre los Espectadores, el Autor y los Actores; en la tercera, entre los Actores en cuanto Personajes y su Director. Donde la comedia está aún por hacer, como en el primer caso, o se debe improvisar, como en el tercero, el conflicto —que no es el mismo, ni parecido; más aún: exactamente opuesto— impide que se realice la comedia o que la im-

---

[1] Justificación de la ideal unidad de las tres piezas que aquí se traducen, esta «Premisa» fue incluida por Pirandello en el primer volumen de la que él mismo llamó *edición definitiva* de su teatro (*Maschere nude,* Milán, 1933).

provisación tenga lugar en modo ordenado, regulado, y que pueda llegar a una conclusión; donde ya existe la comedia, como en el segundo caso, el conflicto tira por tierra su representación. Pero lo que se quería presentar era justamente este conflicto, distinto en cada una de las tres obras; y, precisamente por esto, todas ellas, aunque en sus pretextos o en sus argumentos queden incompletas o interrumpidas, son por sí mismas completísimas, perfectas, y pueden juntas formar como ya se ha dicho una trilogía del teatro dentro del teatro.

Quede claro que aquí se habla solamente de la composición artística de las tres obras, y de la razón por la que se presentan juntas. De todo cuanto, además, cada una de ellas, en particular, contiene, no es éste lugar ni momento de hablar, ni me toca a mí hacerlo.

SEIS PERSONAJES EN BUSCA DE AUTOR

PREFACIO[2]

Hace muchos años (pero es como si fuera ayer) que
tengo al servicio de mi arte una vivaz doncella, mas no
por ello nueva en el oficio.

Se llama Fantasía.

Un poco despreciativa y burlona, si le gusta vestirse de
negro, nadie negará su no rara extravagancia, y nadie
creerá que todo lo hace siempre en serio y del mismo
modo. Se mete una mano en el bolsillo, saca de él un gorro de cascabeles[3], se lo pone en la cabeza —rojo como
una cresta—, y desaparece. Hoy aquí, mañana allí. Y se
divierte trayéndome a casa, para que yo idee cuentos o
novelas o comedias, a la gente más insatisfecha del mundo: hombres, mujeres, adolescentes, envueltos en extra-
ñas historias de las que no encuentran la manera de salir;
contrariados en sus planes, defraudados en sus esperan-
zas; tratar con ellos es a menudo, en verdad, un gran su-
plicio.

Pues bien: esta tal Fantasía, esta mi doncella, tuvo,
hace ya bastantes años, la aciaga inspiración o el malha-
dado capricho de conducir hasta mi casa a toda una fami-

---

[2] Antepuesto por Pirandello a la edición de 1925 de *Seis personajes,* había aparecido pocos meses antes en la revista *Comoedia* (1-I-1925) con el
título «Come e perchè ho scritto i *Sei personaggi in cerca d'autore*». La edición de la que se parte para esta traducción es la de A. D'Amico: Luigi
Pirandello, *Maschere nude,* I, Milán, 1986.

[3] *El gorro de cascabeles* (1917) es el título de una comedia de Pirandello
cuyo punto de partida se encuentra en un relato de 1912. *La verità,* incluido en la colección *L' uomo solo* de *Novelle per un anno.*

lia, descubierta no sabría yo decir dónde ni cómo, gracias a la cual, a su parecer, podría yo encontrar el asunto para una magnífica novela.

Tenía ante mí a un hombre de unos cincuenta años, que vestía chaqueta oscura y pantalones claros, con aire ceñudo y ojos esquivos, mortificados; a una pobre mujer con apariencia de viuda, enlutada, que traía de la mano a una niña de cuatro años y a un niño de poco más de diez; a una muchacha descarada y procaz, toda ella un temblor de desdén arrogante y mordaz contra aquel viejo mortificado y contra un joven de unos veinte años que se mantenía apartado, encerrado en sí mismo, como si a todos despreciara. Los mismos seis personajes, en suma, que suben al escenario al inicio de la comedia. Y tan pronto uno como otro, a menudo desautorizándose entre sí, iban narrándome sus tristes vicisitudes, cada uno de ellos gritándome sus razones, mostrando ante mis ojos sus pasiones desatadas, más o menos como se comportan en la comedia con el desventurado director.

¿Qué autor podrá nunca decir cómo y por qué nace un personaje en su fantasía? El misterio de la creación artística es un misterio idéntico al del nacimiento de una criatura. Una mujer puede desear, cuando ama, ser madre; pero el deseo en sí mismo, por intenso que sea, no basta. Un buen día se dará cuenta de que ha concebido, sin que haya podido advertir con certeza cuándo sucedió. Del mismo modo un artista, simplemente viviendo, acoge en su interior gérmenes de vida y, sin que pueda decir nunca cómo ni por qué, en un momento dado uno de estos gérmenes vitales se le insinúa en la fantasía hasta convertirse en una criatura viva, en una esfera de vida superior a la voluble existencia cotidiana.

Sólo puedo decir que, sin ser en absoluto consciente de haber ido en su búsqueda, encontré ante mí, tan vivos que se les podía tocar, tan vivos que hasta podía oírse su respiración, a esos seis personajes que se ven en la escena. Y, allí presentes, cada uno con su secreto tormento y unidos todos por el surgir y desarrollarse de sus recíprocas vicisitudes, esperaban que yo les hiciera entrar en el mundo del arte, componiendo con sus personas, con sus pasiones y con su historia una novela, un drama, o al menos un cuento.

Ya que estaban vivos, querían vivir.

Es preciso saber que nunca me satisfizo dar consistencia a una figura de hombre o de mujer, por más que fuera particular o característica, por el simple gusto de trazar su representación; ni narrar un hecho concreto, triste o alegre, por el simple gusto de narrarlo; ni describir un paisaje por el simple gusto de describirlo.

Hay ciertos escritores (y no son pocos) que sí sienten esa atracción, y, complacidos, nada más buscan. Son escritores de naturaleza fundamentalmente histórica.

Pero otros hay que, al margen de esa atracción, sienten una necesidad espiritual más profunda, en virtud de la cual no admiten figuras, hechos o paisajes que no estén, por decirlo así, embebidos de un particular sentido de la vida mediante el cual adquieran un valor universal. Son escritores de naturaleza fundamentalmente filosófica.

Yo tengo la desgracia de encontrarme entre estos últimos.

Odio el arte simbólico en el que la representación pierde todo movimiento espontáneo para hacerse máquina, alegoría; esfuerzo erróneo y vano, pues el solo hecho de dar sentido alegórico a la representación de algo claramente manifiesta que se piensa lo representado como perteneciente al mundo de la fábula, que no contiene en sí mismo verdad alguna ni fantástica ni factual, y que existe simplemente para demostración de ésta o aquella verdad moral[4]. La necesidad espiritual a que me refiero no se puede saciar con tal simbolismo alegórico, salvo

---

[4] Tal posición contraria a la alegoría había sido expuesta por Pirandello en su ensayo *L'Umorismo* (1908; una segunda edición, «definitiva», que incluye las respuestas y los ataques del dramaturgo a las críticas recibidas por parte de Benedetto Croce, se publicó en Florencia en 1920); de hecho, lo que en este «Prefacio» se dice al respecto es reproducción textual de lo afirmado en el ensayo aludido (cito siempre por la traducción española de J. M. Velloso, «El humorismo», en Pirandello, *Obras escogidas,* I, Madrid, 1956, 909-1094, cfr. 1007).

rara vez (como por ejemplo en Ariosto) gracias a una sublime ironía. La operación alegórica parte de un concepto; más aún, es un concepto que se convierte, o lo intenta, en imagen. La necesidad a la que me refiero, sin embargo, busca en la imagen, que ha de permanecer viva y en sí misma libre en toda su expresión, un sentido que le dé valor[5].

Pero, por más que buscaba, no conseguía yo descubrir este sentido en aquellos seis personajes. Y creí por tanto que no era cuestión de darles vida.

Me decía a mí mismo: «Ya he afligido bastante a mis lectores con cientos y cientos de cuentos. ¿Por qué he de seguir afligiéndolos con la narración de los tristes casos de estos seis desgraciados?»

Y así pensando los alejaba de mí. O, más bien, hacía todo lo posible para alejarlos.

Pero no se da vida en vano a un personaje.

Criaturas de mi espíritu, aquellas seis vivían ya una vida que era la suya propia, una vida que yo ya no tenía el poder de negarles.

Tan es así que, persistiendo en mí la voluntad de expulsarlos de mi espíritu, aquellos seis personajes, apartados casi de cualquier apoyo narrativo, figuras de una novela escapadas prodigiosamente de las páginas del libro que las contenía, seguían viviendo por su cuenta; aprovechaban ciertos momentos del día para presentarse ante mí en la soledad de mi despacho y, juntos o por separado, me tentaban, me proponían ésta o aquella escena para re-

---

5 El «odio al arte simbólico» había sido asimismo expresado por Pirandello en el ensayo *Arte e scienza* (incluido en el volumen homónimo, de 1908): «[...] la idea no tiene valor en el arte sino cuando se hace sentimiento, cuando, dominadora de todo el espíritu, se convierte en el impulso que suscita las imágenes capaces de darle expresión viva. El arte, sin duda alguna, no arranca de una idea abstracta, no extrae gracias al razonamiento las imágenes que pueden servir de símbolo a esta idea abstracta. [...] en ocasiones lo hace, y tenemos en verdad muchos ejemplos en el arte llamado simbolista [...]» (cito siempre por la traducción española de A. Lázaro Ros, «Arte y ciencia», en Pirandello, *Obras escogidas*, II, Madrid, 1958, 1271-1292, 1290).

presentar o para describir los efectos que podrían provocarse, el interés nuevo que suscitaría tal o cual situación insólita, y así sucesivamente.

De vez en cuando yo me declaraba vencido; y esta condescendencia, este dejarme atrapar por un momento, les bastaba para acrecentar el sentido que tenían de su propia vida, de su evidencia que, por lo mismo, obraba en mí una eficaz persuasión. De este modo, a medida que para mí era cada vez más difícil liberarme de ellos, más fácil era para ellos volver a tentarme. Por momentos llegué a sentir auténtica obsesión. Hasta que, de repente, no hallé el modo de escapar de ella.

¿Y por qué no presento —me dije— este novísimo caso de un autor que se niega a dar vida a algunos de sus personajes, criaturas vivas de su fantasía, y el propio caso de estos personajes que, habiéndoles ya sido infundida la vida, no se resignan a quedar excluidos del mundo del arte? Ellos se han separado ya de mí; viven por su cuenta; han adquirido voz y movimiento; se han convertido ya por sí mismos, en esta lucha por la vida que han tenido que sostener conmigo, en personajes dramáticos, personajes que por sí solos pueden moverse y hablar; se ven ya a sí mismos como tales; han aprendido a defenderse de mí; sabrán por tanto defenderse de los demás. Dejémoslos entonces que acudan donde acuden habitualmente los personajes dramáticos para cobrar vida: a un escenario. Y veamos qué sucede de todo ello.

Esto es lo que he hecho. Y, naturalmente, ha sucedido lo que debía suceder: una mezcla de tragedia y de comedia, de fantasía y de realidad, en una situación humorística[6] de todo punto nueva y harto compleja; un drama que,

---

6 Pirandello concluye *L'Umorismo* recapitulando el sentido de su propuesta, que nada tiene que ver con el significado habitual de *humor,* ni con la sátira o la mera ironía: «El humorismo consiste en el sentimiento de lo contrario, provocado por la especial actividad de la reflexión que no se oculta, que no se convierte, como, generalmente, en el arte, en una forma de sentimiento, sino en su contrario, aún siguiendo paso a paso el sentimiento como la sombra sigue al cuerpo» (1094).

por medio de unos personajes —que respiran y hablan y se mueven por sí solos, que lo llevan dentro y lo sufren en sí mismos—, quiere a toda costa encontrar la manera de ser representado en cuanto tal; y la comedia de las vanas tentativas de esta realización escénica improvisada. Para empezar, la sorpresa de esos pobres actores de una compañía dramática que, durante el día, ensayan una comedia en un escenario vacío de bastidores y de decorados; sorpresa e incredulidad cuando ven aparecer ante ellos a estos seis personajes que como tales se anuncian en busca de autor; a continuación, inmediatamente, debido al inesperado desvanecimiento de la Madre, con un negro velo sobre el rostro, su interés instintivo por un drama que adivinan en ella y en los demás componentes de aquella extraña familia, un drama oscuro, ambiguo, que se abate tan inopinadamente sobre un escenario vacío que no ha sido predispuesto para recibirlo; y poco a poco el aumento de su interés con el prorrumpir de pasiones enfrentadas en el Padre, en la Hijastra, en el Hijo, en esa pobre Madre; pasiones que, como ya he dicho, se imponen las unas a las otras, desautorizándose mutuamente con un furor trágico desgarrador.

Y he aquí que ese sentido universal tan infructuosamente buscado al principio en estos seis personajes, son ellos ahora, una vez en el escenario, los que consiguen encontrarlo en sí mismos en el ímpetu de la desesperada pugna que cada uno de ellos mantiene con los demás y todos contra el director y los actores que no los entienden.

Sin quererlo, sin saberlo, en la violencia de su ánimo turbado, cada uno de ellos, para defenderse de las acusaciones de los demás, expresa con su viva pasión atormentada las que durante tantos años han sido las cuitas de mi espíritu: el engaño de la comprensión recíproca basado irremediablemente en la vacía abstracción de las palabras; la personalidad múltiple de cada uno de nosotros conforme a los seres posibles que se esconden en todos; en fin, el trágico conflicto inmanente entre la vida que de continuo se mueve, se modifica, y la forma que la fija, inmutable[7].

Entre los seis personajes, son sobre todo dos, el Padre y la Hijastra, quienes hablan de esta atroz e irrevocable fijeza de su forma, en la cual el uno y la otra ven expresada para siempre, inmutable, su esencia, que para él significa castigo y para ella venganza; y la defienden contra los mohines afectados y la inconsciente volubilidad de los actores e intentan afirmarla ante el vulgar director que querría alterarla o acomodarla a las llamadas exigencias teatrales.

En apariencia, los seis personajes no se encuentran en el mismo nivel de conformación, pero no porque entre ellos aparezcan figuras de nivel superior y otras de nivel inferior, es decir *protagonistas* y *figurantes* —lo que por otra parte no sería sino elemental perspectiva, necesaria en toda arquitectura escénica o narrativa—, ni porque no estén todos totalmente conformados en la medida necesaria para la consecución de los efectos. Los seis se encuentran en el mismo nivel de realización artística, los seis en el mismo nivel de realidad, que no es otro que la fantasía de la comedia. Sólo que el Padre, la Hijastra e incluso el Hijo se hayan conformados en cuanto espíritu; la Madre, como naturaleza; como *presencias* el Muchacho que mira y gesticula y la Niña absolutamente inerte. Todo esto crea entre ellos un nuevo género de perspectiva. Inconscientemente, tenía yo la impresión de que me era necesario hacer aparecer a alguno más acabado (artísticamente), a otros menos, a otros aún apenas esbozados como elementos de un acontecimiento narrable o representable; los más vivos, los de creación más acabada, el

---

[7] Adriano Tilgher, acaso el comentarista de quien debiera partir cualquier historia de la crítica pirandelliana, señala en sus *Studi sul teatro contemporaneo* (1922) cómo la tensión que se conforma en torno al binomio vida-forma es el núcleo originario del pensamiento y del arte de Pirandello. La relación entre ambos escritores, jugada en un continuo vaivén entre la admiración y el desprecio, movió incluso al primero a proclamarse como *descubridor,* aún ante los ojos del propio dramaturgo, del que sin duda es dilema primordial de su obra.

Padre y la Hijastra, que son naturalmente los que más se evidencian y guían a los demás y cargan con ellos casi como con un peso muerto: el Hijo, a todo reacio, y la Madre, como una víctima resignada con sus dos criaturas que no poseen casi consistencia alguna más que su pura apariencia y que necesitan que se les lleve de la mano.

Y era justamente así como debían aparecer, cada uno en el estadio de creación alcanzado en la fantasía del autor en el momento en que los quiso expulsar de sí mismo.

Si reflexiono ahora, haber intuido esta necesidad, haber encontrado inconscientemente el modo de resolverla con una perspectiva nueva, me parece un milagro. El hecho es que la comedia fue verdaderamente concebida en una iluminación espontánea de la fantasía, cuando como por un prodigio todos los elementos del espíritu se corresponden y trabajan en un acuerdo sublime. Ningún cerebro humano, trabajando fríamente, por más que se afanara, hubiera conseguido nunca penetrar y satisfacer todas las necesidades de su conformación. Por ello, las razones que diré para clarificar sus valores no han de entenderse como intenciones preconcebidas que yo poseía cuando me puse a la obra y cuya defensa ahora asumo, sino sólo como descubrimientos que yo mismo, más tarde, con la mente reposada, he podido hacer.

He querido presentar a seis personajes que buscan a un autor. El drama no consigue representarse precisamente porque falta el autor que ellos buscan; y se representa en su lugar la comedia de su vano intento, con todo lo que tiene de trágico el hecho de que estos seis personajes hayan sido rechazados.

Pero ¿se puede presentar a un personaje rechazándolo? Evidentemente, para poder configurarlo, es preciso acogerlo en la fantasía, y sólo luego expresarlo. Y yo en efecto he acogido y he conformado a esos seis personajes; pero han sido acogidos y conformados en tanto que rechazados, en busca de otro autor.

Es preciso entender bien qué es lo que he rechazado en ellos; no a ellos mismos, evidentemente, sino su drama, que sin duda les atañía sobre todo a ellos pero en absoluto a mí por las razones ya referidas.

¿Qué es, para un personaje, su propio drama?

Todo fantasma, toda criatura artística, ha de poseer, para existir, un drama propio, es decir, un drama del que él sea el personaje y gracias al cual él es personaje. El drama es la razón de ser del personaje, es una función vital necesaria para su existencia.

Yo, de los seis personajes, acogí por tanto el ser, rechazando la razón de ser; tomé su organismo para confiarle, en lugar de su función propia, otra función más compleja en la que la suya propia se incluía como un mero dato. Situación terrible y desesperada especialmente para el Padre y la Hijastra, los dos que superan a los otros en su deseo de vivir y en su conciencia como personajes —es decir, absolutamente necesitados de un drama, de su propio drama, el único que para sí mismos pueden imaginar, y que por lo pronto ven rechazado; situación *imposible*, de la que perciben que han de escapar a toda costa, pues es cuestión de vida o muerte. Bien es verdad que yo les he otorgado otra razón de ser, otra función: precisamente esa situación *imposible*, el drama de encontrarse en busca de autor, rechazados; pero ellos ni siquiera pueden sospechar que ésa sea una razón de ser, que se haya convertido, para ellos que tenían una vida propia, en la verdadera función necesaria y suficiente para existir. Si alguien se lo dijera, no lo creerían; porque no es posible creer que la única razón de nuestra vida consista toda en un tormento que se nos aparece como injusto e inexplicable.

No consigo imaginar, por tanto, con qué fundamento se me hizo la observación de que el personaje del Padre no era el que debería ser, pues abandonaba a veces su calidad y su posición de personaje para invadir y hacer suya la actividad del autor[8]. Yo, que comprendo al que no me

---

[8] Todo el prefacio es respuesta implícita a las críticas que suscitó *Seis personajes*. Al margen del altercado que supuso su estreno en Roma (Cfr. el recuerdo de un testigo de los hechos, R. Blanchi, en *La Prensa* de Buenos Aires, 28-2-1937, *apud* J. M. Monner Sans, *Pirandello y su teatro,*

comprende, entiendo que la observación proviene del hecho de que el personaje expresa como propio un afán espiritual que se reconoce como mío. Lo cual es perfectamente natural y nada en absoluto significa. Aparte la consideración de que ese afán espiritual que vive y sufre el personaje del Padre deriva de causas y de razones que nada tienen que ver con el drama de mi experiencia personal —consideración que por sí sola despojaría a la crítica de toda consistencia—, quiero aclarar que una cosa es el afán inmanente de mi espíritu (afán que legítimamente puedo trasvasar a un personaje con tal que se le acomode orgánicamente), y otra cosa es la actividad de mi espíritu desarrollada en la composición de esta obra, es decir la actividad que consigue dar forma al drama de esos seis personajes en busca de autor. Si el Padre fuera partícipe de esta actividad, si participara en la conformación del drama en virtud del cual seis personajes se encuentran sin autor, entonces sí, sólo entonces, estaría justificado decir que tal personaje es a veces el autor mismo, y por tanto no es lo que debe ser. Pero el Padre sufre, no crea, su naturaleza de *personaje en busca de autor:* la sufre como una fatalidad inexplicable y como una situación ante la que se rebela y a la que intenta poner remedio con

Buenos Aires, 1959, 2.ª, 26: «[La obra desencadenó] una tempestad... ¡Era en efecto el fin del mundo!... ¡De un mundo artístico!... Las discusiones alcanzaron una exasperación nunca vista y cuando quedó vacía la bolsa de las convicciones y de las teorías, se cerraron los puños... Primero el teatro, luego la calle, se transformaron en campos de batalla [...]»; véase asimismo la reseña de A. Frateili, inmediata al estreno, en A. Vaglio, *Come leggere Sei personaggi...,* Milán, 1989, 83-86) y de los más o menos apresurados comentarios periodísticos que ello acarreó, la tónica general de la crítica pirandelliana a partir de mediados de la segunda década del siglo era acusar al dramaturgo de sofista y a sus obras de excesivamente cerebrales. Ejemplo representativo es el de L. Russo, uno de los críticos más influyentes en la cultura italiana de entreguerras, que tilda el teatro de Pirandello de artificial y mecánicamente intelectualista; el defecto de su «metafísico teatro», según Russo, concretamente en *Seis personajes,* reside en lo «injustificable de la capacidad introspectiva y de la sensibilidad espiritual» de sus pobres protagonistas (véase *I narratori,* Roma 1923, fragmentos reproducidos en Russo, *Antologia de la crítica letteraria, 3,* Messina-Florencia, 1964, 486-491, cfr. 488).

todas sus fuerzas; ese por tanto, justamente y nada más, un *personaje en busca de autor,* a pesar de que exprese como suyos los afanes de mi espíritu. Si fuera partícipe de la actividad del autor, se explicaría perfectamente su propia fatalidad; es decir, se vería acogido, si bien en calidad de personaje rechazado, mas en todo caso acogido en su núcleo por la fantasía de un poeta; y no tendría ya motivo para padecer esa su desesperación por no encontrar quien dé consistencia y cohesión a su vida de personaje; quiero decir que aceptaría de muy buen grado la razón de ser que le ofrece el autor y renunciaría a la suya sin pesadumbre alguna, mandando a paseo a ese director y a esos actores a los que se ha visto obligado a recurrir.

Hay un personaje, el de la Madre, al que sin embargo no interesa en absoluto cobrar vida, considerando este cobrar vida como fin en sí mismo. Ya no vive, y ella no tiene la menor duda; ni le pasó nunca por la cabeza preguntarse cómo, por qué, de qué manera podría vivir. No tiene conciencia, en definitiva, de ser un personaje: pues nunca, ni siquiera un momento, se separa de su *papel.* No sabe que el suyo es un *papel.*

Lo cual se le acomoda en un modo perfectamente orgánico. En efecto, su papel de Madre no comporta por sí mismo, en cuanto hecho *natural,* un movimiento espiritual; y ella no vive como espíritu: vive en una unidad de sentimiento sin solución de continuidad y no puede por tanto adquirir conciencia de su vida, o, lo que es lo mismo, de su naturaleza de personaje. Y sin embargo, con todo y con eso, a su modo y para sus propios fines, también ella busca su autor; en un momento determinado parece contenta por haber sido llevada ante el Director. ¿Quizá porque espera *cobrar vida* gracias a él? No; porque espera que el Director le permita representar una escena con el Hijo, en la cual pondría su vida toda; pero es ésta una escena que no existe, que no ha tenido lugar ni podría tenerlo. En todo caso, ignora su naturaleza de personaje; es decir: de su vida posible, fijada y determinada, segundo a segundo, en cada gesto y en cada palabra.

Ella se presenta en el escenario con los demás personajes, pero sin entender qué hacen allí. Evidentemente imagina que esa obsesión por cobrar vida que se ha desatado en su marido y en su hija, en virtud de la cual también ella se encuentra en un escenario, no es otra cosa que una de las habituales extravagancias incomprensibles de un hombre atormentado y mortificador, y una nueva, horrenda, equívoca arrogancia de una pobre muchacha descarriada. Es un personaje pasivo. Los casos de su vida, el valor que ante sus propios ojos asumen, su propio carácter, son cosas que dicen los otros y que ella contradice una sola vez, pues surge en ella y se rebela su instinto de madre, para aclarar que nunca quiso abandonar a su marido ni a su hijo: que el hijo le fue arrancado y el marido la obligó a abandonarlo. Pero sólo rectifica los datos: ni se explica ni sabe nada.

Es, en suma, naturaleza. Una naturaleza centrada en una figura de madre.

Este personaje me ha producido un nuevo tipo de satisfacción, que debo explicar. Casi todos mis críticos, en lugar de definirlo, según su costumbre, como *inhumano* —que parece que es el carácter peculiar e incorregible de todas mis criaturas indistintamente—, han tenido la bondad de señalar, *con auténtica complacencia,* que ha salido por fin de mi fantasía una figura *muy humana.* Me explico la alabanza en los siguientes términos: estando del todo identificada esta pobre Madre con su actitud natural de madre, sin posibilidad alguna de impulso espiritual, es decir, poco más que un trozo de carne con sus funciones vitales bien reguladas, capaz de procrear, amamantar, cuidar y amar a su prole sin la menor necesidad de usar el cerebro, se cumpliría en ella el verdadero y perfecto *tipo humano.* Así es, sin duda, pues nada parece más superfluo en un organismo humano que el espíritu.

Pero los críticos, aún con tal alabanza, han querido despachar a la Madre sin cuidarse de penetrar en el núcleo de los valores poéticos que, en la comedia, encarna el personaje. Una figura muy humana, sí, en cuanto privada de espíritu, es decir, sin conciencia de lo que es o no preocupada por explicárselo. Pero el hecho de que ignore que es un personaje no la exime de serlo. He aquí, en mi comedia, su drama; cuya más viva expresión se desata en ese grito suyo al Director que quiere hacerle ver que ya todo ha sucedido y no puede ser nuevo motivo de llanto: «No, ahora sucede, sucede siempre. ¡Mi tormento no es falso, señor! Yo estoy viva y presente en cada instante de ese tormento mío, siempre, un tormento que se renueva siempre, presente y vivo». Esto es lo que ella *siente*, sin conciencia, y por tanto como algo inexplicable; lo siente de un modo tan terrible que ni se le ocurre pensar que todo eso puede tener explicación, para ella o para los demás. Lo siente como dolor, y es este dolor inmediato el que ella grita. De suerte que en ella la inmovibilidad de su vida se refleja en una forma; y este carácter fijo de la vida, de otra manera, atormenta al Padre y a la Hijastra. Ellos, espíritu; ella, naturaleza. El espíritu se rebela contra la inmovilidad, o intenta como puede sacar provecho de ella; la naturaleza, si no la instiga el estímulo de los sentidos, simplemente llora.

El conflicto inmanente entre el impulso vital y la forma es condición inexorable tanto en el orden espiritual como en el natural. La vida que, para ser, se fija en nuestra forma corporal, mata poco a poco su propia forma. El llanto de nuestra naturaleza, fija, es el irreparable y continuo envejecer de nuestro cuerpo. El llanto de la Madre es a un tiempo pasivo y perpetuo. Ese conflicto inmanente, mostrándose con tres rostros, consolidado en tres dramas distintos pero contemporáneos, encuentra en la comedia su más acabada expresión. Más aún: la Madre, con su grito al Director, declara incluso el valor particular de la forma artística: una forma que no abraza y acaba por matar su propia vida, y que la vida no consume. Si el Padre y la Hijastra acometieran de nuevo mil veces su escena, siempre, en el momento preciso, en el instante en que la vida de la obra de arte debe ser expresada con el grito, siempre el grito se escucharía: inalterado e inalterable en su forma, mas no como repetición mecánica, como retorno obligado por una necesidad externa, sino vivo y nuevo cada vez, así nacido de repente y para siempre, embalsamado vivo en su forma incorruptible. Así, siempre, al inicio del libro, encontraremos a Francesca viva que confiesa a Dante su dulce pecado; y si leemos el pasaje mil veces seguidas, mil veces seguidas Francesca dirá sus palabras, pero cada vez las dirá por vez primera, con tan viva e inesperada pasión que todas y cada una de ellas Dante habrá de desfallecer[9]. Todo lo que vive, por el simple hecho de vivir, posee una forma, y por lo mismo debe morir; menos la obra de arte que, precisamente en tanto que es forma, vive siempre.

El nacimiento de una criatura de la fantasía humana, un nacimiento que supone trasponer el umbral entre la nada y la eternidad, puede incluso acaecer de modo imprevisto, si su gestación responde a una necesidad. Un drama imaginado requiere un personaje que haga o diga una cosa necesaria: nace el personaje; ahí está, tal y como debe ser. Nace así, entre los seis personajes, Madama Pace, y parece un milagro, o incluso un truco, verla en un escenario predispuesto en manera realista. Pero no es un truco. Su nacimiento es real, el nuevo personaje está vivo no porque ya antes lo estuviera sino porque felizmente ha nacido, como comporta su naturaleza de personaje, por así decirlo, *obligado*. Ha tenido lugar por lo tanto una ruptura, una mutación imprevista del plano de realidad de la escena, porque un personaje tal puede sólo nacer en la fantasía del poeta, no ciertamente sobre las tablas de un escenario. Sin que nadie se haya dado cuenta, de repente he alterado la escena: la he acogido de nuevo en mi fantasía aun sin esconderla a la vista de los espectadores; es decir, en lugar de mostrarles el escenario, les he mostrado mi fantasía en el acto de la creación bajo el aspecto de ese mismo escenario. La mutación imprevista e incontrolable de una apariencia desde un plano de realidad a otro es un milagro de la misma especie que los realizados por un santo que mueve su propia estatua, que en ese momento ya no es desde luego ni de madera ni de piedra; pero no es

---

[9] Cfr. *Divina Comedia, Infierno,* V, 73-142.

un milagro arbitrario. El escenario, entre otras cosas porque acoge la realidad fantástica de los seis personajes, no
existe por sí mismo como un dato fijo e inmutable, al
igual que nada en la comedia existe plenamente o como
fruto de algo preconcebido: todo en ella se va haciendo,
todo se modifica, todo son intentos imprevistos. También el plano de realidad del lugar en que cambia y vuelve
a cambiar esta vida informe que ansía una forma, consigue así modificarse orgánicamente. Cuando imaginé que
Madama Pace nacía allí mismo, en aquel escenario, sentí
que era posible y lo hice; si hubiera advertido que este nacimiento provocaba en un instante la disolución o la alteración, silenciosa y casi inadvertida, del plano de realidad
de la escena, no lo habría hecho a buen seguro, paralizado
por su apariencia ilógica. Se habría consumado una des-
venturada merma en la belleza de mi obra, de la que me
salvó el entusiasmo de mi espíritu: pues, contra una falaz
apariencia lógica, tal nacimiento fantástico está sustenta-
do por una necesidad verdadera, en una misteriosa correspondencia orgánica con toda la vida de la obra.

Que se me diga ahora que mi obra no alcanza todo el
valor que podría porque su expresión no es articulada
sino caótica[10], porque peca de romanticismo, me hace
sonreír.

Comprendo el porqué de esa observación: la representación del drama en que se ven envueltos los seis personajes se desarrolla tumultuosamente y no avanza con orden;
no hay un desarrollo lógico, los acontecimientos no están
concatenados. Lo cual es muy cierto. Ni haciéndolo a
propósito hubiera hallado un modo más desordenado,
más estrafalario, más complicado y arbitrario, o sea más
romántico, para presentar *el drama en que se ven envueltos los*

---

[10] El efecto *caótico*, calculado, ha sido ya teorizado en *L'Umorismo:* de la
estética humorística de Pirandello proviene, «[en oposición a la coherencia buscada por los demás], aquel aspecto descompuesto, desligado,
caprichoso, todas aquellas digresiones que se observan en la obra humorística, en oposición con el engranaje ordenado, con la *composición* de la
obra de arte en general» (1093).

seis personajes. Es muy cierto; sólo que yo no he presentado ese drama en absoluto; he presentado otro —¡y no he de repetir cuál!— en el que, entre las muy variadas cosas que cada cual según sus gustos puede encontrar, se halla precisamente una discreta sátira de los procedimientos románticos: unos personajes sofocados que se desautorizan los unos a los otros en los respectivos papeles que encarnan en un drama determinado, mientras yo los presento como personajes de una comedia distinta que desconocen y ni siquiera imaginan, de suerte que ese furor pasional, propio de los románticos, está propuesto humorísticamente, grabado en el vacío. Y el drama de estos personajes, presentándolo como un drama rechazado, no como se habría concertado en mi fantasía si hubiera sido asumido, no puede tener otra consistencia en mi obra sino la de una *situación* que va desarrollándose, y no puede evidenciarse sino por indicios, tumultuosa y desordenadamente, mediante fugaces alusiones, de manera caótica: continuamente interrumpido, mal entendido, contradictorio, negado incluso por uno de sus personajes y ni siquiera conocido por otros dos.

Y precisamente este caos, natural y orgánico, es lo que yo debía presentar; lo cual en absoluto ha de hacerse en modo caótico, o sea romántico. Y que mi obra sea todo menos confusa, antes bien clara y asequible y ordenada, lo demuestra la evidencia con que, a los ojos de todos los públicos del mundo, aparecen su trama, sus caracteres, los planos fantástico y real, cómico y dramático; y, para quien usa de una mirada más penetrante, cómo afloran los valores insólitos que encierra.

Grande entre los hombres es la confusión de lenguas, si críticas como estas consiguen encontrar palabras para expresarse. Tan grande la confusión como perfecta la ley del equilibrio interno que, obedecida en todo, hace a mi obra ejemplar y clásica, y veda toda palabra a su catástrofe. Cuando por fin hube entendido que con el artificio no se crea vida y que el drama de los seis personajes, a falta del autor que lo valorice en su espíritu, es irrepresentable, el Hijo, instigado por el ansia banal de un Director deseoso de conocer cómo se desarrolló la historia, la recuerda en la sucesión material de sus momentos, y los hechos, carentes de sentido y por tanto sin necesidad siquiera de la voz humana, se abaten sobre la escena con la brutal inutilidad de la detonación de un arma de fuego: y se hace trizas, se desvanece, el estéril intento de personajes y actores, aparentemente desasistido por el poeta.

Mientras tanto el poeta, sin ellos saberlo, como observando siempre desde lejos aquel intento suyo, trabajaba para crear, con él y a partir de él, su obra.

Seis personajes en busca de autor

PERSONAJES DE LA COMEDIA POR HACER

EL PADRE. LA MADRE. LA HIJASTRA. EL HIJO. EL MU-
CHACHO. LA NIÑA *(estos dos últimos personajes no hablan). (Más
tarde, evocada)* MADAMA PACE.

ACTORES DE LA COMPAÑÍA

EL DIRECTOR. LA PRIMERA ACTRIZ. EL PRIMER ACTOR.
LA SEGUNDA ACTRIZ. LA ACTRIZ JOVEN. EL ACTOR JO-
VEN. OTROS ACTORES Y ACTRICES. EL DIRECTOR DE ES-
CENA. EL APUNTADOR. EL ENCARGADO DEL ATTREZZO.
EL TRAMOYISTA. EL SECRETARIO DEL DIRECTOR. EL POR-
TERO DEL TEATRO. MONTADORES Y AYUDANTES.

*

De día, en el escenario de un teatro.

*

*Nota: La comedia no tiene actos ni escenas. La representación
se interrumpirá por primera vez, sin bajar el telón, cuando se retiren
el Director y el primer Personaje para acordar la trama y desapa-
rezcan del escenario los Actores; y por segunda vez cuando, por error,
el Tramoyista baje el telón.*

Los espectadores, al entrar en el patio de butacas, verán levantado el telón y el escenario tal como está de día, sin bastidores ni decorados, vacío y casi a oscuras, de modo que reciban desde el principio la impresión de encontrarse ante un espectáculo que no ha sido preparado.

Dos escaleras, una a la derecha y otra a la izquierda, comunican el escenario con el patio de butacas.

En el escenario, junto al foso del apuntador, la concha.

Cerca del proscenio, una mesa y un sillón de espaldas al público: los del DIRECTOR.

Otras dos mesas, una grande y otra pequeña, con bastantes sillas alrededor, colocadas por allí por si hicieran falta durante el ensayo. Más sillas por aquí y por allá, a derecha e izquierda, para los Ac-TORES; al fondo, hacia un lado, un piano, casi oculto.

Una vez apagadas las luces de la sala, se verá entrar por la puerta del foro al TRAMOYISTA, *con un guardapolvo azul y un saco atado de la correa; cogerá algunos listones de un rincón al fondo del escenario, los colocará en el proscenio y se arrodillará a clavarlos. Al ruido de los martillazos, por la puerta de los camerinos, acude el* DIREC-TOR DE ESCENA.)

DIRECTOR DE ESCENA. Pero ¿qué haces?

TRAMOYISTA. ¿Que qué hago? Tendré que clavar esto, ¿no?

DIRECTOR DE ESCENA. ¿A estas horas? (*Mira su reloj.*) Ya son las diez y media. El Director llegará de un momento a otro para el ensayo.

TRAMOYISTA. Pero bueno, también tengo yo derecho a un poco de tiempo para hacer mi trabajo, supongo.

DIRECTOR DE ESCENA. Claro, pero no ahora.

Tramoyista. ¿Cuándo, entonces?

Director de escena.Cuando acabe el ensayo. Venga, venga, llévate todo esto de aquí, que tengo que preparar el escenario para el segundo acto de *El juego de los papeles*[11].

(*El* Tramoyista, *refunfuñando, de mal humor, recogerá sus listones y se irá. Entretanto, por la puerta del foro, comenzarán a aparecer los* Actores *y las* Actrices *de la Compañía, uno primero, otro después, luego dos juntos, como se quiera: serán unos diez, los que se supone que deben participar en los ensayos de la comedia de Pirandello* El juego de los papeles, *que es la prevista para ese día. Entrarán, saludarán al* Director de escena *y se darán los buenos días los unos a los otros. Algunos de ellos se dirigirán a sus camerinos; otros, entre ellos el* Apuntador *con el guión enrollado bajo el brazo, se quedarán en el escenario esperando al* Director *para empezar el ensayo, y mientras tanto (ya sea formando un corrillo, sentados, o bien en pie) conversarán: éste encenderá un cigarrillo, aquél se quejará del papel que le ha tocado, otro leerá en voz alta a sus compañeros alguna noticia de una revista de la farándula. Convendrá que tanto* Actores *como* Actrices *vistan ropas más bien claras, vivas, y que esta primera escena improvisada, sin forzarla y con toda naturalidad, sea muy animada. En un determinado momento, uno de los cómicos podrá sentarse al piano y atacar un bailable; los* Actores *más jóvenes se pondrán a bailar.*)

Director de escena. (*Dando unas palmadas y llamándoles la atención.*) Venga, venga, dejadlo ya. Ha llegado el Director.

(*Las notas y el baile cesarán de repente. Los* Actores *se volverán hacia el patio de butacas, por cuya puerta se verá*

---

[11] Comedia de 1918. Según el habitual proceso pirandelliano de reescritura teatral de motivos argumentales ya abordados en relatos breves, esta comedia tiene su punto de arranque en *Quando si è capito il giuoco*, 1913, incluido en la colección *Una giornata* de las *Novelle per un anno*.

aparecer al DIRECTOR *[sombrero, bastón bajo el brazo, fumando su buen puro], que avanzará por el corredor central y subirá al escenario por una de las escalerillas mientras le saludan los cómicos. El* SECRETARIO *le entrega la correspondencia: algún que otro periódico, un nuevo guión.)*

DIRECTOR. ¿Cartas?
SECRETARIO. Nada. Eso es todo.
DIRECTOR. *(Entregándole el guión.)* Llévelo al camerino. *(Luego, mirando a su alrededor y dirigiéndose al* DIRECTOR DE ESCENA.*)* Pero aquí no se ve nada. Por favor, un poco más de luz.
DIRECTOR DE ESCENA. Enseguida.

(Irá a dar la orden. Poco después, una intensa luz blanca iluminará toda la parte derecha del escenario, donde se encuentran los ACTORES. *Entretanto, el* APUNTADOR *habrá ocupado su lugar.)*

DIRECTOR. *(Dando unas palmadas.)* Venga, que vamos a empezar. *(Al* DIRECTOR DE ESCENA.*)* ¿Falta alguien?
DIRECTOR DE ESCENA. Falta la Primera Actriz.
DIRECTOR. ¡Como siempre! *(Mira su reloj.)* Ya llevamos diez minutos de retraso. Tome nota del retraso, por favor. Así aprenderá a llegar puntual a los ensayos.

(Aún no habrá terminado el DIRECTOR *cuando se empieza a oír, al fondo del patio de butacas, la voz de la* PRIMERA ACTRIZ.*)*

PRIMERA ACTRIZ. ¡No, no, se lo ruego! ¡Aquí estoy, aquí estoy!

(Está completamente vestida de blanco, tocada con un llamativo sombrero, y lleva un perrito en los brazos; avanzará por el corredor central y subirá apresurada al escenario.)

DIRECTOR. Usted está empeñada en hacernos esperar siempre.

PRIMERA ACTRIZ. Lo siento. Por más que lo he buscado, no he encontrado un coche para llegar a tiempo. Pero todavía no han empezado, y yo no salgo a escena hasta más tarde. (*Llama por su nombre al* DIRECTOR DE ESCENA *y le entrega el perrito.*) Que se quede en mi camerino, por favor.

DIRECTOR. (*Refunfuñando.*) Lo único que faltaba era el perro. Como somos pocos... (*Nuevas palmadas. Luego, al* APUNTADOR.) Adelante, el segundo acto de *El juego de los papeles.* (*Toma asiento en su butaca.*) Señores, preparados. ¿Quién interviene en esta escena?

(*Los* ACTORES *dejarán libre el proscenio e irán a sentarse a un lado del escenario, excepto los tres que toman parte en la escena y la* PRIMERA ACTRIZ, *que, sin prestar atención a la pregunta del* DIRECTOR, *se habrá sentado junto a una de las dos mesas.*)

DIRECTOR. (*A la* PRIMERA ACTRIZ.) Bien, ¿interviene usted en esta escena?

PRIMERA ACTRIZ. No señor, yo no.

DIRECTOR. (*Fastidiado.*) Pues entonces apártese, por Dios.

(*La* PRIMERA ACTRIZ *se levantará e irá a sentarse junto a los demás.*)

DIRECTOR. (*Al* APUNTADOR.) Empiece, empiece.

APUNTADOR. (*Leyendo el guión.*) «En casa de Leone Gala. Una extraña habitación, mitad comedor, mitad despacho.»

DIRECTOR. (*Volviéndose hacia el* DIRECTOR DE ESCENA.) Pondremos el tresillo rojo.

DIRECTOR DE ESCENA. (*Lo anota en un papel.*) El rojo. Bien.

APUNTADOR. (*Sigue leyendo el guión*) «La mesa puesta y un escritorio lleno de libros y papeles. Estanterías con libros y un aparador con una lujosa vajilla. Puerta al fondo que lleva al dormitorio de Leone. Puerta lateral a la izquierda que lleva a la cocina. La puerta de entrada de la casa, a la derecha.»

DIRECTOR. (*Levantándose y señalando.*) Atención, por tanto: allí, la entrada; aquí, la cocina. (*Dirigiéndose al* ACTOR *que hará el papel de* SÓCRATES.) Usted entra y sale por aquí. (*Al* DIRECTOR DE ESCENA.) Coloque al fondo una mampara para colgar las cortinas. (*Se sienta.*)

DIRECTOR DE ESCENA. (*Anotándolo.*) Muy bien.

APUNTADOR. (*Sigue leyendo.*) «Escena primera. Leone Gala, Guido Venanzi, Filippo alias Sócrates.» (*Al* DIRECTOR.) ¿Leo también las acotaciones?

DIRECTOR. Sí, se lo he dicho ya mil veces.

APUNTADOR. (*Sigue leyendo.*) «Cuando se alza el telón, Leone Gala, con delantal y gorro de cocinero, está batiendo un huevo en un cuenco con un utensilio de madera. Lo mismo hace Filippo, con una indumentaria semejante. Guido Venanzi, sentado, escucha.»

PRIMER ACTOR. (*Al* DIRECTOR.) Disculpe, pero, ¿de verdad tengo que colocarme el gorro de cocinero?

DIRECTOR. (*Irritado a causa de tal observación.*) ¿A usted qué le parece? Ahí lo dice con suma claridad. (*Señala el guión.*)

PRIMER ACTOR. Pero es ridículo, usted perdone.

DIRECTOR. (*Levantándose de golpe, furioso.*) ¡Ridículo, ridículo! ¿Qué quiere que yo le haga si ya no nos llega de Francia ni una sola comedia en condiciones, y estamos condenados a poner en escena comedias de Pirandello, que a ver quién las entiende, que parecen hechas aposta para que ni actores ni crítica ni público se den por satisfechos?[12]. (*Los* ACTORES *se ríen. El* DIRECTOR *se*

---

12 En un trabajo de 1922, «Teatro nuevo y teatro viejo», ironiza Pirandello sobre las modas teatrales y sobre las anteojeras que críticos y hombres de escena parecen precisar para sentirse seguros en sus apreciaciones: «Desde que ha empezado en el mundo del teatro la importación extranjera, [los] lentes se compran —es obvio decirlo— en París [...] [Pero] las más renombradas fábricas francesas están hoy día en decadencia, y no pocas han perdido todo crédito. [...] Pero llegaron, de la lejana Noruega, primero al mercado alemán y luego al francés, los potentes lentes de Enrique Ibsen [...]. Y finalmente, y por desgracia, sin la más pequeña culpa ni el más leve placer del inventor, empezó a ser solicitada, un poco por todas partes, cierta lente Pirandello, según los malignos,

acerca al PRIMER ACTOR *y grita.*) ¡Pues sí señor, el gorro de cocinero! ¡Y a batir esos huevos! ¿Qué se cree, que con batir los huevos ya está todo, que no hay nada más que hacer? ¡Está usted listo! ¡Ha de representar la cáscara del huevo que está batiendo! (*Los* ACTORES *se ríen de nuevo y empiezan a hacer comentarios irónicos entre ellos.*) ¡Silencio! ¡Y fíjense en lo que les estoy explicando! (*Se dirige otra vez al* PRIMER ACTOR.) ¡Sí, señor mío, la cáscara! Es decir: la forma vacía de la razón, sin la plenitud del instinto que es ciego. Usted es la razón y su mujer el instinto, en un juego de papeles prefijados en virtud del cual usted, que representa su papel, es voluntariamente una marioneta de sí mismo. ¿Entiende?

PRIMER ACTOR. (*Abriendo los brazos.*) Pues no.

DIRECTOR. (*Volviendo a su sitio.*) Yo tampoco. Pero sigamos, que en el pecado está la penitencia. (*En tono confidencial.*) Procure dar siempre el medio perfil a la sala, porque si no, entre lo enrevesado del diálogo y lo mal que se le oiría, estamos perdidos. (*Da de nuevo unas cuantas palmadas.*) ¡Atención! Empezamos.

APUNTADOR. Perdone, señor Director, ¿podría poner la concha? Es que sopla un aire...

DIRECTOR. Sí, sí, colóquela.

(*Entretanto, el* PORTERO *del teatro, con su gorra de plato, habrá entrado en la sala; avanzando por el corredor central se acercará al escenario para anunciar al* DIRECTOR *la llegada de los* SEIS PERSONAJES, *los cuales, ya en la sala, irán tras el* PORTERO, *a cierta distancia, mirando a su alrededor, perplejos y como desorientados.*)

Quien pretenda traducir escénicamente esta comedia ha de intentar por todos los medios la obtención de un efecto necesario: que en ningún modo los SEIS PERSONAJES *se confundan con los* ACTORES *de la compañía. La disposición de unos y otros cuando ya todos se encuentren en el escenario, indicada en las*

---

diabólica, que hace ver doble y triple, y de través, y, en suma, el mundo patas arriba» (cito por la traducción de Velloso, 1095-1117, 1100s.).

acotaciones, será sin duda de utilidad, así como una iluminación que para cada grupo se sirva de luces diversas. Pero el método que yo entiendo más eficaz e idóneo será el uso de especiales máscaras para los PERSONAJES: *máscaras expresamente fabricadas con un material que no se ablande con el sudor, y que por tanto no serán demasiado ligeras para los actores que habrán de llevarlas; se practicarán en ellas ciertas aberturas, de modo que ojos, nariz y boca queden libres. También será esta una manera de interpretar el sentido profundo de la comedia. Así, los* PERSONAJES *no deberán aparecer como* FANTASMAS, *sino como realidades creadas, construcciones inmutables de la fantasía: más reales y consistentes en definitiva que la voluble naturalidad representada por los* ACTORES *de la compañía. Las máscaras ayudarán a ofrecer la impresión de que se trata de figuras construidas por la voluntad de un artífice, fijas e inmutables cada una de ellas en su propio sentimiento fundamental: el* remordimiento *en el* PADRE, *la* venganza *en la* HIJASTRA, *el* desdén *en el* HIJO, *el* dolor *en la* MADRE, *con lágrimas perennes de cera en sus ojeras lívidas y en sus mejillas, como se ve en las iglesias en las tallas de la* Mater dolorosa. *Y que el atuendo sea de tejido y corte particular, sin extravagancias, con pliegues rígidos y un volumen casi estatuario, de modo en definitiva que no dé la impresión de estar confeccionado con un tejido que pueda comprarse en un comercio cualquiera de la ciudad o coserse en cualquier sastrería.*

El PADRE *tendrá unos cincuenta años; con amplias entradas, pero no calvo, de pelo rojizo y poblados bigotes crespos en torno a una boca todavía fresca, a menudo entreabierta en una sonrisa incierta y vana. Pálido, especialmente en su amplia frente; ojos azules y rasgados, vivaces y penetrantes; vestirá pantalones claros y chaqueta oscura; melifluo a veces, otras duro y agrio.*

La MADRE *aparecerá sobrecogida, abrumada por un peso intolerable de vergüenza y de humillación bajo su tupido velo de viuda. Vestirá humildemente de negro; cuando levante el velo mostrará un rostro como de cera, pero no atormentado, y mantendrá siempre los ojos bajos.*

La HIJASTRA, *de dieciocho años, provocadora, impúdica*

casi, es muy hermosa. También ella llevará luto, pero con vistosa elegancia. Mostrará desprecio por el aire tímido, afligido, desamparado de su hermano, un desgraciado MUCHACHO *de catorce años, también vestido de negro; y una viva ternura, por el contrario, hacia su hermana, una* NIÑA *de alrededor de cuatro años, vestida de blanco con una cinta de seda negra en la cintura.*

El HIJO, *de veintidós años, alto, inmovilizado casi en un desdén contenido hacia el* PADRE *y en una adusta indiferencia hacia la* MADRE, *llevará un abrigo morado y una bufanda verde al cuello.*

PORTERO. (*Con la gorra en la mano.*) Disculpe, señor Director.

DIRECTOR. (*Brusco, molesto.*) ¿Qué pasa ahora?

PORTERO. (*Tímidamente.*) Hay aquí unos señores que preguntan por usted.

(*El* DIRECTOR *y los* ACTORES *se volverán asombrados hacia el patio de butacas.*)

DIRECTOR. (*Furioso.*) ¡Estoy ensayando! ¡Y usted sabe perfectamente que durante el ensayo no tiene que entrar nadie! (*Dirigiéndose hacia el patio de butacas.*) ¿Quiénes son ustedes? ¿Qué quieren?

PADRE. (*Adelántandose, seguido por los demás, hasta una de las escalerillas.*) Hemos venido en busca de un autor.

DIRECTOR. (*Entre estupefacto e irritado.*) ¿De un autor? ¿De qué autor?

PADRE. De uno cualquiera, señor.

DIRECTOR. Pues por aquí no hay ningún autor; no estamos ensayando una nueva comedia.

HIJASTRA. (*Con alegre vivacidad, subiendo deprisa la escalerilla.*) ¡Mejor que mejor, entonces! Podríamos ser nosotros su nueva comedia.

UN ACTOR. (*Entre los comentarios y las risas de los demás.*) ¿Habéis oído?

PADRE. (*Subiendo también al escenario.*) Pero si no hay un autor... (*Al* DIRECTOR.) A no ser que usted quiera serlo.

(*El* Muchacho *y la* Madre, *que lleva de la mano a la* Niña, *quedarán a la espera en los primeros peldaños de la escalerilla. El* Hijo *quedará más atrás, ceñudo.*)

Director. ¿Bromean ustedes?

Padre. ¡En absoluto, señor, todo lo contrario! Somos portadores de un drama muy doloroso.

Hijastra. Pero a usted podríamos traerle suerte.

Director. ¡Váyanse ya, por favor! Tenemos poco tiempo como para perderlo con locos.

Padre. (*Dolido, pero melifluo.*) Pero usted sabe bien que la vida está llena de infinitas cosas absurdas, descaradamente absurdas, que ni siquiera tienen necesidad de parecer verosímiles porque son verdad.

Director. Pero ¿qué dice usted, hombre?

Padre. Digo que lo que realmente puede considerarse una locura es esforzarse en hacer lo contrario: es decir, crear locuras verosímiles para que parezcan verdaderas. Y permítame hacerle notar que la locura es, en todo caso, la única razón de una profesión como la suya. (*Los actores se revuelven, irritados.*)

Director. (*Levantándose y mirándolo fijamente.*) ¿Así que la nuestra le parece una profesión propia de locos?

Padre. ¡Dígame usted! ¡Hacer que parezca verdad lo que no lo es! Y además sin ninguna necesidad, por puro juego. ¿No consiste su trabajo en dar vida sobre un escenario a personajes fingidos?

Director. (*Inmediatamente, haciéndose eco de la creciente irritación de sus* Actores.) Debe saber que el oficio de cómico, señor mío, es un oficio muy noble. Y si hoy por hoy los nuevos comediógrafos nos obligan a representar comedias insulsas y a fantoches en lugar de hombres, sepa que para nosotros es un honor haber dado vida, sobre estas mismas tablas, a obras inmortales.

(*Los* Actores, *satisfechos, aplaudirán en señal de aprobación las palabras del* Director.)

Padre. (*Interrumpiéndolos vehemente.*) ¡Perfecto! ¡Sin duda!

¡A seres vivos, más vivos que los que se ven por las calles! Quizá menos reales, pero más verdaderos[13]. Estamos completamente de acuerdo.

(Los ACTORES *se mirarán entre ellos, asombrados.)*

DIRECTOR. ¡Pero bueno! Si usted había dicho...
PADRE. Discúlpeme, pero lo decía por usted, que nos ha gritado que no tenía tiempo para perderlo con locos, cuando nadie puede saber mejor que usted que la naturaleza se sirve del instrumento de la fantasía para continuar y hacer más elevada su obra creadora.
DIRECTOR. De acuerdo, de acuerdo. Pero ¿adónde quiere llegar con todo esto?
PADRE. Simplemente a demostrarle que se nace a la vida bajo formas muy diversas: árbol o piedra, agua o mariposa... o mujer. ¡Y que también se puede nacer personaje!
DIRECTOR. *(Irónico, con fingido estupor.)* ¿Y usted, y los que le acompañan, han nacido personajes?
PADRE. Exactamente, señor. Y vivos, como ve. (DIRECTOR *y* ACTORES *estallan en una carcajada, burlándose. El* PADRE, *dolido, prosigue.)* Lamento que se rían de ese modo, pues repito que somos portadores de un doloroso drama, como ustedes mismos pueden inferir de esta mujer enlutada...

(Mientras esto dice, ofrecerá la mano a la MADRE *para ayudarla a subir los últimos peldaños, y de la mano la conducirá, trágico y solemne, al otro lado del escenario, que inmediatamente se ilumina con una luz fantástica. La* NIÑA *y el* MUCHACHO *seguirán a la madre; también el* HIJO, *que se man-*

---

[13] En un ensayo recogido en *Arte ciencia*, «Ilustradores, actores, traductores», crítica implícita de la tópica de la verosimilitud mecánica, alude Pirandello a la índole aquí reclamada para los personajes: «[...] el artista idealiza. [...] Desaparecen los detalles inútiles, y todo aquello que está impuesto por la lógica viva del carácter, se reúne, se concentra en la unidad de un ser menos real y, sin embargo, más verdadero» (cito por la traducción de Velloso, 1119-1140, 1132).

tendrá apartado, al fondo; y la HIJASTRA, *que permanecerá sola, en primer plano, a un lado del escenario. Los* ACTORES, *estupefactos primero, admirados después por estos movimientos, estallarán en aplausos como si estuvieran ante un espectáculo.*)

DIRECTOR. (*Atónito primero, irritado después.*) ¡Basta! ¡Silencio! (*Luego, dirigiéndose a los* PERSONAJES.) ¡Apártense! ¡Quítense de aquí! (*Al* DIRECTOR DE ESCENA.) ¡Que se vayan, por Dios!

DIRECTOR DE ESCENA. (*Avanza hacia los* PERSONAJES, *pero se detiene como retenido por una extraña turbación.*) ¡Vamos, vamos!

PADRE. (*Al* DIRECTOR.) Un momento, nosotros...

DIRECTOR. (*Gritando.*) ¡Ya está bien, aquí se viene a trabajar!

PRIMER ACTOR. No hay derecho a tomar a broma ciertas cosas...

PADRE. (*Decidido, adelantándose.*) Me maravillo de su incredulidad. ¿Es que no están acostumbrados a que, de repente, aparezcan aquí, vivos, uno frente a otro, los personajes creados por un autor? ¿O quizá se trata de que no poseen (*señala la concha del* APUNTADOR) un guión donde figuramos nosotros?

HIJASTRA. (*Situándose ante el* DIRECTOR, *sonriente, zalamera.*) Créame, señor, somos de verdad seis personajes interesantísimos. Pero nos han abandonado.

PADRE. (*Apartándola y dirigiéndose al* DIRECTOR.) ¡Nos han abandonado, eso es! En el sentido, fíjese bien, de que el autor que nos dio la vida, luego no quiso, o materialmente no pudo, conducirnos al mundo del arte. Un verdadero crimen, sí señor, porque quien tiene la fortuna de nacer como un personaje vivo puede incluso reírse de la muerte. ¡No ha de morir! Morirá el hombre, el escritor, el instrumento de la creación; pero no ha de morir su criatura. Y ni siquiera es necesario que posea dotes extraordinarias, o que realice prodigios, para vivir eternamente. ¿Quién era Sancho Panza?

¿Quién era don Abbondio?[14]. Y viven eternamente sin embargo: porque, vivas semillas, tuvieron la fortuna de hallar una matriz fecunda, una fantasía que supo alimentarlos y hacerlos crecer, darles vida eterna.

DIRECTOR. Muy bien, perfecto. Pero ¿qué es lo que quieren?

PADRE. ¡Queremos solamente vivir!

DIRECTOR. (*Irónico.*) ¿Eternamente?

PADRE. No, señor, pero sí al menos un momento, en ustedes.

UN ACTOR. ¡Fijaos, fijaos!

PRIMERA ACTRIZ. ¡Quieren vivir en nosotros!

ACTOR JOVEN. (*Señalando a la* HIJASTRA.) Por mí, si me toca ésa de ahí, encantado.

PADRE. Escúchenme: la comedia está aún por hacer (*al* DIRECTOR); pero si usted quiere y quieren sus actores nos pondremos inmediatamente de acuerdo.

DIRECTOR. (*Harto.*) ¡Qué habla usted de ponernos de acuerdo! ¡No hay acuerdo que valga! ¡Aquí se interpretan seriamente dramas y comedias!

PADRE. ¡Y es precisamente a eso a lo que hemos venido!

DIRECTOR. ¿Y dónde está el guión?

PADRE. Está dentro de nosotros. (*Los* ACTORES *se ríen.*) El drama está en nosotros, somos nosotros; y estamos de-

---

[14] Personaje de *I promessi sposi* de Alessandro Manzoni, «pura y profundamente humorístico», pues en él su autor «ha encarnado el sentimiento de lo contrario»: la posesión de un ideal derribado por la reflexión (cfr. «El humorismo», 1074s.). Por otra parte, todo este parlamento del Padre, así como diversas intervenciones aisladas, está tomado casi a la letra de un relato de 1911, *La tragedia di un personaggio* —incluido en *L'uomo solo* de *Novelle pero un anno* (I, I, Milán, 1985, 821)—, que suele considerarse (al igual que, aunque en menor medida, otro relato de 1915, *Colloquii coi personaggi,* incluido en la 2.ª ed. [1919] de *Berecche e la guerra*) idea matriz de *Seis personajes.* Según se deduce de una carta de 1917 a su hijo Stefano, Pirandello había proyectado una novela con idéntica materia: «Seis personajes, envueltos en un terrible drama, que se me acercan para que yo los articule en una novela, una obsesión, y yo que nada quiero saber de ellos, que les digo que es inútil, que no me interesan en absoluto, que ya nada me interesa, y ellos que muestran ante mí todo su dolor, y yo que los despido... de modo que al final una novela por hacer acabará siéndolo» (*apud* Monner Sans, ob. cit., 95).

seando impacientemente representarlo, con la urgencia de la pasión que se encierra en nosotros.
HIJASTRA. (*Sarcástica, con la gracia pérfida de una afectada desvergüenza.*) ¡Si usted, señor, conociera mi pasión! ¡Mi pasión... por él! (*Señalará al* PADRE, *y hará como que lo abraza; pero luego estallará en una carcajada estridente.*)
PADRE. (*En un impulso de ira.*) ¡Tú por ahora te callas! ¡Y no te rías así!
HIJASTRA. ¿Que no? Permítanme ustedes: aunque hace dos meses escasos que me quedé huérfana, vean, vean cómo canto y cómo bailo.

(*Empieza a cantar y a bailar, procaz, la primera estrofa del* Prends garde à Tchou-Tchin-Tchou *de Dave Stamper en la versión* one-step *lento o* fox-trot *de Francis Salabert.*)

Les chinois sont un peuple malin,
De Shangai à Pekin,
Ils ont mis des écriteaux partout:
Prenez garde à Tchou-Tchin-Tchou!

(*Mientras ella canta y baila, los* ACTORES, *especialmente los jóvenes, como atraídos por una rara fascinación, se le acercarán y alzarán levemente las manos como para atraparla. Ella huirá; y, cuando los* ACTORES *empiecen a aplaudir, permanecerá, ante la amonestación del* DIRECTOR, *abstraída y ausente.*)

ACTORES y ACTRICES. (*Riendo y aplaudiendo.*) ¡Muy bien! ¡Muy bien! ¡Bravo!
DIRECTOR. (*Furioso.*) ¡Silencio! ¿Creen que están en un cafetín? (*Llevándose aparte al* PADRE, *preocupado.*) Dígame la verdad, ¿está loca?
PADRE. Peor que loca.
HIJASTRA. (*Dirigiéndose de repente al* DIRECTOR.) ¡Sí, sí, peor, mucho peor! Escúcheme, por favor: permita que representemos enseguida nuestro drama, y verá cómo yo, en un determinado momento, cuando esta pequeña

mía (*toma de la mano a la* NIÑA, *que está junto a la* MADRE, *y la lleva ante el* DIRECTOR), ¿no ve usted qué bonita es? (*La coge en brazos y la besa.*) ¡Cariño mío, cariño! (*La deja otra vez en el suelo y añade, casi sin quererlo, conmovida.*) Bueno, cuando esta pequeña mía, cuando Dios se la quite de repente a esa pobre madre, y cuando este pequeño bobo (*se traerá al* MUCHACHO, *cogiéndolo por una manga, sin ningún miramiento*) cometa la estupidez más grande, porque es idiota (*lo empuja hacia la* MADRE), entonces verá que yo levanto el vuelo, sí señor, me largo. ¡No veo el momento, créame, no veo el momento! Porque, después de lo que sucedió, tan íntimo, entre él y yo (*señala al* PADRE *con un horrendo guiño*), no aguanto más al lado de todos estos, que contemplan el tormento de una pobre madre por culpa de ese chulo (*señala al* HIJO), ¡mírelo, mírelo!, indiferente él, como el hielo porque es el hijo legítimo, él que tanto me desprecia, que tanto nos desprecia a todos (*señalará al* MUCHACHO *y a la* NIÑA), a esas criaturas... ¡Porque nosotros somos los bastardos, ¿está claro?, los bastardos! (*Se acerca a la* MADRE *y la abraza.*) Y esta pobre madre, que es la madre de todos nosotros, ése, ése no quiere reconocer que es su madre, y la mira de arriba abajo, sí, ése, porque es sólo madre nuestra, de nosotros tres, los bastardos. ¡Canalla!

(*Dirá todo esto rápidamente, con una agitación extrema, y, luego de haber alzado la voz cuando se proclama a sí misma ilegítima, pronunciará la imprecación final muy lentamente, escupiéndola casi.*)

MADRE. (*Al* DIRECTOR, *con una angustia infinita.*) Señor, se lo suplico, por estas criaturas... (*Se siente desfallecer.*) ¡Dios mío!

PADRE. (*Que acude a sujetarla mientras los* ACTORES *permanecen impresionados, consternados.*) ¡Una silla, una silla por favor para esta pobre viuda!

ACTORES. (*Que acuden.*) ¡Que se desmaya, que se desmaya! —¿Qué pasa?

DIRECTOR. Traigan una silla enseguida.

(Uno de los ACTORES *alcanzará una silla; los demás rodearán a la* MADRE, *precipitadamente. Ella, ya sentada, tratará de impedir que el* PADRE *le alce el velo que cubre su rostro.)*

PADRE. Mírela usted, mírela.

MADRE. No, por Dios, déjame.

PADRE. ¡Deja que te vean! *(Le alza el velo.)*

MADRE. *(Levantándose y cubriéndose desesperadamente el rostro con las manos.)* ¡Se lo suplico, señor, no permita que este hombre consiga su propósito! ¡Es horroroso!

DIRECTOR. *(Sorprendido, confuso.)* ¡No entiendo nada! ¿Qué pasa aquí? *(Al* PADRE.*)* ¿Es su señora?

PADRE. *(Rápidamente.)* Sí, es mi mujer.

DIRECTOR. Entonces, ¿qué quiere decir que es viuda, si usted está vivo?

(Los ACTORES *descargarán todo su asombro con una ruidosa carcajada.)*

PADRE. *(Dolido, con agrio resentimiento.)* ¡No se rían ustedes! ¡No se rían de ese modo, por Dios! Precisamente ése es su drama. Ella amaba a otro hombre..., a un hombre que debería estar aquí.

MADRE. *(Gritando.)* ¡No! ¡No!

HIJASTRA. Ya se lo he dicho, tuvo la suerte de morirse hace dos meses. Aún estamos de luto, ya lo ve.

PADRE. Pero si no está aquí ahora no es porque haya muerto. Si no está aquí... Mírela, señor, y lo entenderá inmediatamente. Su drama no puede consistir en que amaba a dos hombres, pues fue incapaz de sentir nada por ellos, a no ser, quizá, un cierto reconocimiento, ¡pero hacia el otro, no hacia mí! ¡Ella no es una mujer, es una madre! Y su único drama terrible se cifra en estos cuatro hijos de sus dos maridos.

MADRE. ¿Y tienes el valor de decirlo? ¿Fui yo acaso quien lo buscó? ¡Fue él, señor! ¡Él me impuso al otro, por la fuerza! ¡Me obligó, me obligó a irme con el otro!

HIJASTRA. *(Indignada, violenta.)* ¡No es verdad!

MADRE. *(Asombrada.)* ¿Cómo que no?

HIJASTRA. ¡No es verdad! ¡No es verdad!

MADRE. ¡Qué sabes tú!

HIJASTRA. ¡No es verdad! *(Al* DIRECTOR.*)* ¡No la crea! ¿Sabe por qué lo dice? Por ése de ahí. *(Señala al* HIJO.*)* Porque está angustiada, porque la consume la indiferencia de ese hijo, porque quiere hacerle creer que si lo abandonó a los dos años fue porque él *(señala al* PADRE*)* la obligó.

MADRE. *(Con decisión.)* ¡Me obligó, me obligó! ¡Pongo a Dios por testigo! *(Al* DIRECTOR.*)* Pregúntele *(señala al marido)* si es verdad o no. ¡Que lo diga él! Ella *(señala a su hija)* no sabe nada.

HIJASTRA. Lo que yo sé es que, mientras vivió mi padre, tú vivías en paz, feliz. ¡No serás capaz de negarlo!

MADRE. No, no lo niego.

HIJASTRA. ¡Él te cuidaba, te quería! *(Al* MUCHACHO, *con rabia.)* ¿No es verdad? ¡Dilo! ¿Por qué no dices nada, idiota?

MADRE. ¡Deja en paz a este pobre niño! ¿Por qué me haces aparecer como una ingrata, hija mía? Yo nunca he querido ofender a tu padre. He dicho solamente que no tuve la culpa de abandonar a mi hijo, que si me fui de la casa no fue por voluntad propia.

PADRE. Es verdad. Yo la obligué.

(Pausa.)

PRIMER ACTOR. *(A los demás* ACTORES.*)* Un espectáculo interesante.

PRIMERA ACTRIZ. Ellos actúan y nosotros miramos.

ACTOR JOVEN. De vez en cuando, no está mal.

DIRECTOR. *(Que empieza a tomar verdadero interés.)* ¡Déjenlos, déjenlos! Vamos a ver qué pasa. *(Al mismo tiempo, desciende por una escalerilla hasta el patio de butacas y permanece de pie ante el escenario, como para captar en calidad de espectador la impresión de la escena.)*

HIJO. *(Sin moverse de su sitio, frío, irónico, lentamente.)* Eso, presten ustedes atención ahora a la parrafada filosófica. Les habla el Genio de la Experimentación.

Padre. Ya sabes lo que pienso de ti: eres un cínico, un imbécil. (*Al* Director.) Se burla de mí por las palabras que usé en mi defensa.

Hijo. (*Despectivo.*) ¡Palabras!

Padre. ¡Sí, palabras! Como si no fuera para todos reconfortante, ante un hecho para el que no se encuentra explicación, ante un mal que nos consume, hallar la palabra que nada dice, pero que nos da la paz.

Hijastra. Y que sobre todo acalla los remordimientos.

Padre. ¿Los remordimientos? No es verdad; no sólo con palabras he acallado mis remordimientos.

Hijastra. Con algo de dinero también, sí, eso, un poco de dinero. ¡Con las cuatro monedas, óiganlo bien, con que pretendía pagarme!

(*Gestos de espanto de los* Actores.)

Hijo. (*Con desprecio, a su hermanastra.*) ¡Eso es ruin!

Hijastra. ¿Ruin? Allí estaba el dinero, en un sobre celeste encima del velador de caoba, en la trastienda de Madama Pace. ¿Me siguen? Una de esas señoras que, con una tienda de *Robes et Manteaux* como tapadera, atraen a su *atelier* a las muchachas pobres y decentes[15].

Hijo. Así se ha comprado ella el derecho de tenernos a todos en un puño: con esas monedas que él estuvo a punto de pagar y que afortunadamente, que quede claro, no tuvo necesidad de darle.

Hijastra. Pero faltó bien poco, que lo sepas. (*Se ríe exageradamente.*)

Madre. (*Indignada.*) ¡Es vergonzoso, hija mía, eso es vergonzoso!

Hijastra. (*Violenta.*) ¿Vergonzoso? ¡No puedo vengarme de otro modo! ¡Me estremezco, señor, por el deseo de vivir esa escena! La habitación..., a este lado la vitrina con los mantos, allí el diván, el tocador, un biombo, y junto a la ventana el velador de caoba con el sobre ce-

---

15 Los términos en francés, del original.

leste y el dinero. ¡Lo estoy viendo! ¡Lo puedo tocar!
Pero ustedes deberían darse la vuelta: estoy casi desnu-
da. Ya no me ruborizo, es él ahora el que se sonroja.
(*Señala al* PADRE.) Pero les aseguro que estaba pálido,
muy pálido, entonces. (*Al* DIRECTOR.) ¡Créame!
DIRECTOR. Sinceramente, yo no saco nada en limpio.
PADRE. ¡Ni nadie! ¡Quieren confundirlo! Exija, señor, un
poco de orden, y permítame hablar, dar las oportunas
explicaciones, sin prestar oídos al oprobio de que con
tanta saña quiere cubrirme esa muchacha.
HIJASTRA. ¡No se trata de contar nada!
PADRE. ¡También yo he de explicárselo!
HIJASTRA. ¡Ya, claro! ¡Lo que más te convenga!

(*El* DIRECTOR *subirá al escenario para poner un poco de
orden.*)

PADRE. Aquí reside todo el error, en las palabras. Cada
uno de nosotros posee dentro de sí un mundo de objetos, su mundo. Pero, ¿cómo podremos entendernos si
en las palabras que yo pronuncio encierro el sentido y
el valor de las cosas tal como son dentro de mí, mientras quien las escucha las asume inevitablemente con el
sentido y el valor que tienen para él, que tienen en su
mundo? Creemos entendernos; nunca nos entende-
mos. Mire: mi piedad, toda mi piedad por esta mujer
(*señala a la* MADRE) ha sido asumida por ella como la
crueldad más feroz.
MADRE. ¡Pero si fuiste tú mismo quien me alejó de ti!
PADRE. ¿Lo ve? ¡Yo la alejé de mí! Eso es lo que ella cree.
MADRE. Tú sabes hablar, y yo no... Pero créame, señor,
cuando se casó conmigo..., no sé por qué..., yo era una
pobre mujer, normal y corriente...
PADRE. Precisamente por eso me casé contigo, por tu humildad, eso fue lo que amé en ti, creyendo... (*Se detiene
ante los desmentidos de ella; abre los brazos en un gesto de desesperación, viendo la imposibilidad de hacerse entender, y se dirige al*
DIRECTOR.) ¿Ve usted? ¡Dice que no! ¡Es horrenda,
créame, horrenda, su ofuscación! (*Se golpea la frente.*)

Para sus hijos, toda corazón. Pero está ciega, su mente está ciega. ¡Yo me desespero!

HIJASTRA. ¡Pregúntele a él ahora de qué nos ha servido a nosotros su inteligencia!

PADRE. Si pudiera preverse todo el mal que podemos provocar cuando creemos hacer el bien...

(*La* PRIMERA ACTRIZ, *no pudiendo soportar el coqueteo del* PRIMER ACTOR *con la* HIJASTRA, *se adelantará y preguntará al* DIRECTOR.)

PRIMERA ACTRIZ. Disculpe, señor Director, ¿hemos de continuar el ensayo?

DIRECTOR. Sí, sí, pero no me moleste ahora.

ACTOR JOVEN. ¡Es un caso tan extraño éste!

ACTRIZ JOVEN. ¡Y tan interesante!

PRIMERA ACTRIZ. (*Lanza una mirada al* PRIMER ACTOR.) ¡Sí, para el que le interese...!

DIRECTOR. (*Al* PADRE.) Haría falta que usted se explicara con claridad. (*Se sienta.*)

PADRE. Muy bien. Mire: yo tenía un empleado, un pobre hombre, mi secretario, absolutamente leal, que se entendía con ella (*señala a la* MADRE) a las mil maravillas; pero que quede claro que no había en ellos ninguna mala intención: era un buen hombre, humilde como ella, incapaces ambos de pensar ni de hacer ningún mal.

HIJASTRA. ¡Él lo pensó, y lo hizo, en su lugar!

PADRE. ¡No es verdad! Mi intención fue hacerles un bien; y también, lo confieso, hacérmelo a mí mismo. Se había llegado a un punto tal, que yo no podía dirigir la palabra al uno o a la otra sin que se intercambiaran miradas de inteligencia, sin que ella no buscara inmediatamente sus ojos pidiendo consejo, cómo había de tomar mis palabras para que yo no me molestara. Pero bastaba eso, como comprenderá, para que yo me sintiera continuamente molesto, sumamente irritado.

DIRECTOR. Perdone, ¿por qué no despidió a su secretario?

PADRE. ¡Por supuesto que lo despedí! Pero esta pobre mu-

jer se movía por la casa de acá para allá, desorientada,
como un animal sin amo, de esos a los que por compasión se les da cobijo.

MADRE. ¡Y quién no!

PADRE. (*Previendo su respuesta y volviéndose rápidamente hacia ella.*) Nuestro hijo, ¿verdad?

MADRE. ¡Primero, señor, me arrancó a mi hijo de los brazos!

PADRE. ¡Pero yo no quise ser cruel contigo! ¡Yo sólo quería que creciera sano y fuerte, en contacto con la tierra!

HIJASTRA. (*Señalándolo con el dedo, irónica.*) ¡Ya se ve!

PADRE. (*Inmediatamente.*) ¿También tengo yo la culpa, si luego creció como creció? Lo dejé en manos de un ama de cría, una campesina, porque ella, a pesar de su origen humilde, me parecía demasiado débil. ¡Y sin embargo yo me había casado con ella por esa razón! Prejuicios, si usted quiere, ¡qué le vamos a hacer! Siempre he tenido esta maldita aspiración a una sólida salud moral. (*La* HIJASTRA *estalla en una carcajada estrepitosa.*) ¡Hágala callar! ¡Es insufrible!

DIRECTOR. ¡Cállese, y déjeme oír, por Dios!

(*Ante la llamada de atención del* DIRECTOR, *ella, dejando de repente de reír, permanecerá de nuevo como abstraída y ausente. El* DIRECTOR *bajará otra vez al patio de butacas para captar el efecto de la escena.*)

PADRE. Yo ya no podía soportar ver a esta mujer a mi lado. (*Señala a la* MADRE.) Pero, créame, no era tanto por la fatiga, por el hastío absoluto que yo sentía, sino por la pena, por la angustiosa pena que me provocaba ella.

MADRE. ¡Y me echó de la casa!

PADRE. ¡Sí señor! La mandé con aquel hombre, sin que nada le faltara. ¡Para librarla de mí!

MADRE. ¡Y para librarse él!

PADRE. Lo admito, sí señor. Y de todo ello sobrevino un gran daño. ¡Pero yo lo hice por su bien, se lo juro, más por ella que por mí! (*Cruza los brazos sobre el pecho y se diri-*

ge a la MADRE.) ¿Me despreocupé de ti en algún momento, ni dejé de tenerte siempre presente? Hasta que él no te llevó consigo a otra ciudad, sin que yo lo supiera, de la noche a la mañana, asustado por ese interés mío, que era puro, créame usted, puro, sin ninguna doble intención; hasta entonces siempre, con una ternura impensable, quise saber de esa nueva familia que iba creciendo. ¡Ella misma podría atestiguarlo! *(Señala a la* HIJASTRA.)

HIJASTRA. ¡Y no sólo eso! Yo era muy pequeñita, ¿sabe? Con mis trenzas sobre los hombros y las braguitas más largas aún que la falda. Así de pequeña. Y me lo encontraba siempre al salir del colegio. Quería verme crecer...

PADRE. ¡Eso es una infamia! ¡Eres malvada!

HIJASTRA. ¿Sí? ¿Por qué?

PADRE. ¡Qué infamia! *(Prosigue, vehemente, sus explicaciones al* DIRECTOR.) Mi casa, cuando ella se fue *(señala a la* MADRE*)*, de repente quedó como vacía. Era una pesadilla para mí; pero al menos algo, con ella, colmaba la casa, fuera lo que fuera. Solo, ahora, me veía a mí mismo como perdido, sin norte. Ese muchacho *(señalará al* HIJO*)*, qué sé yo, se había criado fuera de la casa, y cuando volvió ni siquiera me parecía hijo mío. Sin una madre de por medio, ha crecido solo, por su cuenta, sin relacionarse conmigo, ni afectiva ni espiritualmente. Por eso, y esta es la verdad aunque a usted le parezca extraño, sentí primero curiosidad y después una rara atracción por aquella nueva familia que había surgido gracias a mí; teniéndola siempre en mi mente empezaba a llenarse el vacío que yo sentía a mi alrededor. Yo necesitaba pensar en la paz de esa familia, necesitaba creer en ella, ocupada en las tareas cotidianas, afortunada, pues nada estaba más alejado de ella, nada le era tan ajeno, como la complejidad atormentada de mi espíritu. ¡Y para probármelo a mí mismo iba a ver a esta niña cuando salía de la escuela!

HIJASTRA. ¡Seguro! Me seguía por la calle, me sonreía, y, cuando yo llegaba a mi casa, me decía adiós con la mano, así. Yo no le quitaba los ojos de encima, sorprendida. No sabían quién era. Se lo dije a mi madre y ella entendió inmediatamente de quién se trataba. (*La* MADRE *asiente.*) Durante bastantes días, al principio, no me mandó al colegio. Cuando por fin pude ir, lo volví a ver a la salida, ridículo, con un gran paquete en las manos. Se me acercó, me acarició, y sacó del paquete un regalo para mí: un bonito sombrero de paja con su guirnalda de florecitas.

DIRECTOR. ¡Pero ustedes lo único que están haciendo es contarme una historia!

HIJO. (*Despectivo.*) En el fondo todo esto es un cuento, están haciendo literatura.

PADRE. ¡Qué dices tú! ¡Esto es vida verdadera, señor mío, pasión!

DIRECTOR. Lo será, pero es imposible de representar.

PADRE. Sin duda. Esto es lo que se presupone, no lo que ha de representarse. Por lo demás, como usted ve, ésta (*señala a la* HIJASTRA) no es ya aquella muchachita de las trenzas.

HIJASTRA. Y tampoco se me ven las braguitas.

PADRE. Ahora es cuando llega el drama. Un drama nuevo, complejo...

HIJASTRA. (*Que se adelanta hosca, orgullosa.*) En cuanto murió mi padre...

PADRE. (*Que enseguida la interrumpe, para no darle tiempo a hablar.*) En la miseria, señor mío, en la miseria se vieron. Y todo por su necedad. (*Señala a la* MADRE.) Porque aunque ella casi no sabe escribir, podía habérselo dicho a la hija, o a ese muchacho, que me hicieran saber que estaban necesitados.

MADRE. ¡Ya me dirá usted si podía adivinar yo sus sentimientos!

PADRE. Tu error ha sido siempre el mismo: nunca has sabido entender lo que yo siento.

MADRE. Después de una separación tan larga, después de todo lo que había pasado...

PADRE. ¿Acaso tengo yo la culpa de que aquel individuo os alejara de mí? (*Se dirige al* DIRECTOR.) Ya le digo, de la noche a la mañana, porque se había colocado no sé dónde, en otra ciudad. Me fue imposible localizarlos, y es lógico que, en todos esos años, decayera mi interés por ellos. El drama estalla, violento e imprevisto, a su vuelta; cuando yo, desgraciadamente, arrastrado por la miseria de una carne que aún palpita... ¡A eso queda reducido un hombre solo que no acepta viles ataduras, no tan viejo como para prescindir de la mujer ni tan joven como para, tranquilamente, sin avergonzarse, ir en su búsqueda! ¡Qué digo a la miseria! ¡Al horror del fracaso! Ya ninguna mujer puede entregarle su amor. Cuando se ha entendido esto, sería mejor renunciar... ¡Qué se le va a hacer! Cada uno de nosotros, señor, exteriormente, ante los demás, se reviste de dignidad; pero en su interior conoce muy bien todo lo que de inconfesable acaece en su intimidad. Caemos, caemos en la tentación, e inmediatamente después nos levantamos, ansiosos acaso por recomponernos una cumplida y sólida dignidad, como una lápida sobre una fosa, una lápida que esconde y sepulta a nuestros propios ojos toda traza y hasta el recuerdo de la vergüenza[16]. Siempre es así; pero no tenemos el coraje suficiente para decir ciertas cosas.

HIJASTRA. ¡Pero para hacerlas bien que lo tenéis!

PADRE. ¡Todos lo tenemos! ¡Pero a escondidas! Y precisamente por eso es necesario más valor todavía para decir estas cosas. Porque basta que uno las diga para que se le cuelgue el sambenito: es un cínico, se acabó. Y sin embargo, usted lo sabe, no es verdad: es un hombre

---

[16] Se trata de uno de los motivos recurrentes de la entera producción de Pirandello que, como buena parte de los temas cruciales de su poética, aparece formulado discursivamente en «El humorismo»; «[...] nosotros sentimos inconscientemente la presión del modo ajeno de juzgar, del modo ajeno de sentir y de obrar; y así como dominan en el mundo social la simulación y la disimulación [...], así simulamos y disimulamos con nosotros mismos desdoblándonos y, con frecuencia, multiplicándonos. Nosotros mismos percibimos esa vanidad de parecer distintos de lo que somos [...] y rehuimos aquel análisis que, al descubrir la vanidad, excitaría el remordimiento de nuestra conciencia y nos humillaría frente a nosotros mismos» (1080).

como los demás, incluso mejor que los demás, porque no tiene miedo a descubrir, con la luz de la inteligencia, el rubor de una vergüenza que reside en la animalidad, en una animalidad con la que el hombre se tapa los ojos para no verlo. Porque, ¿y la mujer, cómo es la mujer? Nos mira, incitante, sugerente... ¡La has atrapado! Y en cuanto se siente cercada cierra los ojos: es la señal de su rendición; es la señal con la que dice al hombre: «¡Ciégate, yo me he cegado!»

HIJASTRA. ¿Y cuando no los cierra? ¿Cuando no siente la necesidad de cerrar los ojos para esconderse a sí misma el rubor de su vergüenza, sino que mira con ojos impasibles, áridos ahora, la vergüenza de un hombre que se ciega, pero que no ama? ¡Sólo producen asco todas estas complicaciones intelectuales, toda esta filosofía que descubre a la bestia para luego salvarla, para perdonarla! ¡Disculpe usted pero no soporto todo esto! Cuando no hay más remedio que simplificar la vida, reducirla a la animalidad, liberarla de lo humano, del estorbo de cualquier deseo limpio, de cualquier sentimiento puro, del pudor, del deber, de la vergüenza, de los ideales, nada produce entonces mayor repugnancia, mayor desprecio, que ciertos remordimientos: ¡lágrimas de cocodrilo!

DIRECTOR. ¡Vayamos a los hechos, señores, vayamos a los hechos! ¡Dejémonos de discursos!

PADRE. ¡Perfecto! Pero no olvide usted que un hecho es... como un saco: si está vacío, no se mantiene en pie. Para ello, hace falta en primer lugar colmarlo de la razón y de los sentimientos que lo han determinado. Yo no podía saber que, una vez muerto aquel hombre y habiendo todos ellos regresado, para procurar el sustento a sus hijos, ella (*señala a la* MADRE), en estado de necesidad, se hubiera visto obligada a trabajar como modista, y que fuera a parar, en busca de trabajo, precisamente a la casa de la tal Madama Pace...

HIJASTRA. Una modista de altos vuelos, por si ustedes lo quieren saber. Aparentemente, ofrece sus servicios a las damas elegantes, pero en realidad lo tiene todo dispuesto para que sean estas damas las que le ofrezcan a ella los suyos, sin perjuicio de que también se los ofrezcan otras... más dudosas.

MADRE. Créame, señor, nunca tuve ni la más remota sospecha de que esa bruja me daba trabajo porque se había fijado en mi hija.

HIJASTRA. ¡Pobre mamá! ¿Sabe usted lo que hacía la tal señora cuando yo le llevaba el trabajo de mi madre? Empezaba a decirme que si mi madre desperdiciaba la tela..., y ella iba restando, restando. De modo que, como comprenderá, era yo la que pagaba, cuando ella, pobrecita, creía que se sacrificaba por mí y por los dos pequeños, y hasta de noche cosía los encargos de Madame Pace.

(Gestos y exclamaciones de desprecio por parte de los ACTO-RES.*)*

DIRECTOR. *(Inmediatamente.)* Y fue allí donde usted, un buen día, la encontró...

HIJASTRA. *(Señalando al padre.)* ¡El, sí señor, él, un viejo cliente! ¡Ya verá qué escena cuando la representemos! ¡Estupenda!

PADRE. Pero cuando apareció por allí su madre...

HIJASTRA. *(Anticipándose, con ira.)* Casi casi llegó a tiempo...

PADRE. *(Gritando.)* ¡No, llegó a tiempo, a tiempo! ¡Afortunadamente, la reconocí a tiempo! Y me los llevé a todos a mi casa, ¡sí señor! Ahora imagínese usted mi situación, y la de ella, el uno frente al otro: ella, tal y como la ve; y yo, que ni siquiera puedo mirarla a la cara.

HIJASTRA. ¡Es verdaderamente ridículo! ¿Usted cree que es posible pretender de mí, después... de aquello, que me comporte como una señorita modesta, bien criada y virtuosa, de acuerdo con su maldita aspiración a una «sólida salud moral»?

PADRE. Aquí reside para mí todo el drama: en la conciencia que yo poseo, y usted mismo lo puede ver, de que cada uno de nosotros se cree *uno*, sin que ello sea verdad; porque cada uno de nosotros es *muchos*, sí señor, *muchos*, dependiendo de todas las posibilidades de ser que llevamos dentro: *uno* con éste, *uno* con aquél; ¡y tan distintos! E imaginamos, sin embargo, que siempre somos el mismo para todos, y siempre el mismo que nosotros creemos ser en cada uno de nuestros actos. ¡Y no es verdad, no es verdad![17]. Cuando en alguno de nuestros actos, en algún hecho desventurado, nos quedamos de repente como paralizados, como sólo de él pendientes, nos damos perfecta cuenta de todo esto; quiero decir que nos damos cuenta de que, en ese hecho, no está todo nuestro ser: y sería por tanto una injusticia atroz si se nos juzgara sólo por eso, si se nos expusiera al escarnio, inmóviles y atrapados para toda la vida, como si toda nuestra existencia se viera consumada en ese hecho. ¿Entiende ahora la maldad de esta muchacha? Me ha sorprendido en un lugar, en unas circunstancias, donde no debía y como no debía conocerme, y de un modo en el que yo no podía aparecer ante ella; y quiere otorgarme una realidad que nunca podría yo haber sospechado que asumiría ante ella, la de un momento fugaz y vergonzoso de mi vida. ¡Es esto por encima de todo lo que yo siento! Y ha de ver usted cómo, por todo ello, el drama alcanza un altísimo valor. Y queda además la situación de los otros. La de mi hijo...

---

[17] La certeza del desdoblamiento, más aún, de la multiplicación del yo, y la consecuente superposición de conciencias que hace de todo ser humano un personaje para sí mismo, es una de las bases teóricas del relativismo axiológico pirandelliano; véase «El humorismo», 1082: «[...] las diversas tendencias que marcan la personalidad hacen pensar en serio en que el alma individual no es *una*. En efecto, ¿cómo es posible afirmar que es *una* si la pasión y la razón, el instinto y la voluntad, las tendencias y el ideal, constituyen en cierta manera otros tantos sistemas distintos y móviles que hacen que el individuo, al vivir ora en uno, ora en otro de ellos, ora en algún compromiso entre dos o más orientaciones psíquicas, aparezca como si realmente en él hubiera varias almas diversas e, incluso, opuestas, varias opuestas personalidades?»

Hijo. (*Gesticulando desdeñoso.*) ¡Déjame en paz a mí, yo no tengo nada que ver!

Padre. ¿Cómo que no?

Hijo. Lo que has oído; ni tengo ni quiero tener nada que ver. Estoy de más entre vosotros.

Hijastra. ¡Claro, él es un chico fino y nosotros gente vulgar! Pero preste usted atención y verá que cada vez que lo miro y lo crucifico con mi desprecio, él baja los ojos. Bien sabe él el daño que me ha hecho.

Hijo. (*Casi sin mirarla.*) ¿Yo?

Hijastra. ¡Tú, nadie más que tú! Tú tienes la culpa de que yo me vea en el arroyo. (*Gestos de estupor de los* Actores.) Con tu digna gravedad hiciste imposible, ya no que nos sintiéramos en nuestra casa, sino incluso esa caridad que hace más soportable la condición de recogidos. ¿Es verdad o no? Nosotros éramos los intrusos, los que llegaban para invadir el reino de tu legitimidad. ¡Quisiera que pudiera ver usted ciertas escenas privadas entre él y yo! Y dice que los tengo a todos en un puño. Pero ya ve... Precisamente por esa actitud suya me he servido de una razón que él llama ruin; y que es la causa de que yo entrara en su casa, con mi madre que también es la suya, sin ningún empacho.

Hijo. (*Adelantándose, lentamente.*) Todos tienen un buen remate, sí señor, una perfecta salida cada uno, contra mí. Pero imagínese usted a un hijo que un buen día, tranquilamente, en su casa, se ve venir, así, dándose muchos aires, con la frente bien alta, a una señorita que le pregunta por su padre, a quien tiene que decir no sé qué; y que luego la ve volver, siempre con el mismo porte, acompañada por esa niña; y que, en fin, trata a su padre, vaya usted a saber por qué, de una manera muy ambigua y desenvuelta, que le pide dinero con un tono que permite suponer que él se lo ha de dar, que no tiene más remedio, que se ve obligado a dárselo.

Padre. ¡Y es verdad que tengo la obligación: por tu madre!

Hijo. ¿Yo qué sé de todo eso? ¿La he visto alguna vez? ¿Se me ha hablado de ella alguna vez? Un buen día la veo aparecer, con ella (*señala a la* HIJASTRA), con ese muchacho, con la niña. Y me dicen: «¿Sabes? También es tu madre.» Consigo imaginar, por sus maneras (*señala de nuevo a la* HIJASTRA), cuál es el motivo para que, de la noche a la mañana, se hayan metido en mi casa... Mire usted, lo que yo experimento, lo que yo siento, ni puedo ni quiero expresarlo. Como mucho podría confesarlo, pero no quisiera hacerlo, ni siquiera a mí mismo. Y por tanto no hay lugar, como está viendo, para acción alguna por mi parte. Créame: yo soy un personaje dramáticamente «irresuelto». Estoy de más, y a disgusto, entre ellos. ¡Que me dejen en paz!

PADRE. Pero ¿qué dices, hombre? Si precisamente por ser tú como eres...

HIJO. (*Irritado y vehemente.*) ¿Qué sabes tú cómo soy yo? Tú, que jamás te has ocupado de mí.

PADRE. Lo admito, lo admito. Pero todo esto constituye asimismo una situación dramática. Tu despego cruel, hacia mí, hacia tu madre que al volver a casa es como si te viera por vez primera, tan mayor que ya ni te conoce, pero sabe que eres su hijo... (*Al* DIRECTOR, *señalando con el dedo a la* MADRE.) Ahí la tiene, mírela: ¡llorando!

HIJASTRA. (*Con rabia, golpeando las tablas con el pie.*) ¡Como una idiota!

PADRE. (*Al* DIRECTOR, *indicando enseguida a la* HIJASTRA.) Y ella, bien se ve, no lo soporta. (*Vuelve a referirse al* HIJO.) Dice que no tiene nada que ver, y casi casi es el eje de la acción. Mire a ese muchacho, que no se aparta de su madre, temeroso, avergonzado... Si es así, es por culpa de mi hijo. Quizá sea la del muchacho la situación más penosa: se siente, más que nadie, ajeno a todo; y siente, el pobre, una angustiosa humillación por haber sido recogido en mi casa... caritativamente. (*Aparte, al* DIRECTOR.) Es igual que su padre: tímido, nunca dice nada...

DIRECTOR. Pero aquí, no sé... Usted no se imagina qué problema son los niños en un escenario.

PADRE. Pero él se quita rápidamente de en medio. Y lo mismo la niña, que es la primera que se va...

Director. Muy bien, muy bien. ¿Sabe? Esto me va interesando cada vez más. Me parece que hay aquí materia para sacar adelante un buen drama, lo intuyo.

Hijastra. (*Intentando entrometerse.*) ¡Con un personaje como yo...!

Padre. (*Apartándola, ansioso como está ante lo que decida el Director.*) ¡Cállate tú!

Director. (*Que continúa, sin percatarse de la interrupción.*) Una materia nueva, ciertamente.

Padre. Originalísima, desde luego.

Director. Pero, digo yo, hace falta tener valor para soltármela así, sin más ni más...

Padre. Entiéndalo; unos personajes como nosotros, nacidos para la escena...

Director. ¿Son ustedes actores aficionados?

Padre. No, cuando digo nacidos para la escena...

Director. No me diga que no, que se le nota la práctica.

Padre. Pues no señor, no; cada uno interpreta el papel que se ha asignado, o que los demás le han asignado, en la vida. Por lo que a mí respecta, es la propia pasión, fíjese, la que siempre parece, en cuanto se exalta, un poco teatral; como en todos...

Director. Bueno, está bien, dejémoslo. Comprenda, sin embargo, que sin un autor... Yo podría indicarle alguien...

Padre. No, oiga: ¿por qué no usted?

Director. ¿Yo? Pero ¿qué dice?

Padre. ¡Sí, usted, usted! ¿Por qué no?

Director. ¡Pues porque no lo soy!

Padre. Es cuestión de proponérselo, ¿no cree? ¡Total, uno más...! Nosotros, que estamos todos aquí, ante usted, vivos, le facilitamos el trabajo.

Director. Pero no es suficiente.

Padre. ¿Cómo que no? Viéndonos vivir nuestro propio drama...

Director. Bien; pero en todo caso hará falta alguien que lo escriba.

Padre. No; a lo sumo que lo transcriba, tal y como lo tiene ante sí, en una acción, escena a escena. Para empezar bastará preparar un simple borrador, y a trabajar inmediatamente.

DIRECTOR. (*Que, tentado, vuelve a subir al escenario.*) No le digo yo que no ... Total, nada se pierde. Podríamos probar a ver...

PADRE. ¡Claro! ¡Ya verá usted qué escenas! Se las puedo indicar yo ahora mismo.

DIRECTOR. La verdad es que me tienta la idea. Vamos a ver... Venga conmigo al camerino. (*Dirigiéndose a los* ACTORES.). Tienen ustedes un rato de descanso; pero no se alejen demasiado. Dentro de un cuarto de hora, veinte minutos, todos aquí. (*Al* PADRE.) Veamos, veamos, intentémoslo... A lo mejor hasta resulta que sale algo en verdad excepcional.

PADRE. ¡Sin lugar a dudas! Pero, ¿no cree que es mejor que vengan también ellos? (*Señala a los demás* PERSONAJES.)

DIRECTOR. Bien; que vengan. (*Toma el camino de los camerinos; pero antes se dirige a los* ACTORES.) Por favor, sean puntuales: un cuarto de hora.

(*El* DIRECTOR *y los* SEIS PERSONAJES *cruzarán el escenario y desaparecerán. Los* ACTORES *permanecerán allí, asombrados, mirándose entre ellos.*)

PRIMER ACTOR. Entonces, habla en serio. Pero ¿qué pretende?

ACTOR JOVEN. Simple y llanamente, está loco.

UN TERCER ACTOR. ¿Pretende que improvisemos un drama, así, de buenas a primeras?

ACTOR JOVEN. ¡Ya ves! Ni que esto fuera la Comedia del Arte[18].

---

[18] La Comedia del Arte, también llamada en español *Comedia italiana*, es un particular género teatral que tiene su origen en la Italia del siglo XVI y que se prolonga hasta finales del XVIII, basado en la improvisación, en el carácter lúdico y eminentemente espectacular de la representación, en la asunción por parte de los actores de papeles fijos y estereotipados (Arlequín, Colombina, Polichinela...), sin la existencia, la mayo-

Primera Actriz. Si se cree que yo he de prestarme a ese juego...

Actriz Joven. ¡Ni yo!

Un Cuarto Actor. (*Aludiendo a los* Personajes.) Quisiera yo saber quiénes son ésos.

Tercer Actor. ¡Quiénes van a ser! O locos, o cuentistas.

Actor Joven. ¡Y sin embargo él les presta toda su atención!

Actriz Joven. ¡La vanidad! La vanidad de verse a sí mismo como autor...

Primer Actor. ¡Lo nunca visto! Si el teatro, señores, se ha convertido en esto...

Un Quinto Actor. ¡Pues yo me divierto!

Tercer Actor. Bueno, después de todo... Nunca se sabe...

(*Conversando entre ellos, los* Actores *abandonarán el escenario, algunos por la puerta del foro, otros dirigiéndose a sus camerinos. El telón permanecerá levantado. La representación se interrumpirá durante unos veinte minutos.*)

---

ría de las veces, de un texto previo —a no ser un muy sumario guión. (Cfr. C. Molinari, *La commedia dell'arte*, Milán, 1985.)

*El timbre del teatro avisará que prosigue la representación.
Por la puerta del foro, o desde los camerinos, incluso desde el
patio de butacas, volverán al escenario los* ACTORES, *el* DI-
RECTOR DE ESCENA, *el* TRAMOYISTA, *el* APUNTADOR,
el ENCARGADO DEL ATREZZO *y, al mismo tiempo, desde
su camerino, el* DIRECTOR *con los* SEIS PERSONAJES.
*Se apagarán las luces de la sala y el escenario volverá a ilumi-
narse como antes.)*

DIRECTOR. ¡Venga, señores! ¿Estamos todos? Atención,
empezamos. ¡Tramoyista!
TRAMOYISTA. Diga.
DIRECTOR. Prepare inmediatamente los decorados de la
sala. Con un par de bastidores y el telón de foro con la
puerta, sobra. Dése prisa, por favor.

(El TRAMOYISTA *se pondrá inmediatamente manos a la
obra y, mientras el* DIRECTOR *comenta la inminente representación [con el* DIRECTOR DE ESCENA, *el* ENCARGADO
DEL ATTREZZO, *el* APUNTADOR *y los* ACTORES], *prepa-
rará el simulacro de escenografía que le ha sido indicado: dos
bastidores a los lados y un pequeño telón de foro con su puerta,
a listas rosas y doradas.)*

DIRECTOR. (*Al* ENCARGADO DEL ATTREZZO.) Mire en el
almacén si hubiera una cama turca.
ENCARGADO DEL ATTREZZO. Sí señor, sí que la hay, la verde.
HIJASTRA. ¿Verde? Era amarilla, a flores, de peluche;
grande y muy cómoda.

Encargado del attrezzo. Así no la hay.

Director. ¡Qué más da! Traiga lo que haya.

Hijastra. ¡Pues no da igual! ¡El famoso cheslón de Madame Pace!

Director. ¡Déjenos trabajar, por Dios! Esto es sólo un ensayo. (*Al* Director de escena.) Mire a ver si hay alguna vitrina, alargada y más bien baja.

Hijastra. ¡El velador, el velador de caoba para el sobre celeste!

Director de escena. (*Al* Director.) Tenemos uno pequeño, dorado.

Director. Bien. Tráigalo.

Padre. Un tocador.

Hijastra. ¡Y el biombo! Un biombo, no se olviden. ¡Si no, ya me dirán!

Director de escena. No se preocupe, tenemos biombos de sobra, no lo dude.

Director. (*A la* Hijastra.) Y algún que otro perchero, ¿no?

Hijastra. ¡Sí, muchos, muchos!

Director. (*Al* Director de escena.) Mire a ver los que hay, y tráigalos.

Director de escena. No se preocupe.

(*El* Director de escena *se pondrá asimismo manos a la obra; mientras tanto, el* Director *seguirá hablando con el* Apuntador, *y después con los* Personajes *y con los* Actores; *luego ordenará a los* Ayundantes de escena *que traigan los muebles necesarios y los colocará como crea más oportuno.*)

Director. (*Al* Apuntador.) Siéntese usted en su lugar. Mire: aquí tiene un esquema de las escenas, acto por acto. (*Le entrega unas cuartillas.*) Haría falta que nos hiciera un gran favor...

Apuntador. Si necesita un taquígrafo...

Director. (*Felizmente sorprendido.*) ¡Magnífico! ¿Sabe usted taquigrafía?

APUNTADOR. No seré un buen apuntador, pero taquígrafo...
DIRECTOR. ¡Miel sobre hojuelas! (*Dirigiéndose a un* AYU-
DANTE DE ESCENA.) Traiga cuartillas de mi camerino,
muchas, todas las que encuentre. (*El* AYUNDANTE DE
ESCENA *sale corriendo, y vuelve al cabo de un rato con un montón
de cuartillas, que entrega al* APUNTADOR. *El* DIRECTOR *sigue
dirigiéndose a él.*) Vaya siguiendo las escenas al tiempo
que se representan, e intente tomar los diálogos, al menos los más importantes. (*Se dirige a los* ACTORES.) ¡Dejen espacio, señores! Pónganse por aquí (*señala a su izquierda*) y presten mucha atención.
PRIMERA ACTRIZ. Disculpe, pero nosotros...
DIRECTOR. (*Anticipándose.*) Esté tranquila, no tendrán ustedes que improvisar.
PRIMER ACTOR. Entonces, ¿qué tenemos que hacer?
DIRECTOR. Nada. Oír y mirar, por ahora. Cada uno de ustedes tendrá, más tarde, su papel por escrito. Lo de
ahora es un ensayo; como salga. Y se encargan ellos.

(*Señala a los* PERSONAJES.)

PADRE. (*Como si justo en ese momento, en medio del ajetreo del escenario, se estuviera dando cuenta.*) Perdone, pero, ¿qué dice
usted? ¿Un ensayo?
DIRECTOR. Sí, un ensayo, un ensayo para ellos. (*Señala a
los* ACTORES.)
PADRE. Pero si los personajes somos nosotros...
DIRECTOR. De acuerdo: los personajes. Pero aquí, señor
mío, no son los personajes los que actúan. Aquí actúan
los actores. Los personajes están ahí, en el guión (*señala
la concha del* APUNTADOR)..., cuando hay un guión.
PADRE. ¡Pues precisamente por eso! Ya que no lo hay, ya
que tienen la suerte de que los personajes estén aquí,
ante ustedes, vivos...
DIRECTOR. ¡Esta sí que es buena! ¿Querrían hacerlo todo
por sí mismos: actuar, ser ustedes solos quienes se pre-
sentaran ante el público?
PADRE. Desde luego, tal y como somos.
DIRECTOR. Sin duda ofrecerían un bonito espectáculo.

PRIMER ACTOR. ¿Para qué estamos nosotros aquí, en ese caso?

DIRECTOR. ¡No pensarán ustedes que saben actuar...! ¡Es gracioso! (*Los* ACTORES, *en efecto, se ríen.*) Ya ve cómo se ríen. (*Acordándose en ese momento.*) A propósito, hay que repartir los papeles; aunque es muy sencillo, se reparten por sí solos. (*A la Segunda Actriz.*) Usted, señora, la Madre. (*Al* PADRE.) Habría que encontrarle un nombre.

PADRE. Sí, señor, Amalia.

DIRECTOR. ¡Pero ese es el nombre de su esposa! ¡No querrá llamarla por su verdadero nombre!

PADRE. ¿Y por qué no, si así se llama? Pero claro, si se ha de encargar la señora... (*Hace un leve gesto con la mano señalando a la* SEGUNDA ACTRIZ.) Para mí, ella (*señala a la* MADRE) es Amalia. Haga lo que quiera. (*Se le verá por momentos abatido.*) No sé qué decirle... Pero empiezan, qué sé yo, a sonarme falsas, como con otro tono, mis propias palabras.

DIRECTOR. No tenga cuidado. De eso nos ocupamos nosotros. En cuanto al nombre, si quiere que sea Amalia, Amalia será; y, si no, ya encontraremos otro. Por ahora, designaremos simplemente a los personajes. (*Al* ACTOR JOVEN.) Usted, el Hijo. (*A la* PRIMERA ACTRIZ.) Usted, señorita, claro, la Hijastra.

HIJASTRA. (*Con sorna.*) ¿Cómo? ¿Yo, ésa de ahí? (*Suelta una carcajada.*)

DIRECTOR. (*Molesto.*) ¿De qué se ríe?

PRIMERA ACTRIZ. (*Indignada.*) ¡Nadie ha tenido jamás la osadía de reírse de mí! ¡Exijo el respeto que se me debe! ¡O me voy!

DIRECTOR. (*A la* HIJASTRA.) Debería ser un honor para usted que su personaje lo interprete...

PRIMERA ACTRIZ. (*Interrumpiéndolo, desdeñosa.*) ¡Esa de ahí!

HIJASTRA. ¡No lo decía por ella, créame! Lo digo por mí: es que no me veo en absoluto en ella. No sé, pero..., es que no se me parece en nada.

PADRE. ¡Claro, claro! Mire usted, señor: nuestra expresión...

Director. ¿De qué expresión me habla? ¿Acaso creen que tienen ustedes expresión en sí mismos? ¡En absoluto!

Padre. ¿Qué? ¿Que no poseemos nuestra propia expresión?

Director. ¡En absoluto! Su expresión se convierte en materia aquí, y son los actores quienes le dan cuerpo y apariencia, gesto y voz; los actores que, por su misma naturaleza, han sabido colmar de expresión materias mucho más elevadas; la de ustedes es tan inconsistente que, si no se derrumba en escena, todo el mérito, créame, se deberá a mis actores.

Padre. No es mi intención contradecirle. Pero, créame, es un sufrimiento tremendo para nosotros, que somos tal como usted nos ve, con el cuerpo y la apariencia que nos ve...

Director. (*Cerrando la discusión, impaciente.*) Pero eso se soluciona con la caracterización, señor mío, la caracterización arregla las apariencias.

Padre. Bueno, pero la voz, los ademanes...

Director. ¡Pero hombre...! Usted, tal y como es, no puede aparecer aquí. Aquí lo que habrá será un actor que lo encarne. ¡Y se acabó!

Padre. Está claro, está claro. Ahora entiendo por qué nuestro autor, que nos vio tal cual somos, vivos ya, no quiso sin embargo construirnos para la escena[19]. No quisiera, líbreme Dios, ofender a sus actores. Pero pienso que viéndome representado... no sé por quién...

Primer Actor. (*Que se levanta, altivo, y se encamina hacia el* Padre, *seguido por un vivaz grupo de* Actrices *jóvenes, que se ríen.*) Por mí, si no le molesta.

---

[19] Los límites, las fisuras entre el mundo real y el representado, nacen de idéntica turbación a la ya expresada por Pirandello a propósito del abismo entre creación ideal y realidad escénica: «¿qué hace el actor? Hace justamente lo contrario de lo que ha hecho el poeta. Es decir, hace más real y, sin embargo, menos verdadero, el personaje creado por el poeta, o sea, que le arrebata aquella verdad ideal, superior, en la medida que le da esta realidad material, común; y lo hace menos verdadero también porque lo traduce en la materialidad ficticia y convencional de la escena» («Ilustradores, actores, traductores», 1132).

PADRE. (*Melifluo, con humildad.*) Es para mí un honor. (*Inclina la cabeza, respetuoso.*) Creo, decía, que por más que este señor ponga toda su voluntad y todo su arte para encarnarme... (*Se siente turbado.*)
PRIMER ACTOR. Acabe, acabe.

(*Carcajada de los* ACTORES.)

PADRE. En fin, su representación, aunque esté caracterizado para parecérseme algo, bueno..., con esa estatura... (*todos los* ACTORES *se ríen*) difícilmente podrá representarme como realmente soy. Al margen de la apariencia, será en todo caso su representación de mí lo que se verá, tal como él siente que soy yo, si es que lo siente, pero nunca se me verá como yo en mi interior me siento. Y me parece que quienes hayan de juzgarnos deberían tener esto muy en cuenta.
DIRECTOR. ¿Le preocupan las opiniones de la crítica? ¡Y yo aquí, escuchándolo! Deje que la crítica diga lo que quiera, y ocupémonos nosotros de elaborar la comedia, a ver si lo conseguimos. (*Separándose y mirando a su alrededor.*) ¡Venga! ¿Está listo el decorado? (*A los* ACTORES *y a los* PERSONAJES.) ¡Apártense, apártense, déjenme ver! (*Baja del escenario.*) No perdamos más tiempo. (*A la* HIJASTRA.) ¿Le parece bien el decorado?
HIJASTRA. Pues, la verdad, no me hallo.
DIRECTOR. ¡Y dale! No pretenderá que le montemos aquí, tal cual, la trastienda esa de Madama Pace que usted tan bien conoce. (*Al* PADRE.) Me dijo usted que un entelado de flores, ¿no?
PADRE. Sí señor, con el fondo blanco.
DIRECTOR. Pues habrá de ser a listas, pero no importa. Yo diría que los muebles, más o menos, están bien así. Pongan el velador un poco más hacia adelante. (*Así lo hacen los* AYUDANTES DE ESCENA. *Al* ENCARGADO DEL ATTREZZO.) Consiga usted un sobre, celeste si es posible, y déselo al señor. (*Señala al* PADRE.)
ENCARGADO DEL ATTREZZO. ¿Como para una carta?
DIRECTOR Y PADRE. Eso es.

(*El* Encargado del attrezzo *abandonará el escenario.*)

Director. ¡Adelante! A usted la primera escena, señorita. (*Se adelanta la* Primera Actriz.) No, usted no, espere. Me refería a la señorita. (*Señala a la* Hijastra.) Usted fíjese bien.

Hijastra. (*Remarcando las últimas palabras.*) Fíjese cómo vivo la escena.

Primera Actriz. (*Molesta.*) No se preocupe: también yo sabré hacerlo cuando me toque.

Director. (*Echándose las manos a la cabeza.*) ¡Dejémonos ya de discusiones, por Dios! Bien: en la primera escena aparecen la señorita y Madama Pace. Pero... (*Confundido, mira a su alrededor y sube al escenario.*) ¿Y la tal Madame Pace?

Padre. No se encuentra entre nosotros, señor.

Director. Entonces, ¿qué?

Padre. ¡Ella también es un personaje vivo!

Director. Sí. Pero ¿dónde está?

Padre. Déjeme hacer a mí. (*Se dirige a las* Actrices.) Si ustedes fueran tan amables y me dejaran un momento sus sombreros...

Actrices. (*Sorprendidas y divertidas, a coro.*) —¿Cómo?
—¿Los sombreros?
—¿Qué dice?
—Y ¿para qué?
—¡Ya ves tú!

Director. ¿Qué quiere hacer con los sombreros de las señoras? (*Los* Actores *se ríen.*)

Padre. Nada, nada, dejarlos un momento en el perchero. Y si alguna tuviera la bondad de prestarme un manto...

Actores. (*Idéntico comportamiento al de las* Actrices.)
—Ahora un manto.
—¿Y qué más?
—Está loco.

Actrices. (*Con la actitud ya apuntada.*) —¿Para qué lo quiere?
—¿Solamente un manto?

PADRE. Para ponerlo en el perchero. Sólo un momento... Hagan el favor.

ACTRICES. (*Quitándose los sombreros, y alguna de ellas asimismo el manto, y colgándolos en los varios percheros, siguen riéndose.*) —Pues claro.

—Aquí lo tiene.

—Desde luego, esto es ridículo.

—¿Quiere que esto parezca una exposición?

PADRE. Exacto, señora; usted lo ha dicho.

DIRECTOR. Pero, ¿se puede saber a santo de qué?

PADRE. Verá: quizá, si le preparamos bien la escena, atraída por los objetos que le son familiares, vaya usted a saber si no se presenta... (*Invitando a todos a que miren hacia la puerta del foro.*) ¡Miren, miren!

(*La puerta del foro se abrirá y* MADAMA PACE *avanzará unos cuantos pasos hacia ellos; es una vieja coima, muy gruesa, con una pomposa peluca de lana de color calabaza y una flamante rosa a un lado, a la española; toda repintada, viste con vulgar elegancia un llamativo vestido de seda roja y lleva un abanico de plumas en una mano, mientras que la otra, levantada, sostiene entre los dedos un cigarrillo encendido. Apenas aparezca, los* ACTORES *y el* DIRECTOR, *con un grito de espanto, echarán a correr abandonando el escenario, precipitándose escaleras abajo, e incluso algunos huirán presurosos por el pasillo. Mientras tanto, la* HIJASTRA *se acercará a* MADAME PACE, *dócilmente, como ante un superior.*)

HIJASTRA. (*Avanzando hacia* MADAMA PACE.) ¡Aquí está, aquí está!

PADRE. (*Entusiasta.*) ¡Es ella! ¿No lo decía yo? ¡Aquí la tienen!

DIRECTOR. (*Superando el estupor inicial, e indignado.*) ¿Qué trucos son estos?

PRIMER ACTOR. (*Casi al mismo tiempo.*) Pero ¿qué pasa aquí?

ACTOR JOVEN. (*Lo mismo.*) ¿De dónde habrá salido?

ACTRIZ JOVEN. (*Lo mismo.*) ¡La tenían escondida!

PRIMERA ACTRIZ. (*Lo mismo.*) ¿Qué es esto, brujería?

PADRE. (*Acallando las protestas.*) ¡Por favor! ¿Quieren que se malogre, en nombre de una verdad vulgar, de hecho, este prodigio de una realidad que nace, evocada, atraída, formada por la propia escena, y que tiene más derecho que ustedes a estar viva aquí, porque es mucho más verdadera? ¿Quién de ustedes encarnará a Madame Pace? Pues ténganlo en cuenta: Madame Pace es la que ven ahí. No podrán por menos de reconocer que la actriz que la encarne no será tan auténtica, pues quien tienen ante ustedes es ella en persona. Fíjense: mi hija la ha reconocido y se le ha acercado inmediatamente. ¡No se pierdan la escena!

(Dubitativos, el DIRECTOR *y los* ACTORES *volverán al escenario.*
Pero la escena entre la HIJASTRA *y* MADAMA PACE, *mientras protestan los* ACTORES *y el* PADRE *les responde, ya se habrá iniciado, en voz muy baja, prácticamente inaudible: de una manera natural en definitiva, como sería imposible que sucediera en un escenario. De suerte que cuando los* ACTORES, *cuya atención ha reclamado el* PADRE, *comiencen a cerciorarse de ello, verán a* MADAME PACE *que ha tomado a la* HIJASTRA *por la barbilla para que levante la cabeza, y la oirán hablar de modo prácticamente ininteligible; atentos un momento, al inicio, quedarán enseguida decepcionados.)*

DIRECTOR. Y ahora ¿qué?
PRIMER ACTOR. ¿Qué está diciendo?
PRIMERA ACTRIZ. ¡No se oye nada!
ACTOR JOVEN. ¡Más alto!
HIJASTRA. (*Separándose de* MADAMA PACE, *cuya sonrisa no tiene parangón, y acercándose al grupo de los* ACTORES.) ¡Sí, más alto! Pero ¿qué pretenden? No son cosas que se puedan decir en voz alta. Yo las he dicho para vergüenza suya (*señala al* PADRE), y para vengarme. ¡Pero para ella podrían significar la cárcel!
DIRECTOR. ¡Pues sí que estamos bien! Aquí, mi querida señorita, es necesario que se les oiga. Si ni siquiera nosotros, en el escenario, oímos nada, figurémonos el pú-

blico. Hay que representar la escena. En realidad, por otra parte, pueden hablar tranquilamente en voz alta, porque nosotros no hemos de estar aquí, como ahora, escuchándolas; se supone que ustedes están solas en una habitación, en la trastienda, y que nadie las oye. (*La* HIJASTRA, *con una simpática sonrisa maliciosa, hace continuamente gestos de negación con el dedo.*) ¿Cómo que no?

HIJASTRA. (*En voz baja, misteriosa.*) Alguien podría oírnos si ella (*señala a* MADAMA PACE) habla alto.

DIRECTOR. (*Sumamente confundido.*) Pero ¿ha de aparecer aún alguien más?

> (*Los* ACTORES *se dispondrán nuevamente a abandonar el escenario.*)

PADRE. No señor, no se preocupe. Se refiere a mí. Allí, tras aquella puerta, estoy yo, esperando; y Madama Pace lo sabe. Es más: si me lo permiten, voy para allá; he de estar preparado. (*Se dirige al lugar indicado.*)

DIRECTOR. (*Reteniéndolo.*) ¡No, espere! Es preciso respetar las exigencias teatrales. Antes que nada...

HIJASTRA. (*Interrumpiéndolo.*) ¡Sigamos, por favor, inmediatamente! ¡Le digo que me muero de ganas de vivir esta escena! ¡Si él está listo, más lo estoy yo!

DIRECTOR. (*Gritando.*) ¡No! Primero hace falta precisar la escena entre usted y la señora esa. (*Señala a* MADAMA PACE.) ¿Queda claro?

HIJASTRA. ¡Oh, Dios mío! Usted ya sabe lo que me ha dicho: que una vez más el trabajo de mi madre está mal hecho, que se ha desperdiciado mucha tela, que he de tener paciencia si quiero que ella nos siga ayudando en nuestra pobreza...

MADAMA PACE. (*Adelántandose, dándose muchos aires.*) Certo, siñor, por qué yo no quero aprovecharme, avantacharme...[20].

---

[20] En aras de la coherencia de la traducción se ha invertido el juego lingüístico del original: en él, un personaje de origen español, habla italiano españolizado; aquí se ha italianizado el español.

DIRECTOR. (*De nuevo algo asustado.*) Pero..., ¿así habla?

(Todos los ACTORES *estallarán en una estrepitosa carcajada.*)

HIJASTRA. Sí, señor, así habla, medio italiano, medio español. La verdad es que hace gracia.
MADAMA PACE. No mi par buona crianza que si ridan de mí; yo me esforzo de hablar, come puodo, la lingua suya, siñor.
DIRECTOR. ¡No, no, señora, mejor aún! Hable usted así. Será un buen golpe de efecto. No encontraríamos nada más adecuado para atenuar cómicamente la crudeza de la situación. Siga hablando así, señora. ¡Es perfecto!
HIJASTRA. ¡Claro que sí! ¡Perfecto! El que a una le hagan, con ese lenguaje, ciertas proposiciones, es un efecto seguro, parece casi una broma. Vienen ganas de reír cuando una escucha que le dicen que un *vieco siñor* quiere *darti un bachitos.* ¿Verdad, señora?
MADAMA PACE. Viequito, sí, viequito, tesoro; peró mecor por ti, que se non ti gusta por lo meno non tiene problemas.
MADRE. (*Que aparece de repente, cuando nadie se fijaba en ella, ante el estupor de los actores que no dan crédito a sus ojos y que intentan entre gritos y risas apartarla de* MADAMA PACE, *a quien ya habrá arrancado la peluca, que ha tirado al suelo*): ¡Bruja! ¡Bruja asesina! ¡A mi hija!
HIJASTRA. (*Que acude para detener a la* MADRE.) ¡No, mamá, por Dios!
PADRE. (*Que hace lo mismo que la* HIJASTRA.) Tranquilízate, mujer; siéntate.
MADRE. ¡Quitadla de mi vista!
HIJASTRA. (*Al* DIRECTOR, *que también ha acudido.*) No puede ser, no puede ser que mi madre vea esto.
PADRE. (*Al* DIRECTOR.) De ningún modo pueden estar juntas. Esa es la razón, como ha visto, de que esa señora no haya venido con nosotros. Como comprenderá, si están juntas se precipita todo necesariamente.
DIRECTOR. ¡No importa, no importa! Se trata simple-

mente de una prueba. Cualquier cosa es útil para que yo, aun así, confusamente, vaya captando todos los elementos. (*Dirigiéndose a la* MADRE *y acompañándola hasta dejarla sentada en su lugar.*) Venga, venga, señora, repórtese. Tome asiento.

HIJASTRA. (*En el centro del escenario de nuevo, se dirige a* MADAMA PACE.) Sigamos, señora.

MADAMA PACE. (*Ofendida.*) ¡Ah, no, gracia muchas! Yo no hagos ya nada se tua madre es acá.

HIJASTRA. ¡Venga, mujer, haga pasar a ese *vieco siñor* que quiere *darmi un bachitos!* (*Se vuelve hacia los demás, imperiosa.*) ¡Bueno, ya está bien! ¡Sigamos con la escena! (*A* MADAMA PACE.) ¡Usted puede irse si quiere!

MADAMA PACE. ¡Mi voy, mi voy! ¡Mi voy di súbito! (*Sale, furiosa, recogiendo su peluca y lanzando una mirada de odio a los* ACTORES, *que aplauden y se ríen con sorna.*)

HIJASTRA. (*Al* PADRE.) ¡Entre! No hace falta que dé la vuelta, venga por aquí. Se supone que ya ha entrado. Eso es. Yo estoy aquí con la cabeza baja, muy recatada. ¡Venga! ¡Que se le oiga! Dígame «Buenos días, señorita», con la voz de quien acaba de entrar.

DIRECTOR. (*Que ha bajado del escenario.*) Pero bueno, ¿quién es el director aquí, usted o yo? (*Al* PADRE, *que lo mira perplejo, indeciso.*) Empiece: vaya hasta el fondo, sin salir, y venga hacia adelante. (*El* PADRE *aparece profundamente turbado, muy pálido; pero, investido ya de la realidad de su vida creada, sonríe mientras se dirige hacia el fondo, como si aún fuera ajeno al drama que ha de abatirse sobre él. Los* ACTORES *prestan total atención a la escena que se inicia. El* DIRECTOR, *en voz baja, urgente, se dirige al* APUNTADOR.) Usted ponga mucha atención y tómelo todo.

LA ESCENA

PADRE. (*Acercándose, con una voz distinta.*) Buenos días, señorita.

HIJASTRA. (*La cabeza gacha, con un escalofrío contenido.*) Buenos días.

PADRE. (*Observa un momento su rostro casi oculto por el sombrero y, al darse cuenta de lo joven que es, exclama, como si hablara consigo mismo, complacido y al tiempo temeroso de comprometerse con una aventura demasiado arriesgada.*) Digo yo que... que no será la primera vez que viene usted a esta casa, ¿verdad?

HIJASTRA. (*Como antes.*) No señor.

PADRE. ¿Ya ha venido alguna otra vez? (*La* HIJASTRA *asiente con la cabeza.*) ¿Varias? (*Espera durante un momento la respuesta; vuelve a observarla por debajo del sombrero; sonríe y añade*). En ese caso... no debería comportarse así. ¿Me permite que le quite el sombrero?

HIJASTRA. (*Con un tono seco, como para prevenirlo, mostrando su repugnancia.*) No señor; me lo quito yo sola. (*Lo hace muy deprisa, temblando.*)

(*La* MADRE, *que asiste a la escena con el* HIJO, *y con los otros más pequeños y más suyos, que permanecen siempre pegados a ella, separados todos de los* ACTORES, *en el lado opuesto del escenario, tiene el alma en vilo: esconde su rostro a veces, otras gime; y su expresión variará, del dolor a la indignación, del ansia al horror, según se sucedan las palabras y los actos de los dos* PERSONAJES.)

MADRE. ¡Ay, Dios mío, Dios mío!

PADRE. (*Al oír el gemido, permanece un rato inmóvil, como petrificado; a continuación, habla con idéntico tono al de antes.*) Démelo, lo pondré yo en la percha. (*Coge el sombrero.*) Pero una hermosa cabecita como la suya debería tocarse con un sombrero más bonito. ¿Me ayudará usted después a elegir alguno entre los que tiene aquí Madama Pace?

ACTRIZ JOVEN. (*Interrumpiéndolo.*) ¡Eh, cuidado, que esos sombreros son nuestros!

DIRECTOR. (*Indignadísimo.*) ¡Cállese inmediatamente y no se haga la graciosa! ¡Estamos en mitad de la escena! (*Dirigiéndose a la* HIJASTRA.) Continúe, señorita, por favor.

HIJASTRA. (*Prosigue la escena.*) No, señor, muchas gracias.

PADRE. ¡Pero bueno, no me diga que no! Acéptelo, no me

haga ese desprecio. Los hay muy bonitos, mire. Y la señora seguro que se alegra. Los tiene expuestos aquí con toda la idea.

HIJASTRA. No, por favor, no insista; ni siquiera podría ponérmelo.

PADRE. ¿Lo dice por lo que pensarían en su casa al verla volver con un sombrero nuevo? No se preocupe: yo le diré lo que tiene que hacer, qué tiene que decir.

HIJASTRA. (*Sumamente agitada.*) ¡No es por eso! No podría ponérmelo porque estoy..., a la vista está, ya podría usted haberse dado cuenta. (*Señala su vestido negro.*)

PADRE. ¡Ah, está de luto! Lo siento. Sí, es verdad, ahora me doy cuenta... Perdóneme. Créame que me siento avergonzado.

HIJASTRA. (*Sobreponiéndose y cobrando fuerzas incluso para vencer el desprecio y la repugnancia.*) Por favor, olvídelo. Soy yo la que está obligada a darle las gracias; no debe avergonzarse, ni compadecerme. No haga caso de lo que le he dicho, se lo ruego. Hágalo por mí... (*Sonríe forzadamente, y añade.*) Como comprenderá, debo intentar olvidarme de cómo voy vestida.

DIRECTOR. (*Interrumpe la escena, sube al escenario y se dirige al* APUNTADOR.) ¡Espere, espere! No tome la última frase. (*Dirigiéndose al* PADRE *y a la* HIJASTRA.) ¡Muy bien, muy bien! (*A continuación, aparte, al* PADRE.) Diga usted a continuación lo que hemos acordado. (*A los* ACTORES.) Deliciosa la escena del sombrero, ¿no les parece?

HIJASTRA. Pero lo mejor viene ahora. ¡Prosigamos!

DIRECTOR. Tenga un poco de paciencia. (*Vuelve a dirigirse a los* ACTORES.) Es preciso tratarla, evidentemente, con mayor ligereza.

PRIMER ACTOR. Claro, con más desenvoltura.

PRIMERA ACTRIZ. ¡Si es facilísima! (*Al* PRIMER ACTOR.) ¿Por qué no la ensayamos ahora mismo?

PRIMER ACTOR. ¡Por mí...! Venga: yo entro por ahí. (*Desaparece tras el decorado para poder entrar por la puerta del foro.*)

DIRECTOR. (*A la* PRIMERA ACTRIZ.) Bien. Entonces..., acuérdese: ha terminado la escena entre usted y Madama Pace, que ya me ocuparé yo de escribir. Está usted... ¿Adónde va ahora?

PRIMERA ACTRIZ. Un momento, voy a ponerme el sombrero. (*Lo coge del perchero.*)

DIRECTOR. Claro, claro, muy bien. Tiene la cabeza baja...

HIJASTRA. (*Que se divierte.*) ¿Y el luto?

PRIMERA ACTRIZ. Ya me pondré de negro, y en un modo mucho más apropiado que el suyo.

DIRECTOR. (*A la* HIJASTRA.) ¡Cállese, por favor! ¡Y fíjese bien, seguro que aprende algo! (*Dando unas palmadas.*) ¡Adelante! ¡Entre!

(*Volverá a bajar del escenario para captar mejor la escena. Se abrirá la puerta del foro y se adelantará el* PRIMER ACTOR, *con el aire vivo y desenvuelto de un viejo galante. La representación de la escena, ejecutada por los* ACTORES, *parecerá otra cosa desde el primer momento, sin que ello signifique en todo caso que ni lejanamente pueda tomarse por una parodia; parecerá más bien como una copia en limpio. Naturalmente, la* HIJASTRA *y el* PADRE, *que en absoluto pueden reconocerse en la* PRIMERA ACTRIZ *y en el* PRIMER ACTOR, *oyendo pronunciar palabras idénticas a las suyas, expresan de distintas maneras, con gestos, o riéndose, o protestando abiertamente, las impresiones de sorpresa, de asombro, de desasosiego, que reciben, tal como inmediatamente ha de verse. Se oirá perfectamente la voz del* APUNTADOR.)

PRIMER ACTOR. «Buenos días, señorita...»

PADRE. (*Inmediatamente, sin conseguir contenerse.*) ¡No hombre, no!

(*Entretanto la* HIJASTRA, *al ver entrar de ese modo al* PRIMER ACTOR, *habrá estallado en una carcajada.*)

DIRECTOR. (*Furioso.*) ¡Cállense ya! ¡Y usted acabe de reírse de una vez! ¡Así no se puede hacer nada!

HIJASTRA. (*Acercándose al proscenio.*) Usted perdone, pero que yo me ría es lo más natural del mundo. Esa señorita (*señala a la* PRIMERA ACTRIZ) permanece ahí quieta, en su lugar; pero si debe actuar como yo, le puedo asegurar que si a mí me dicen «buenos días» de esa manera y con ese tono, no podría evitar una carcajada. Y eso es lo que he hecho...

PADRE. (*Acercándose también él.*) Claro, claro..., el tono..., la expresión...

DIRECTOR. ¡Qué tono ni qué expresión! Háganse a un lado, por favor, que no me dejan ver.

PRIMER ACTOR. (*Adelantándose.*) Si he de interpretar a un viejo que llega a una casa de mala nota...

DIRECTOR. ¡Pues claro que sí, no les haga caso, hombre! Prosiga, prosiga, que así está bien. (*Esperando que el* ACTOR *prosiga.*) Vamos...

PRIMER ACTOR. «Buenos días, señorita...»

PRIMERA ACTRIZ. «Buenos días.»

PRIMER ACTOR. (*Imitando el gesto del* PADRE, *es decir, observándola por debajo del sombrero, pero expresando de forma bien diferenciada primero la complacencia y luego el temor.*) «Hum..., supongo que no será la primera vez...»

PADRE. (*Corrigiéndolo, incapaz de permanecer en silencio.*) Yo no he dicho «supongo»; he preguntado.

DIRECTOR. Es verdad. Ha preguntado.

PRIMER ACTOR. (*Mirando al* APUNTADOR.) Pues yo he oído «supongo».

DIRECTOR. Bueno, da igual: preguntar o suponer. Siga, siga. Quizá con menos énfasis. Mire, lo haré yo, fíjese. (*Sube al escenario y repite el papel desde el principio.*) «Buenos días, señorita...»

PRIMERA ACTRIZ. «Buenos días»

DIRECTOR. «Digo yo que...» (*Se dirige al* PRIMER ACTOR *para hacerle notar cómo ha mirado a la* PRIMERA ACTRIZ *por debajo del sombrero.*) Sorpresa..., temor y complacencia... (*Continúa, dirigiéndose a la* PRIMERA ACTRIZ.) «No será la primera vez que viene usted a esta casa, ¿verdad?» (*Lanza una mirada de inteligencia al* PRIMER ACTOR.) ¿Me explico? (*A la* PRIMERA ACTRIZ.) Ahora usted: «No señor.» (*Al* PRIMER ACTOR, *de nuevo.*) En una palabra. ¡*Souplesse!*[21] (*Baja del escenario.*)

---

[21] *Con mayor agilidad.* En francés en el original.

Primera Actriz. «No señor...»

Primer Actor. «¿Ya ha venido alguna otra vez? ¿Varias?»

Director. ¡No, hombre, no! ¡Espere un poco! Deje que ella *(señala a la* Primera Actriz*)* haga primero un gesto de asentimiento. «¿Ya ha venido alguna otra vez?» *(La* Primera Actriz *levanta algo la cabeza y entorna penosamente, como a disgusto, los ojos; después de un «Bájela ya» del* Director, *asiente con la cabeza.)*

Hijastra. *(Sin poder contenerse.)* ¡Madre mía! *(Se tapa inmediatamente la boca con una mano para no soltar una carcajada.)*

Director. *(Volviéndose hacia la* Hijastra.*)* ¿Qué pasa?

Hijastra. *(Rápidamente.)* Nada, nada.

Director. *(Al* Primer Actor.*)* Ahora usted, ¡Venga!

Primer Actor. «¿Varias? En ese caso... no debería comportarse así. ¿Me permite que le quite el sombrero?»

(El Primer Actor *dirá esta última frase en un tono tal, y la acompañará con un gesto tal, que la* Hijastra, *que habrá permanecido con las manos en la boca, por más que quiere contenerse no consigue evitar la carcajada, que se le escapa entre los dedos de modo irresistible, estrepitosa.)*

Primera Actriz. *(Indignada, acercándose a sus compañeros.)* ¡Desde luego ésa de mí no se ríe!

Primer Actor. ¡Yo no aguanto más! ¡Ya está bien!

Director. *(A la* Hijastra, *chillando.)* ¡Déjenos en paz de una vez!

Hijastra. Sí, sí, lo siento. Perdóneme.

Director. ¡Es usted una mal educada! ¡Eso es! ¡Y además una presuntuosa!

Padre. *(Intentando calmarlo.)* Sí, señor, lleva usted razón. No se lo tenga en cuenta...

Director. *(Subiendo al escenario.)* ¿Cómo que no? ¡Esto es intolerable!

Padre. Desde luego, desde luego. Pero, créame, hace un efecto tan extraño...

Director. ¿Extraño? ¿Qué dice? ¿Por qué?

Padre. Mire, yo admiro, de verdad los admiro, a sus actores: a este señor (*señala al* PRIMER ACTOR), a la señorita (*señala a la* PRIMERA ACTRIZ)... pero, la verdad sea dicha, no son nosotros.

DIRECTOR. ¡Es evidente! ¿Cómo pretende que ellos, que son los actores, sean ustedes?

PADRE. Exactamente, actores. Y ambos hacen muy bien nuestros papeles. Pero, créame, a nosotros nos parece como si fuera otra cosa, algo que debiendo ser lo mismo no lo es sin embargo.

DIRECTOR. Pero ¿cómo que no? Y entonces ¿qué es?

PADRE. Algo que ya no es nuestro, que es suyo.

DIRECTOR. ¡Naturalmente! ¡Ya se lo he explicado!

PADRE. Sí, claro, claro...

DIRECTOR. ¡Pues ya está bien! (*Dirigiéndose a los* ACTORES.) Bueno, ya encontraremos un momento para ensayar en condiciones nosotros solos. Siempre que he ensayado con el autor presente me ha pasado lo mismo. ¡Todo lo ven mal! (*Dirigiéndose al* PADRE *y a la* HIJASTRA.) Adelante, continúen; y a ver si puede usted dejar de reírse.

HIJASTRA. No se preocupe, que no me reiré. Ahora viene lo mejor. Esté tranquilo.

DIRECTOR. Entonces, venga; cuando usted dice: «No haga caso de lo que le he dicho, se lo ruego. Hágalo por mí... Como comprenderá...», (*Se dirige ahora al* PADRE.) usted debe responder inmediatamente: «¡Ah, sí, claro!», y preguntar enseguida...

HIJASTRA. (*Interrumpiéndolo.*) ¿Cómo? ¿Qué?

DIRECTOR. ...el motivo del luto.

HIJASTRA. ¡De ninguna manera! Mire: cuando yo le dije que debía intentar olvidarme de cómo iba vestida, ¿sabe lo que me contestó? «Bueno, pues quítese cuanto antes el vestido que lleva.»

DIRECTOR. ¡Muy bonito! ¿Quiere que nos echemos al público encima?

HIJASTRA. ¡Pero ésa es la verdad!

DIRECTOR. ¿De qué verdad me está hablando, señorita? En el teatro, las verdades sirven sólo hasta cierto punto.

HIJASTRA. Y, en ese caso, ¿qué es lo que pretende hacer?

DIRECTOR. Enseguida lo verá. Déjeme a mí.

HIJASTRA. ¡No señor! Mi angustia..., las razones que me asisten para ser como soy, a cuál más cruel y miserable..., ¿pretende usted presentar todo esto como un melodrama romántico, sentimental, donde él me pregunta el porqué de este luto y yo le respondo llorando que mi padre murió hace dos meses? ¡No, señor mío, no! Es preciso que él diga lo que dijo: «Bueno, pues quítese cuanto antes el vestido que lleva.» Y que yo, con el corazón encogido, con mi padre recién muerto, me dirija hacia allí, ¿lo ve?, detrás del biombo, y con estas manos que se estremecen de vergüenza y de repugnancia me vaya desnudando poco a poco...

DIRECTOR. (*Echándose las manos a la cabeza.*) Pero... ¿cómo pretende...?

HIJASTRA. (*Gritando, frenética.*) ¡Es simplemente la verdad, señor, la verdad!

DIRECTOR. No lo niego, será esa la verdad. Y entiendo perfectamente su consternación, señorita; pero entienda usted también que todo eso no se puede hacer en un escenario.

HIJASTRA. ¿No se puede? Entonces, señor, muchas gracias; si no es así, yo no quiero saber nada.

DIRECTOR. Escúcheme un momento...

HIJASTRA. ¡He dicho que no quiero saber nada! Ya veo que entre los dos han decidido lo que se puede y lo que no se puede hacer. ¡Muy bien! ¡Está claro! ¡Él quiere llegar lo antes posible a la representación (*enfáticamente*) de sus cuitas espirituales. ¡Y yo lo que quiero ver es mi drama, el mío!

DIRECTOR. (*Harto, gesticulando, enérgicamente.*) ¡Acabáramos! ¡Como si su drama fuera el único! ¡Aquí cuentan todos por igual, si no le molesta! El suyo (*señala al* PADRE), el de su madre... No se sostiene el que un personaje se destaque demasiado, se adueñe de la escena y difumine a los demás. Es preciso abrazarlos a todos en un cuadro armónico y representar lo que es representable. Bien sé yo que cada uno posee en su interior una vida propia que querría exteriorizar. Pero lo difícil precisamente es hacer que, de cada uno, se muestre sólo lo necesario en relación con los demás; y con ese fragmento dar a entender, sin embargo, toda la vida que permanece oculta. Sería muy cómodo que cada personaje largara su monólogo, o que, por las buenas, como si se tratara de una conferencia, desembuchara delante del público todo lo que se le ocurriera. (*En tono conciliador.*) Debe usted refrenarse, señorita; por su propio interés, créame. Le advierto que podría causar muy mala impresión toda esa furia demoledora, toda esa desazón desesperada, cuando usted misma, permítame, ha confesado haber recibido, antes de la suya, otras visitas en casa de Madama Pace, y más de una vez.

HIJASTRA. (*Inclina la cabeza y, luego de un momento de recogimiento, dice, con voz grave.*) Es cierto. Pero los demás, para mí, son también él.

DIRECTOR. (*Confundido.*) ¿Los demás? ¿Qué quiere decir?

HIJASTRA. Para quien yerra, ¿no es siempre responsable de su caída, y de todas las culpas futuras, el que antes que nadie lo determinó al error? Para mí lo es él, incluso desde antes que yo naciera. Mírelo bien y usted mismo se dará cuenta.

DIRECTOR. Aun así, ¿le parece pequeña para él la carga de su remordimiento? ¡Déle ocasión de expresarlo!

HIJASTRA. Dígame cómo. ¿Acaso podrían aflorar todos sus nobles remordimientos, todos sus tormentos morales, si le ahorra usted el horror de haber tenido entre sus brazos, un día cualquiera, luego de haberla invitado a despojarse de su luto reciente, mujer ya, y caída, a aquella niña, aquella niña que él iba a ver a la salida del colegio? (*Después del irónico énfasis inicial, dice las últimas palabras con la voz ahogada por la emoción.*)

(*La* MADRE, *oyendo hablar a su hija, dominada por una angustia incontenible que la ahoga casi y que se expresa con gemidos sofocados, romperá al final en un desconsolado llanto. Todos acabarán vencidos por la emoción. Larga pausa.*)

HIJASTRA. (*En cuanto la* MADRE *consigue dominarse, añade decidida, amargamente.*) Estamos aquí ahora, ignorados aún por el público. Mañana podrá ofrecer, con nuestro drama, el espectáculo que crea más oportuno, manejándolo a su antojo. Pero ¿quiere usted de verdad conocerlo, verlo estallar entre nosotros?

DIRECTOR. Desde luego no pido otra cosa, para poder tomar de él cuanto me sea posible.

HIJASTRA. Pues bien: haga salir a mi madre.

MADRE. (*Sobreponiéndose a su llanto, chillando.*) ¡No, no! ¡No lo consienta, señor, no lo consienta!

DIRECTOR. ¡Es sólo para comprender algo más, señora!

MADRE. ¡No puede ser! ¡No puede ser!

DIRECTOR. ¡Pero bueno! ¡Si todo lo que tenía que suceder ya ha sucedido! ¡Yo no entiendo nada!

MADRE. ¡No, ahora sucede, sucede siempre! ¡Mi tormento no es falso, señor! Yo estoy viva y presente, en cada instante de este tormento mío, siempre, un tormento que se renueva siempre, presente y vivo. ¿A que no ha oído hablar a esas dos criaturitas? ¡Ya no pueden hablar! Si aún se aferran a mí es para hacerme presente y vivo mi tormento. ¡Pero ellos, ellos ya no existen, no existen! Y ella (*señala a la* HIJASTRA), ella se me escapó, huyó de mí, y se ha perdido, se ha perdido... Si yo ahora puedo verla es otra vez por lo mismo, sólo por eso, siempre por eso, para que se siga renovando en mí, presente y vivo, el tormento que también por ella he sufrido.

PADRE. (*Solemne.*) ¡El instante eterno, ya se lo he dicho! Ella (*señala a la* HIJASTRA) está aquí para prenderme, para inmovilizarme, para exponerme al escarnio, eternamente detenido y atrapado sólo en ese instante fugaz y vergonzoso de mi vida. Ella no puede renunciar, y en verdad usted no puede descargarme de ello.

DIRECTOR. ¡Pero si yo no digo que no se represente! Es más, ése será el núcleo de todo el primer acto, hasta que ella (*señala a la* MADRE) irrumpe consternada.

PADRE. ¡Eso es! Porque así es mi condena: toda nuestra pasión debe culminar en ese grito final.

HIJASTRA. ¡Aún lo oigo! ¡Un grito que me hizo enloquecer! Yo puedo aparecer como usted quiera, no importa, incluso vestida. Me bastará con tener los brazos, sólo los brazos, descubiertos; mire, cuando estaba así *(se acerca al* PADRE *y apoya la cabeza en su pecho),* con la cabeza apoyada y abrazándole el cuello, veía cómo me latía una vena, aquí, en el brazo; y en ese momento, como si incluso aquella vena que latía me diera asco, apreté los ojos, así, y hundí la cabeza en su pecho. *(Volviéndose hacia la* MADRE.) ¡Grita, grita, mamá! *(Hunde la cabeza en el pecho del* PADRE *y, encogiendo los hombros como para no oír el grito, añade, con la voz ahogada por el dolor.)* ¡Grita, mamá, grita como gritaste entonces!

MADRE. *(Abalanzándose sobre ellos para separarlos.)* ¡No! ¡Hija, hija mía! *(Cuando la ha separado de él.)* ¡Es mi hija, canalla! ¿No lo ves?

DIRECTOR. *(Retrocediendo, al oír el grito, hasta el proscenio, entre el estupor de los* ACTORES.) ¡Magnífico, magnífico! ¡Ahora el telón!

PADRE. *(Que se acerca a él, muy agitado.)* ¡Así, así sucedió realmente, señor!

DIRECTOR. *(Entusiasta, convencido.)* ¡Sí, sí, no hay duda! ¡Telón! ¡Telón aquí! *(Ante las reiteradas voces del* DIRECTOR, *el* TRAMOYISTA *deja caer el telón, y quedan fuera, en el proscenio, el* DIRECTOR *y el* PADRE. *El* DIRECTOR *mira hacia arriba, levantando los brazos.)* ¡Qué animal! Digo telón refiriéndome a que el acto ha de terminar aquí, y me lo bajan de verdad. *(Al* PADRE, *abriendo espacio en el telón para acceder al interior del escenario.)* ¡Magnífico! ¡Y de efecto seguro! Hay que acabar así el primer acto. ¡Pierda cuidado, se lo digo yo! *(Desaparecen tras el telón.)*

(Al levantarse el telón se verá que TRAMOYISTAS *y* MON-
TADORES *habrán desmantelado el primer simulacro de escenografía, disponiendo en su lugar una pequeña fuente, como
en un huerto.*
A un lado del escenario se encontrarán sentados, en fila, los
ACTORES, *y al otro los* PERSONAJES. *El* DIRECTOR *estará en pie, en el centro del escenario, con el puño cerrado sobre
la boca, en actitud meditativa.)*

DIRECTOR. *(Poniéndose en movimiento tras una breve pausa.)*
¡Veamos ese segundo acto, señores! Déjenme hacer a
mí, como ya hemos acordado, y la cosa irá sobre rue-
das.

HIJASTRA. Nosotros que nos metemos en su casa *(señala al*
PADRE*)*, a despecho de ése de ahí *(señala al* HIJO.*)*

DIRECTOR. *(Impaciente.)* De acuerdo. Pero deje que me
ocupe yo, le digo.

HIJASTRA. Pero que quede bien claro su desprecio.

MADRE. *(Moviendo la cabeza.)* ¡Para lo que nos ha servido...!

HIJASTRA. *(Volviéndose rápidamente hacia ella.)* ¡Da igual!
¡Cuanto más daño para nosotros, más remordimiento
para él!

DIRECTOR. *(Impaciente.)* ¡Está claro, no se preocupe! Sobre todo al principio, lo tendremos bien en cuenta, no
lo dude.

MADRE. *(Suplicante.)* Pero que se entienda bien, por favor
señor, para mi tranquilidad, que yo intenté a toda costa...

HIJASTRA. *(Interrumpiendo desdeñosa a su madre, y continuando
su frase.)* ...que yo me aplacara, aconsejándome que no

lo menospreciara. (*Al* DIRECTOR.) ¡Haga, haga lo que ella dice, que es verdad! Yo no tengo nada que objetar porque, de todas maneras, a la vista está: por más que ella le implorase, por más que intentara conmover su corazón, él ni se inmutaba, ajeno a todo, distante. (*Pronuncia la última palabra en un tono sarcásticamente enfático.*) ¡Me alegro!

DIRECTOR. En fin. Empezamos el segundo acto ¿o qué?

HIJASTRA. ¡Es la última cosa que digo! Piense que desarrollar toda la acción en el huerto, como usted quiere, no va a ser posible.

DIRECTOR. ¿Por qué no ha de ser posible?

HIJASTRA. Por que él (*señala nuevamente al* HIJO) está siempre apartado de nosotros, encerrado en su habitación. Y, además, que todo el papel de ese pobre muchacho atemorizado, como ya le he dicho, se desarrolla en la casa.

DIRECTOR. Sí, pero como ustedes comprenderán no vamos a estar colocando carteles con el nombre del sitio, o cambiando los decorados a la vista del público cada dos por tres...

PRIMER ACTOR. Pues antes se hacía...

DIRECTOR. Claro, cuando el público era como esa niña.

PRIMERA ACTRIZ. Y era más fácil crear la ilusión dramática.

PADRE. (*Levantándose de golpe.*) ¿Ilusión? ¡No hablen de la ilusión, se lo suplico! No usen esa palabra; para nosotros es especialmente dolorosa.

DIRECTOR. (*Desconcertado.*) Pero ¿por qué?

PADRE. ¡Sí lo es! ¡Es muy dolorosa! Usted debería entenderlo.

DIRECTOR. ¿Qué otra cosa podríamos decir? La ilusión que hay que crear, aquí, para los espectadores...

PRIMER ACTOR. Mediante nuestra interpretación...

DIRECTOR. ¡Una ilusión de realidad!

PADRE. Yo le entiendo. Pero quizá usted, discúlpeme, no pueda entendernos a nosotros. Porque, ya ve, para usted y para sus actores se trata simplemente, y es muy lícito, de un equívoco, de un juego...

PRIMERA ACTRIZ. (*Interrumpiéndolo indignada.*) ¿Cómo un juego? ¡Aquí no estamos entre niños, esto es un teatro serio!

PADRE. Desde luego. A esa actividad de ustedes me refería yo, al juego dramático, que debe ofrecer, como justamente ha dicho el Director, una perfecta ilusión de realidad.

DIRECTOR. ¡Exactamente!

PADRE. Ahora bien, si usted piensa que nosotros, tal como ahora nos está viendo (*se señala a sí mismo y, con un leve gesto, a los demás* PERSONAJES), no poseemos realidad alguna más allá de esta ilusión...

DIRECTOR. (*Desconcertado, mirando a sus* ACTORES *que parecen igualmente atónitos, confundidos.*) ¿Qué quiere usted decir?

PADRE. (*Luego de haberlos observado un momento, con una vaga sonrisa.*) ¡Sí, señores míos! ¿Qué otra cosa somos? Lo que para ustedes es una ilusión que se debe crear, para nosotros, sin embargo, es nuestra única realidad. (*Breve pausa. Da algunos pasos hacia el* DIRECTOR *y añade.*) Y no sólo para nosotros, por otra parte, créame. Piénselo bien. (*Le mira a los ojos.*) ¿Sabría decirme quién es usted? (*Y se queda señalándolo con el índice.*)

DIRECTOR. (*Turbado, con una cierta sonrisa.*) ¿Cómo? ¡Pues yo!

PADRE. ¿Y si yo le dijera que no es verdad, que usted no es usted sino yo?

DIRECTOR. Le contestaría que está usted loco.

(*Los* ACTORES *se ríen.*)

PADRE. Tienen motivo para reírse, porque lo de ustedes es un juego. (*Al* DIRECTOR.) Y usted podría por tanto objetarme que, sólo en virtud de ese juego, ese señor (*señala al* PRIMER ACTOR), que es *él,* debe ser *yo,* que sin embargo soy éste que está junto a usted. ¿Ve cómo ha caído en la trampa?

(*Vuelven a reírse los* ACTORES.)

Director. (*Molesto.*) ¡Ya hemos hablado de eso! ¿Quiere que se lo repita?

Padre. No, no. No me refiero a eso. Es más, le invito a salir de este juego (*mira a la* Primera Actriz, *y añade, como para prevenir*), de este juego dramático, que usted realiza habitualmente con sus actores. Vuelvo a preguntarle, seriamente: ¿quién es usted?

Director. (*Se dirige, sumamente perplejo, y al tiempo irritado, a* los Actores.) ¡Desde luego, hace falta descaro! ¡Uno que se presenta a sí mismo como personaje va a venir a preguntarme a mí que quién soy!

Padre. (*Digno, pero no altivo.*) Mire, señor: un personaje, en cualquier circunstancia, puede preguntar a un hombre: «¿Quién eres?» Porque un personaje posee en verdad una vida propia, una naturaleza propia, por lo cual siempre es *alguien*. Mientras que un hombre, no me refiero a usted ahora, un hombre, así, en general, puede ser *nadie*.

Director. ¡Está bien! ¡Pero me lo está preguntando a mí, que soy el Director, el Director de esta compañía! ¿Está claro?

Padre. (*Como si le hablara aparte, con tono humilde y melifluo.*) Es sólo para saber, entiéndame, si usted en verdad, tal y como es ahora, se ve a sí mismo... igual que puede ver, por ejemplo, a distancia de años, al que fue tiempo atrás, con todas las ilusiones que entonces tenía, con todas las cosas, en su interior y alrededor suyo, como entonces le parecían... y que eran así, realmente así, para usted. Si vuelve a pensar en aquellas ilusiones que ahora ya no le parecen lo que, tiempo atrás, fueron para usted, ¿no le da la impresión de que se le hunde, no sólo este entarimado, sino la tierra bajo sus pies, de que pierde apoyo cuando cae en la cuenta de que asimismo usted, tal como ahora se percibe, toda su realidad de hoy en día, tal cual es, está destinada a parecerle mañana una ilusión?

Director. (*Que no ha entendido demasiado, aturdido por la especiosa argumentación.*) ¿Y qué? ¿Dónde quiere ir a parar?

Padre. A ninguna parte, señor. Sólo quiero hacerle ver

que si nosotros (*se señala de nuevo a sí mismo y a los demás* Personajes) no poseemos otra realidad más allá de la ilusión, no estaría de más que también usted desconfiara de su propia realidad, de la que hoy respira y palpa en sí mismo, porque, al igual que la de ayer, está destinada a revelársele mañana como una ilusión.

Director. (*Decidido a tomárselo a risa.*) ¡Estupendo! Sólo le falta añadir que usted, con esta comedia que quiere representar ante mí, es más verdadero y más real que yo.

Padre. (*Con absoluta seriedad.*) ¡Por supuesto, señor!

Director. ¿Ah, sí?

Padre. Creí que lo había entendido desde el principio.

Director. ¿Más real que yo?

Padre. Si su realidad puede modificarse de un día para otro...

Director. ¡Es evidente que puede modificarse! ¡Continuamente se modifica; para mí como para todo el mundo!

Padre. (*Gritando.*) ¡Pero no para nosotros! ¿Ve usted? ¡Esta es la diferencia! ¡No se modifica, no puede cambiar, no puede ser nunca distinta, porque ha sido fijada así, ésta que tiene delante, así para siempre! ¡Es terrible! Una realidad inmutable, que debería producirles un escalofrío cuando se nos acercan.

Director. (*De repente, parándose ante el* Padre *debido a una idea que se le acaba de ocurrir.*) Me gustaría saber a mí cuándo se ha visto que un personaje salga de su papel y se ponga a ponderarlo tal como usted hace, a ofrecérnoslo, a explicárnoslo. ¡Ande, dígamelo! ¡Cuándo se ha visto!

Padre. Nunca, porque los autores ocultan habitualmente el empeño que ponen en su creación. Cuando los personajes están vivos, realmente vivos ante su autor, éste no hace sino secundarlos en sus palabras, en los gestos que ellos le proponen; y es preciso que él los acepte tal cual ellos desean ser. ¡Ay de él, si no! Cuando un personaje nace, adquiere inmediatamente una independencia tal, incluso con respecto al propio autor, que cualquiera podría imaginarlo en un sinfín de situaciones en las que el autor jamás pensó presentarlo, hasta adquirir incluso, a veces, un significado que el autor nunca quiso darle[22].

DIRECTOR. Sí, eso es cierto.

PADRE. ¿De qué se asombra entonces? Imagínese la desgracia que supone para un personaje lo que le he dicho: encontrarse, criatura viva en la fantasía de un autor, con que éste pretende negarle la vida; y dígame si este personaje, abandonado, vivo pero sin vida, no tiene razones suficientes para ponerse a hacer lo que estamos haciendo nosotros aquí, antes ustedes, después de haber insistido tanto ante él, créame, intentando persuadirlo, animándolo, presentándonos a él, a veces ella (*señala a la* HIJASTRA), a veces yo, a veces esa pobre madre...

HIJASTRA. (*Adelántandose, absorta.*) Sí, es verdad, señor, también yo, también yo, para incitarlo, muchas veces, en la melancolía de aquel escritorio suyo, a la hora del crepúsculo, cuando él, abandonado en su sillón, no se decidía a encender la luz y dejaba que la sombra invadiese la habitación, y que en aquella sombra pululara nuestra presencia, incitándolo... (*Como si siguiera viéndose en aquel escritorio y le disgustara la presencia de los* ACTORES.) ¡Si ellos se fueran! ¡Si nos dejaran solos! Mi madre, con el niño; yo, con la pequeña; ese muchacho, siempre solo; otras veces, él (*señala al* PADRE) y yo; otras yo sola, yo sola, en aquella penumbra... (*Sobresaltada, como si quisiera aferrarse a la visión que tiene de sí misma, viva y luminosa en la penumbra.*) ¡Ah, esta vida mía! ¡Qué escenas! ¡Qué escenas le proponíamos! ¡Yo, yo más que nadie lo incitaba!

PADRE. Y quizá tú tuviste la culpa; tú, con tu excesiva insistencia, tú con tu ardor desmesurado.

---

22 Estas palabras son casi reproposición textual de otras de «El humorismo»: «[...] cuando un poeta consigue dar vida a una criatura suya, ésta vive independientemente de su autor, hasta tal punto que podemos imaginárnosla en otras situaciones en que el autor no pensó colocarla, y verla actuar según las leyes íntimas de su propia vida, leyes que ni siquiera el autor podría violar» (1020).

HIJASTRA. No puede ser. Él mismo me hizo como soy. *(Se acerca al* DIRECTOR *para decirle, casi en un aparte.)* Yo más bien creo que fue el hastío, el desengaño que le causaba el teatro tal como el público lo exige y lo acepta.

DIRECTOR. ¡Sigamos, por Dios, señores, vayamos a los hechos!

HIJASTRA. Perdone, pero para mí que hechos precisamente no faltan desde que nos metemos en su casa. *(Señala al* PADRE*)*. Decía usted que no iba a andar colocando carteles con el nombre del sitio o cambiando los decorados continuamente...

DIRECTOR. ¡Pues claro! Hay que combinar los hechos, agruparlos en acciones simultáneas y muy intensas. No como usted pretende, que primero quiere ver a su hermano que vuelve de la escuela y deambula como una sombra por las habitaciones, que se esconde detrás de las puertas madurando una idea en la que..., ¿cómo dijo usted?

HIJASTRA. En la que se desuca, señor, se desuca todo[23].

DIRECTOR. Es la primera vez que oigo esa palabra, pero bueno... Un muchacho al que parece que sólo le crezcan los ojos, ¿vale así?

HIJASTRA. ¡A la vista está! *(Señala al* MUCHACHO, *junto a la* MADRE.*)*

DIRECTOR. ¡Qué bien! Y además quiere usted ver, al mismo tiempo, a la niña que juega, incauta, en el huerto. Uno dentro de casa y la otra fuera, ¿se da cuenta?

HIJASTRA. ¡Al sol, contenta! ¡Mi única recompensa, su alegría, su felicidad en aquel huerto! Sacada de la miseria, de una horrenda y sórdida habitación donde dormíamos los cuatro. ¡Y yo con ella, dése cuenta, yo, qué horror, con mi cuerpo infectado a su lado, y ella que

---

[23] El término italiano, *dissugare,* es presentado en el volumen cuarto del *Grande dizionario della lingua italiana* (Turín, 1971) como «literario». C. Battisti y G. Alessio (*Dizionario etimologico italiano,* vol. II, Florencia, 1975) lo dan como palabra anticuada, del siglo XVIII. Su correspondiente español, *desucar,* es incluido por J. Corominas (*Diccionario crítico etimológico castellano e hispánico,* vol. III, Madrid, 1989), bajo *jugo,* como cultismo.

me abrazaba, que se apretaba contra mí, con sus bracitos cariñosos e inocentes! En el huerto, en cuanto me veía, corría a cogerme de la mano. No le gustaban las flores grandes, buscaba las más *chititinas,* y me las quería enseñar, y me hacía muchas fiestas, siempre, siempre...

(Destrozada por el recuerdo, rompe a llorar larga y amargamente, abandonando la cabeza entre sus brazos desmayados, sobre la mesa. Todos acabarán vencidos por la emoción. El Director *se le acerca, paternalmente casi, y le dice para consolarla.)*

Director. Habrá un huerto, no se preocupe, habrá un huerto. Ya verá como le gusta. Agruparemos en él las distintas escenas. *(Llama por su nombre a uno de los* Montadores.*)* ¡Eh, mándame para acá un bastidor con un par de árboles, unos cipreses para poner aquí al lado de la alberca! *(Se ve bajar el bastidor desde lo alto del escenario. Acude el* Tramoyista *para clavar en las tablas los soportes. El* Director, *a la* Hijastra.*)* Por ahora lo ponemos así, sólo para dar una idea. *(Vuelve a llamar al* Montador.*)* ¡Dame ahora algo de cielo!
Montador. *(Desde arriba.)* ¿Qué?
Director. ¡Un cielo, hombre, un fondo de cielo que caiga por aquí detrás de la alberca! *(Se ve bajar desde lo alto del escenario una tela blanca.)* ¡Blanco no, hombre! ¡Un cielo, te he dicho! Déjalo, anda, déjalo; ya lo arreglo yo. *(Llamando.)* ¡A ver, el electricista! Apaga todo; quiero un ambiente... un claro de luna, eso es: diablas azules... y la tela también azul, con el foco... Muy bien; vale así. *(Se ha formado, según las instrucciones del* Director, *una escenografía iluminada por una luna misteriosa, que induce a los* Actores *a moverse y a hablar como si realmente estuvieran en un huerto una noche de luna. El* Director, *a la* Hijastra.*)* ¡Ya está! ¿Lo ve? Y ahora el muchacho, en vez de esconderse tras las puertas de las habitaciones, podría deambular por el huerto y esconderse detrás de los árboles. Pero, como comprenderá, será difícil encontrar a una

niña que sepa hacer bien la escena de las flores. (*Se dirige al* MUCHACHO.) ¡Ven para acá, chico, ven! Vamos a
ver si nos aclaramos un poco. (*Al ver que permanece en su
sitio.*) ¡Venga, hombre! (*Va él mismo a buscarlo, y se lo trae
procurando que mantenga erguida la cabeza, que el* MUCHACHO
deja caer una y otra vez.) ¡Bueno, otro problema, el niño
este! Pero ¿qué pasa? ¡Si por lo menos dijera algo...! (*Se
le acerca de nuevo, lo coge por los hombros y lo conduce detrás de los
árboles.*) Por aquí, a ver qué tal. Escóndete... Así... Ahora asoma un poco la cabeza, como si estuvieras al ace-
cho de algo... (*Se aparta para observar el efecto; los* ACTORES
*se quedan asombrados, hasta algo asustados, ante la acción ejecu-
tada por el* MUCHACHO.) ¡Estupendo, estupendo! (*Se dirige a la* HIJASTRA.) ¿Y si la niña, descubriéndolo en esa
actitud, se le acercara y le sacara por lo menos alguna
palabra?

HIJASTRA. (*Se pone en pie.*) No espere que hable mientras
ése esté presente. (*Señala al* HIJO.) Sería necesario que
antes lo echara de aquí.

HIJO. (*Encaminándose decidido hacia una de las escaleras.*) ¡Por
mí, cuando quieran! ¡Encantado! ¡No deseo otra cosa!

DIRECTOR. (*Reteniéndolo enseguida.*) ¡No, espere! ¿Dónde
va?

(*La* MADRE *se levanta como aturdida, angustiada ante la
idea de que de verdad se vaya, y alza los brazos instintiva-
mente como para impedírselo, sin moverse de su lugar.*)

HIJO. (*Ya en el proscenio, al* DIRECTOR *que lo retiene.*) ¡Yo no
tengo nada que hacer aquí! ¡Deje que me vaya, por favor, déjeme!

DIRECTOR. ¿Cómo que no tiene nada que hacer?

HIJASTRA. (*Plácida e irónicamente.*) No hace falta que se lo
impida; no se irá.

PADRE. ¡Tiene que interpretar con su madre la terrible escena del huerto!

HIJO. (*Inmediatamente, decidido, furioso.*) ¡Yo no interpreto
nada, ya lo dije al principio! (*Al* DIRECTOR.) ¡Deje que
me vaya!

HIJASTRA. (*Se acerca a ellos, dirigiéndose al* DIRECTOR.) ¿Me permite? (*Aparta del* HIJO *los brazos del* DIRECTOR.) ¡Déjelo! (*A continuación, en cuanto el* DIRECTOR *lo suelta, se dirige al* HIJO.) ¡Ya está! ¡Vete! (*El* HIJO *permanece junto a la escalera, como sujeto por un poder oculto que le impide descender; luego, entre el asombro, la consternación y la incredulidad de los* ACTORES, *avanza lentamente por el proscenio en dirección a la otra escalera del escenario; al llegar allí, permanece igualmente detenido sin poder descender. La* HIJASTRA, *que ha seguido sus movimientos con una mirada desafiante, estalla en una carcajada.*) ¿Lo ve? ¡No puede, no puede! Debe permanecer aquí, a la fuerza, atado a una cadena de la que no puede liberarse. ¡Si hasta yo, que he de levantar el vuelo cuando suceda lo que tiene que suceder, y precisamente por el odio que siento hacia él, para no volver a verlo, si hasta yo estoy aquí todavía soportando su vista y su compañía, figúrese si se va a ir él, él que es el que de verdad habrá de quedarse aquí, con su buen padre, y con esa madre, ya sin más hijos que él! (*Dirigiéndose a la* MADRE.) ¡Venga, mamá! (*Dirigiéndose al* DIRECTOR, *señalándole a la* MADRE.) Mire, se había levantado, se había levantado para retenerlo. (*A la* MADRE, *casi atrayéndola como por efecto de magia.*) Ven, ven... (*Al* DIRECTOR.) Imagínese qué ánimos puede tener ella como para mostrar a sus actores lo que siente; pero es tan fuerte su anhelo de acercarse a él que está dispuesta a vivir su escena, ahí la tiene.

(*En efecto, la* MADRE *se habrá ido acercando y, en cuanto la* HIJASTRA *pronuncie las últimas palabras, abrirá los brazos en señal de asentimiento.*)

HIJO. (*Inmediatamente.*) ¡Pero yo no! ¡Yo no! Si no me puedo ir, me quedaré. ¡Pero le repito que no hago nada!
PADRE. (*Al* DIRECTOR, *muy agitado.*) ¡Oblíguelo!
HIJO. ¡Nadie puede obligarme!
PADRE. ¡Lo haré yo!
HIJASTRA. ¡Esperad, esperad! Primero, la niña a la alberca. (*Corre a coger a la* NIÑA, *se acuclilla ante ella, le acaricia la*

cara.) ¡Cariño mío, pobrecita mía, todo lo miras tú, amedrentada, con esos ojos preciosos! ¡Quién sabe dónde crees que estás! Estamos en un escenario, ¿sabes? Y ¿qué es un escenario? ¿No lo ves? Un lugar donde se juega a hacer las cosas de verdad. Se hacen comedias. Y también nosotros haremos ahora una. Pero de verdad, ¿sabes? Tú también. (*La abraza, apretándosela contra el pecho y acunándola.*) ¡Cariño mío, cariño mío, qué comedia tan fea tienes que hacer tú! ¡Qué cosa tan horrible te ha tocado! El huerto, la alberca... Es de mentira, ya lo sabemos. Y eso es lo peor, bonita mía, que aquí todo es mentira. Aunque a lo mejor te gusta más una alberca de mentira que de verdad; así puedes jugar, ¿eh? Pero no, para los demás será un juego; para ti sin embargo no, cariño mío, porque tú eres de verdad y juegas de verdad, en una alberca de verdad, y bonita, y grande, y verde, con muchas cañas de bambú que le dan sombra y que se reflejan, y muchos patitos nadando en ella y rompiendo la sombra. Y tú quieres coger uno de los patitos... (*Con un grito que llena a todos de angustia.*) ¡No, mi niña, Rosita mía, no! La mamá no se ocupa de ti, por culpa de ese infame, de su hijo. Yo estoy, como siempre, dándole vueltas a la rabia que siento. Y él... (*Deja a la* NIÑA *y se dirige al* MUCHACHO *con el tono habitual.*) ¿Qué haces tú ahí, siempre igual, como un mendigo? Será también responsabilidad tuya si se ahoga la niña; todo el día así, como si para traeros a esta casa yo no hubiera pagado ya por vosotros. (*Lo sujeta de un brazo para obligarle a sacar la mano del bolsillo.*) ¿Qué tienes ahí escondido? ¡Enséñame la mano! (*Cuando consigue sacarle la mano, entre el horror de todos, se descubre que el* MUCHACHO *empuña una pistola. Lo mira un momento, sosegada; luego añade, con aire de misterio.*) ¿Dónde la has conseguido? (*El* MUCHACHO, *asustado, con sus inertes ojos exageradamente abiertos, no responde.*) ¡Idiota! Yo, en tu lugar, en vez de matarme, mataría a uno de ésos; o a los dos, al padre y al hijo. (*Vuelve a dejarlo tras los árboles desde donde acechaba; coge a la* NIÑA *después y la introduce en la alberca, dejándola tendida para que quede oculta; ella, por fin, se abando-*

na a sí misma, el rostro entre los brazos apoyados en el borde de la alberca.)

DIRECTOR. ¡Magnífico! (*Dirigiéndose al* HIJO.) Y al mismo tiempo...

HIJO. (*Desdeñoso.*) ¡Ni al mismo tiempo ni nada! ¡No es cierto! ¡No hubo ninguna escena entre ella y yo! (*Señala a la* MADRE.) Que se lo diga ella misma cómo sucedió.

(Entretanto, la SEGUNDA ACTRIZ *y el* ACTOR JOVEN *se habrán apartado del grupo de los* ACTORES; *ella se ha puesto a observar a la* MADRE, *frente a la cual se ha situado, con suma atención; él, para poder interpretar bien la escena, hará lo propio con el* HIJO.)

MADRE. Es verdad. Yo había entrado en su habitación.

HIJO. En mi habitación, ¿ha quedado claro? ¡No en el huerto!

DIRECTOR. ¡Y qué más da! Ya he dicho que se trata de agrupar las acciones.

HIJO. (*Percatándose del modo en que lo observa el* ACTOR JOVEN.) ¿Qué quiere usted?

ACTOR JOVEN. Nada; sólo le estoy mirando.

HIJO. (*A la* SEGUNDA ACTRIZ, *dándose la vuelta.*) ¿También usted? ¿Para hacerlo igual que ella? (*Señala a la* MADRE.)

DIRECTOR. Exactamente, sí señor. Y debería agradecérseles, creo yo, la atención que ponen.

HIJO. ¡Desde luego! Muchas gracias. Pero ¿todavía no se ha dado cuenta de que esta obra es imposible? Nosotros no estamos dentro de usted, y sus actores lo único que hacen es fijarse en nuestra apariencia. ¿Cree que se puede vivir ante un espejo que, no contento con inmovilizarnos en la imagen de nuestra propia expresión, nos la ofrece además como una irreconocible mueca de nosotros mismos?

PADRE. ¡Es verdad, es verdad! ¡Convénzase!

DIRECTOR. (*Al* ACTOR JOVEN *y a la* SEGUNDA ACTRIZ.) Está bien, retírense.

HIJO. Es inútil. Yo no me presto.

DIRECTOR. Cállese, por favor. Déjeme oír a su madre. (*A la* MADRE.) Bueno, ¿había entrado usted...?

MADRE. Sí señor, ya no podía más. Entré en su habitación para liberar a mi corazón de toda la angustia que lo oprime. Pero en cuanto él me vio entrar...

HIJO. Salí, me fui porque no quería saber nada. Nunca me han gustado los dramas, ¿se entera?

MADRE. Es verdad. Así fue.

DIRECTOR. Pero ahora no hay más remedio que representar ese encuentro entre ustedes. Es indispensable.

MADRE. Yo estoy dispuesta. ¡Ojalá me ofrezca usted la posibilidad de hablar con él un momento, de poder decirle todo lo que guardo en mi corazón!

PADRE. (*Acercándose al* HIJO, *violento.*) ¡Tienes que hacerlo por tu madre, por tu madre!

HIJO. (*Absolutamente decidido.*) ¡No pienso hacer nada!

PADRE. (*Agarrándolo por el pecho y zarandeándolo.*) ¡Obedécela, por Dios! ¿No la escuchas? ¿No tienes entrañas?

HIJO. (*Agarrándolo a su vez.*) ¡No! ¡No! ¡Acaba de una vez!

(*Agitación general. La* MADRE, *asustada, intentará interponerse para separarlos.*)

MADRE. (*Con extrema turbación.*) ¡Por Dios! ¡Por Dios!

PADRE. (*Sin soltar al* HIJO.) ¡Te he dicho que la obedezcas!

HIJO. (*Debatiéndose con él, acaba tirándolo al suelo junto a la escalera, en medio de la consternación general.*) ¿Qué significa toda esta locura? ¡Le da igual hacer pública su vergüenza, nuestra vergüenza! ¡Pues a eso yo no me presto! ¡Y hago mía la voluntad de quien se negó a convertir nuestra vida en un espectáculo!

DIRECTOR. Sin embargo, han venido aquí.

HIJO. (*Señalando al* PADRE.) ¡Él, no yo!

DIRECTOR. También usted.

HIJO. Él fue quien quiso venir, arrastrándonos a todos, prestándose incluso a concordar con usted, como si no fuera bastante lo que en verdad ocurrió, hasta escenas que nunca tuvieron lugar.

DIRECTOR. ¡Dígame entonces lo que ocurrió, dígamelo!
  ¿Salió usted de su habitación sin decir nada?
HIJO. (*Dudando un momento.*) ¡Nada! Ya le he dicho que no
  me gustan los dramas.
DIRECTOR. (*Que intenta hacerle hablar.*) Y luego, ¿qué hizo?
HIJO. (*Que da algunos pasos por el proscenio, entre la ansiosa aten-
  ción de todos.*) Nada..., me dirigí al huerto... (*Se detiene,
  absorto, esquivo.*)
DIRECTOR. (*Animándolo a hablar, impresionado por su reserva.*)
  ¿Y en el huerto?
HIJO. (*Cubriéndose desesperadamente el rostro con un brazo.*) ¿Por
  qué quiere que se lo diga? ¡Es horroroso!

  (*La* MADRE, *entre gemidos ahogados, se estremece mientras
  mira en dirección a la alberca.*)

DIRECTOR. (*Percibiendo esa mirada, se dirige en voz baja al
  HIJO, con un desasosiego cada vez mayor.*) ¿La niña?
HIJO. (*Mirando hacia adelante, al patio de butacas.*) Ahí, en la
  alberca...
PADRE. (*Aún en el suelo, señalando con piedad a la* MADRE.) ¡Y
  ella iba tras él, señor!
DIRECTOR. (*Al* HIJO, *ansioso.*) Y ¿usted qué hizo?
HIJO. (*Lentamente, mirando siempre hacia adelante.*) ¡Fui hacia
  ella, corriendo, para salvarla! Pero me detuve, de golpe, porque vi detrás de los árboles algo que me heló la
  sangre: vi al niño, a su hermano, que estaba allí, quie-
  to, con ojos de loco, mirándola ahogada en la alberca.
  (*La* HIJASTRA, *que sigue encorvada junto a la alberca ocultando
  a la* NIÑA, *responde sollozando amargamente, como un profundo
  eco. Pausa.*) Me dirigí hacia él, y entonces... (*Detrás de los
  árboles, donde está escondido el* MUCHACHO, *se oye un disparo.*)
MADRE. (*Corre hacia allí, con un grito desgarrador, al igual que el
  HIJO y que todos los* ACTORES, *entre el alboroto general.*)
  ¡Hijo! ¡Hijo mío! (*En medio de la confusión y de los gritos de
  los demás.*) ¡Socorro, socorro!
DIRECTOR. (*Intentando abrirse camino mientras todos gritan,
  viendo que se llevan al* MUCHACHO, *cogido de pies y cabeza, tras
  la tela blanca.*) ¿Está herido? ¿De verdad? ¿De verdad?

(*Todos, excepto el* DIRECTOR *y el* PADRE, *que está aún en el suelo al lado de la escalera, desaparecerán tras la tela que hace de cielo y permanecerán allí comentando asustados lo sucedido. Al cabo de un momento reaparecerán en escena los* ACTORES, *saliendo de detrás de la tela por ambos lados.*)

PRIMERA ACTRIZ. (*Que aparece por la derecha, apenada.*) ¡Ha muerto! ¡Pobre niño! ¡Muerto, Dios mío!

PRIMER ACTOR. (*Que aparece por la izquierda, riendo.*) ¡Qué va! No se lo crea, no es más que un golpe de efecto.

VARIOS ACTORES. (*Apareciendo por la derecha.*) ¿Qué dice? ¡Es verdad! ¡Ha muerto!

OTROS ACTORES. (*Apareciendo por la izquierda.*) ¡Pura fantasía, señores, pura fantasía!

PADRE. (*Levantándose, gritando en medio de todos.*) ¡No! ¡Es verdad! ¡Su muerte... es real! (*Desaparece, desesperado, tras la tela.*)

DIRECTOR. (*Ante lo insostenible de la situación.*) ¡Fantasía... realidad! ¡En mala hora...! ¡Luces! ¡Luces! (*Inmediatamente, todas a un tiempo, intensas luces alumbran tanto el escenario como el patio de butacas. El* DIRECTOR *suspira como quien sale de una pesadilla; todos se miran entre sí, perplejos y desorientados.*) ¡Que me pase a mí esto! ¡Un día perdido! (*Mira su reloj.*) ¡Vayánse, váyanse! Es ya muy tarde para continuar el ensayo, ¡qué le vamos a hacer! Hasta la noche. (*En cuanto se van los* ACTORES, *despidiéndose de él.*) ¡Electricista! ¡Apáguelo todo! (*Apenas lo dice, el teatro queda un instante en la más absoluta oscuridad.*) ¡Eh! ¡Encienda siquiera una bombilla, que no veo ni dónde pongo los pies!

(*Enseguida, tras la tela, como por error, se encenderá un foco verde que proyecta las grandes sombras alargadas de los* PERSONAJES, *excepto las del* MUCHACHO *y la* NIÑA. *El* DIRECTOR, *al verlo, huirá del escenario, aterrorizado. Se apagará entonces el foco que ilumina la tela y el escenario recobrará la luz azul, nocturna, de antes. Lentamente, por la derecha de la tela, aparecerá el* HIJO, *y a continuación la* MA-

DRE *con los brazos tendidos hacia él; después, por la izquierda, el* PADRE. *Se detendrán en el centro del escenario y permanecerán allí, inmóviles, como fantasmas. En último lugar aparecerá, por la izquierda, la* HIJASTRA, *corriendo hacia una de las escaleras; se detendrá en el primer peldaño para mirar un momento a los otros tres, y estallará en una estridente carcajada; seguirá corriendo, escaleras abajo y a lo largo del pasillo central; una vez más se detendrá, y reirá de nuevo mirando a los tres que permanecen en el escenario; desaparecerá del patio de butacas, pero aún, desde el vestíbulo, se escuchará una última carcajada. Telón.*)

CADA CUAL A SU MANERA

PREMISA

La representación de esta comedia debería comenzar en la calle o, mejor dicho, en la plaza del teatro, con una noticia que anuncian dos o tres vendedores de un llamado Periódico de la Tarde *impreso al efecto en una hoja suelta, de suerte que pueda semejar una edición extraordinaria; en ella, con bien evidentes y grandes caracteres, en el centro, se ha de incluir, en ejemplar estilo periodístico, la siguiente noticia reservada:*

EL SUICIDIO DEL ESCULTOR LA VELA
Y EL ESPECTÁCULO DE ESTA NOCHE
EN EL TEATRO... (El nombre del Teatro)

En el mundo del teatro se ha difundido inesperadamente una noticia destinada a suscitar un enorme escándalo. Parece ser que Pirandello, en su nueva comedia *Cada cual a su manera,* que se representa esta noche en el Teatro..., se ha inspirado en el trágico suicidio, acaecido hace algunos meses en Turín, del joven y llorado escultor Giacomo La Vela. Como se recordará, el artista, al descubrir en su estudio de la calle Montevideo las relaciones íntimas de su prometida, la famosa actriz A. M. con el barón N., en lugar de arremeter contra los culpables, dirigió el arma hacia sí mismo y se mató.

Según parece, además, el barón N. debía casarse con una hermana del escultor. La impresión causada por el trágico suceso perdura todavía, vivísima, no sólo por la fama que había alcanzado, tan joven, Giacomo La Vela, sino además por la posición social y la notoriedad de los otros dos personajes de la tragedia. Es muy probable que todo ello acarree desagradables sorpresas durante la función de esta noche.

No sólo esto. Los espectadores que acudan al teatro, al comprar las entradas, podrán ver, cerca de la taquilla, a la actriz cuyas iniciales, A. M., ha publicado el periódico; se trata de la propia Amelia Moreno, entre tres señores de smoking *que intentan en vano convencerla para que renuncie a su propósito de entrar en el teatro y acudir al espectáculo; quieren disuadirla; le ruegan que esté tranquila y que, por lo menos, no se haga notar entre tanta gente que podría reconocerla; su sitio no es ése; permita que la acompañemos, por favor; ¿quiere provocar un escándalo? Pero ella, pálida, alterada, dice que no, que no; quiere quedarse allí, quiere ver la comedia, hasta dónde llega la insolencia del escritor; se lleva el pañuelo a la boca y lo muerde; se hace notar, pero, al darse cuenta, quisiera esconderse o emprenderla con la gente; repite continuamente a sus amigos que quiere un palco alto; se pondrá detrás para que no la vean, que vayan, que vayan a comprar las entradas; promete que no formará ningún escándalo; que se irá si no puede resistirlo; un palco alto; bueno, ¿quieren que vaya ella misma por las entradas?*

Esta escena ha de improvisarse de modo tan natural que parezca verdadera; debe empezar unos minutos antes de la hora fijada para el inicio del espectáculo, y durar, entre la sorpresa, la curiosidad y quizá incluso un cierto desasosiego de los espectadores reales que se dispongan a entrar, hasta que se oiga el timbre en el interior del teatro.

Entretanto, y contemporáneamente, los espectadores que ya hayan entrado y los que poco a poco vayan entrando, se encontrarán, en el vestíbulo del teatro, o en el corredor inmediato a la platea, otra sorpresa, otro motivo de curiosidad y quizá de desasosiego, en otra escena que ha de representar allí el barón Nuti con sus amigos.

«Tranquilizaos, tranquilizaos; ya me he calmado, ¿veis? Estoy perfectamente; y os aseguro que me calmaré más aún si os vais. ¡Permaneciendo a mi alrededor atraéis las miradas de todo el mundo! Dejadme solo, que así nadie se fijará en mí. Soy un espectador más. ¿Qué voy a estar haciendo aquí? Sé que ella vendrá, si no ha llegado

ya; quiero volver a verla, sólo eso; que sí, que sí, no me acercaré; me conformo con eso, tenedlo por seguro. Pero bueno, ¿os queréis ir ya? ¡No me hagáis dar un espectáculo aquí, delante de esta gente que ha venido a divertirse a mi costa! ¿Cómo os lo tengo que decir? ¡Quiero estar solo! Sí, tranquilo, tranquilo. ¿Más aún?»

Y se moverá hacia un lado y hacia otro, los ojos alterados, hecho un manojo de nervios, hasta que todos los espectadores hayan entrado.

Todo ello habrá servido para que el público entienda por qué, en los carteles anunciadores de la función, la dirección del teatro ha estimado conveniente hacer que aparezca la siguiente nota: No es posible precisar el número de actos de esta comedia, que podrán ser dos o tres, a causa de los probables incidentes que quizá impidan su completa representación.

Cada cual a su manera

PERSONAJES

Los determinados en la comedia que se representa en el escenario:

DELIA MORELLO. MICHELE ROCCA. La anciana señora DOÑA LIVIA PALEGARI y sus invitados, viejos amigos y amigas de la casa. DORO PALEGARI, su hijo, y DIEGO CINCI, un joven amigo suyo. FILIPPO, viejo mayordomo de la casa. FRANCESCO SAVIO, el impugnador, y su amigo PRESTINO. Otros amigos, el MAESTRO DE ESGRIMA, un criado.

*

Los que intervienen en los entreactos, en el vestíbulo del teatro:

AMELIA MORENO (*a la que todos conocen*). EL BARÓN NUTI. EL DIRECTOR. ACTORES y ACTRICES. EL EMPRESARIO. EL ADMINISTRADOR DE LA COMPAÑÍA. PORTEROS DEL TEATRO. POLICÍAS. CINCO CRÍTICOS TEATRALES. UN VIEJO ESCRITOR FRACASADO. UN JOVEN ESCRITOR. UN LITERATO QUE NO SE DIGNA ESCRIBIR. EL ESPECTADOR PACÍFICO. EL ESPECTADOR AIRADO. ALGUNOS PARTIDARIOS. MUCHOS CONTRARIOS. EL ESPECTADOR MUNDANO. OTROS ESPECTADORES. SEÑORAS Y SEÑORES.

ACTO PRIMERO

Nos encontramos en el antiguo palacio de la noble señora Doña
Livia Palegari, *a la hora de la recepción, que está a punto de
terminar. Al fondo, más allá de tres arcos con sus respectivas columnas, se verá un riquísimo salón muy iluminado, lleno de invitados, señoras y señores. En la parte delantera, menos iluminada, veremos
una sala entelada de damasco oscuro, cuyas paredes adornan muy
preciados cuadros, la mayoría de tema sagrado; de suerte que nos parece hallarnos en la capilla de una iglesia, en la cual el salón del fondo, tras las columnas, fuera la nave central. En la sala habrá simplemente un banco y algunas butacas para mayor comodidad de quien
desee admirar las telas que cuelgan de las paredes. Ninguna puerta.
Llegarán desde el salón algunos invitados, en grupos de dos o tres personas, para comentar entre ellos, discretamente, asuntos confidencia-
les. Al levantarse el telón encontramos allí a un* Viejo Amigo *de
la casa y a un* Joven delicado *que conversan entre sí.*

Joven delicado. (*Con una cabecita maltratada, como un pájaro
    sin plumas.*) ¿Y usted qué piensa?
Viejo. (*Bien plantado, seguro, aunque un tanto malicioso, suspi-
    rando.*) ¡Qué pienso yo! (*Pausa.*) No sabría decirle.
    (*Pausa.*) ¿Qué se dice por ahí?
Joven delicado. Unos una cosa, otros otra...
Viejo. Ya se sabe. Cada uno tiene su opinión.
Joven delicado. Pero nadie, si he de decirle la verdad,
    parece afirmarse con seguridad en ella; todos, como
    usted, antes de manifestarse, quieren saber lo que dicen
    los demás.
Viejo. Yo sí me afirmo con seguridad en mi opinión;

pero es evidente que la prudencia, ya que no quiero hablar por hablar, me aconseja que me entere si los demás conocen algo que yo ignoro y que podría modificarla en parte.

Joven delicado. Pero, ¿por lo que sabe hasta ahora...?

Viejo. ¡Nunca se sabe todo, amigo mío!

Joven delicado. Las opiniones, en ese caso...

Viejo. Yo mantengo la mía, es decir, la mantengo hasta que no se me demuestre lo contrario.

Joven delicado. Perdóneme, pero al admitir que nunca se sabe todo, ya presupone usted que existen pruebas en sentido contrario.

Viejo. (*Reflexiona un momento mientras lo mira, sonríe y le pregunta.*) Y con todo esto quiere usted concluir que yo no tengo opinión alguna, ¿no es cierto?

Joven delicado. Si seguimos su razonamiento, nadie podría tenerlas jamás.

Viejo. ¿Y no le parece que eso ya es una opinión?

Joven delicado: ¡Claro! Pero negativa.

Viejo. ¡Más vale eso que nada, amigo mío!

(*Lo cogerá del brazo y se dirigirá con él hacia el salón. Pausa. En el salón, algunas muchachas ofrecen té y pastas a los invitados. Entrarán en la sala, cautelosas, dos* Jóvenes señoras.)

La primera. (*Impetuosa, ansiosa.*) ¡Estoy en ascuas! ¡Cuéntame, cuéntame! ¡Ay, qué alegría!

La otra. Ten en cuenta que es solamente una impresión mía...

La primera. Si te ha dado esa impresión, significa que algo hay de verdad. ¿Estaba pálido? ¿Sonreía tristemente?

La otra. Eso me pareció.

La primera. No tenía que haber dejado que se fuera, me lo decía el corazón. Le tuve cogida la mano hasta la puerta; había dado ya un paso más allá de la puerta y yo aún le cogía la mano. Nos habíamos besado, nos habíamos separado, pero ellas no, nuestras manos no se sol-

taban. Cuando cerré la puerta me abandoné, destrozada por las lágrimas. Pero dime, cuéntame: ¿no hizo
ninguna alusión?

La otra. ¿A qué?

La primera. Bueno..., quiero decir que..., así, en general,
como a veces se hace...

La otra. No, no hablaba; escuchaba lo que decían los
demás.

La primera. ¡Claro! Él sabe el dolor que podemos provocar con esta maldita manía de hablar. Mientras alguna
duda existiera en nosotros deberíamos permanecer con
los labios cerrados. Hablamos, hablamos, y ni siquiera
nosotros mismos sabemos lo que decimos... Pero, ¿estaba triste? ¿Sonreía tristemente? ¿No recuerdas lo que
decían los demás?

La otra. No lo recuerdo. Pero no querría que te hicieras
ilusiones. Ya sabes lo que pasa. Uno puede engañarse.
Quizá lo que mostraba era indiferencia y a mí me pareció que sonreía tristemente... Espera, espera. Sí, cuando uno de ellos dijo...

La primera. ¿Qué?

La otra. Espera.. Fue una frase... Sí: «Las mujeres, como
los sueños, nunca son como las deseas.»

La primera. Pero no la diría él... Dime la verdad.

La otra. No, no.

La primera. ¡Ay, Dios mío! Y yo que no sé si me equivoco o no me equivoco. ¡Yo que me he preciado siempre
de hacer lo que quería! Soy buena, pero puedo ser muy
mala; y ¡ay de él!

La otra. No quisiera que dejaras de ser como eres.

La primera. ¿Y cómo soy? ¡Ya no lo sé, te lo juro! Todo
cambia, todo es etéreo, sin consistencia. Me muevo hacia un lado y hacia otro, me río, me aparto a llorar en
un rincón. ¡Qué inquietud! ¡Qué angustia! ¡Y me cubro
la cara continuamente, a mí misma me la tapo, todo
este vaivén me avergüenza!

(*Acuden en este momento otros cuatro invitados: dos* Jóvenes aburridos, *muy elegantes, y* Diego Cinci.)

El primero. ¿Molestamos?

La otra. No, en absoluto. Adelante.

El segundo. Esto parece un confesionario.

Diego. Desde luego. Doña Livia debería tener aquí a un sacerdote a disposición de sus invitados.

El primero. ¡Nada de curas! ¡La conciencia, la conciencia!

Diego. ¡Ya! ¿Para qué?

El primero. ¿Cómo que para qué? ¿La conciencia, para qué?

El segundo. (*Solemne.*) «Mea mihi conscientia pluris est quam hominum sermo.»

La otra. ¿Habla usted en latín?

El segundo. Cicerón, señora. Aún me acuerdo del colegio.

La primera. ¿Qué significa?

El segundo. (*Solemne, otra vez.*) «Tengo más en cuenta el testimonio de mi conciencia que las palabras de los hombres.»

El primero. Otros, más modestamente, decimos: «Tengo mi conciencia, y me basta.»

Diego. Si estuviéramos solos.

El segundo. (*Sorprendido.*) ¿Qué quiere decir si estuviéramos solos?

Diego. Que en ese caso sí que nos bastaría. Pero es que ni siquiera existiría la conciencia. Desgraciadamente, amigos míos, yo existo, pero existís también vosotros. ¡Desgraciadamente!

La primera. ¿Desgraciadamente dice?

La segunda. ¡No es lo que se dice muy educado!

Diego. ¡Porque hemos de tener siempre en cuenta a los demás, siempre, queridas señoras!

El segundo. ¡En absoluto! ¡Yo tengo mi propia conciencia!

Diego. Pero ¿no ves que tu conciencia significa precisamente que los demás están dentro de ti?

El primero. ¡Las paradojas de siempre!

Diego. ¿Dónde está la paradoja? (*Al segundo.*) Vamos a ver, ¿qué quiere decir que tienes tu conciencia, y te basta? Que los demás pueden pensar de ti lo que quieran, que pueden juzgarte como quieran, incluso injustamente, porque tú estás tranquilo y conforme contigo mismo. ¿Es cierto?

El segundo. ¡Desde luego!

Diego. ¡Muy bien! ¿Y quiénes, sino los demás, te dan esa seguridad? ¿Quién te da esa tranquilidad?

El segundo. ¡Yo mismo! ¡Precisamente mi conciencia! ¡Faltaría más!

Diego. Porque crees que los demás, en tu lugar, si a ellos les hubiera sucedido lo mismo que a ti, habrían obrado como tú. ¡Por eso, sólo por eso! Y además porque, sin descender demasiado a los casos concretos y particulares de la vida..., pues... hay ciertos principios abstractos y generales a propósito de los cuales todos podemos estar de acuerdo, ¡cuesta tan poco! Pero mira: si tú te encierras desdeñoso en ti mismo y sostienes que posees tu conciencia y te basta, es porque sabes que los demás te condenan, no aprueban lo que haces, hasta se ríen de ti; si no, no lo dirías. El hecho es que los principios siguen siendo abstractos; nadie consigue verlos como tú en la situación por la que tú has pasado, ni verse a sí mismo en la acción en la que tú te has visto. ¿De qué te sirve entonces tu conciencia, me lo quieres decir? ¿Para sentirte solo? No, por Dios. La soledad te asusta. ¿Qué puedes hacer? Imaginas muchas cabezas, todas como la tuya: muchas cabezas que no son sino la tuya misma, y que, en un momento determinado, tirando de un hilo, dicen que sí o que no, lo que tú quieras. Y esto te da tranquilidad, seguridad. ¡Desde luego es un juego estupendo el de esa conciencia tuya, que te basta!

La primera. Ya es tarde. Hemos de irnos.

La otra. Sí, ya se van todos. (*A* Diego, *como si estuviera escandalizada.*) ¡Qué cosas dice!

El primero. Vámonos, vámonos también nosotros.

(*Volverán al salón para cumplimentar a la dueña de la casa. En el salón quedarán ya pocos invitados, que se des-*

piden de DOÑA LIVIA, *la cual al final se adelanta, turbada, y retiene a* DIEGO CINCI. *Ambos entrarán en la sala, seguidos por el* VIEJO AMIGO *de la casa que ya conocemos y por un* SEGUNDO VIEJO AMIGO.)

DOÑA LIVIA. (*A* DIEGO.) No, por favor, no se vaya todavía. Usted es el mejor amigo de mi hijo. Estoy muy confusa. Dígame, dígame si es cierto lo que me han contado estos viejos amigos.

PRIMER VIEJO. Se trata sólo de suposiciones, Doña Livia, no nos precipitemos.

DIEGO. ¿Acerca de Doro? ¿Qué le ha pasado?

DOÑA LIVIA. (*Sorprendida.*) ¿Cómo? ¿No sabe usted nada?

DIEGO. No. No será nada grave, supongo. Yo lo sabría.

SEGUNDO VIEJO. (*Entornando los ojos, como para atenuar la gravedad de lo que dice.*) El escándalo de anoche...

DOÑA LIVIA. ¡En casa de los Avanzi! Su defensa de... de esa... ¿cómo se llama? ¡De esa mujerzuela!

DIEGO. ¿Qué escándalo? ¿A qué mujer se refiere?

PRIMER VIEJO. A esa tal Morello.

DIEGO. Ah, a Delia Morello.

DOÑA LIVIA. Entonces, ¿la conoce usted?

DIEGO. ¿Y quién no, señora?

DOÑA LIVIA. ¿Doro también? Entonces es verdad, la conoce...

DIEGO. Pues sí, la conocerá... Pero, ¿qué escándalo es ese?

DOÑA LIVIA. (*Al* PRIMER VIEJO.) Y usted que decía que no...

DIEGO. Todo el mundo la conoce, señora. ¿Qué ha pasado?

PRIMER VIEJO. Bueno, lo que yo he dicho es que quizá ni siquiera había hablado con ella...

SEGUNDO VIEJO. Eso, de oídas...

DOÑA LIVIA. Pero, ¿iba a salir en su defensa, iba casi a llegar a las manos...?

DIEGO. ¿Con quién?

SEGUNDO VIEJO. Con Francesco Savio.

DOÑA LIVIA. ¡Es increíble! ¡Llegar a eso, en una casa decente, por esa mujer!

DIEGO. Bueno... quizá, enfrascado en una discusión...

Primer viejo. Eso es, en una discusión acalorada...

Segundo viejo. Es muy normal que pase.

Doña Livia. ¡No intenten engañarme, se lo ruego! (*A* Diego.) Cuéntemelo, usted lo sabe todo de Doro.

Diego. Pero tranquilícese, señora.

Doña Livia. ¡Déjeme! Su obligación, si de verdad es amigo de mi hijo, es decirme francamente todo lo que sepa.

Diego. ¡Si yo no sé nada! Además, que no será nada grave. ¿Va usted a hacer caso de simples comentarios?

Primer viejo. Hombre, tampoco es eso...

Segundo viejo. No se puede negar la fuerte impresión que ha causado.

Diego. Bueno, díganme de una vez de qué se trata.

Doña Livia. ¿Le parece poco, esa escandalosa defensa?

Diego. ¿No sabe usted, señora, que de un tiempo a esta parte sólo se habla de Delia Morello? Se dice de todo, que si va, que si viene..., en todas las tertulias, salones, cafés, redacciones... También usted habrá leído algo en los periódicos.

Doña Livia. ¡Sí, que un hombre se ha matado por ella!

Primer viejo. Un joven pintor, un tal Salvi.

Diego. Giorgio Salvi, sí.

Segundo viejo. Que al parecer prometía mucho...

Diego. Y creo que no es el primero...

Doña Livia. ¿Cómo, que hay más de uno?

Primer viejo. Sí, algún periódico lo ha publicado.

Segundo viejo. ¿Que ya se había matado otro por ella?

Diego. Un ruso, hace algunos años, en Capri.

Doña Livia. (*Sumamente agitada, escondiendo la cara entre las manos.*) ¡Dios mío! ¡Dios mío!

Diego. ¡Pero no tema usted que Doro vaya a ser el tercero! Créame, señora: todos debemos lamentar el trágico fin de un artista como Giorgio Salvi; pero, conociendo bien los hechos, tal como se desarrollaron, podría incluso plantearse una defensa de esa mujer.

Doña Livia. ¿También usted?

Diego. También yo, sí. ¿Por qué no?

Segundo viejo. ¿Desafiando la indignación general?

DIEGO. Pues sí, señores míos. Les digo que se la puede defender.

DOÑA LIVIA. ¡Mi hijo, siempre tan serio!

PRIMER VIEJO. Tan reservado...

SEGUNDO VIEJO. Tan digno...

DIEGO. Pudiera ser que, viendo rebatida su opinión, se excediera, se dejara llevar...

DOÑA LIVIA. ¡No me diga una cosa por otra, por favor! La tal Delia Morello, ¿es una actriz?

DIEGO. Es... es una loca, señora.

PRIMER VIEJO. Sí, es actriz.

DIEGO. Ha conseguido que la echen de todas las compañías, por sus extravagancias. Lo cierto es que no consigue que la contrate nadie. *Delia Morello* debe ser su nombre artístico. ¡Sabe Dios cómo se llama, quién es, de dónde ha salido!

DOÑA LIVIA. ¿Es guapa?

DIEGO. Muy guapa.

DOÑA LIVIA. ¡Todas iguales, estas condenadas! Y mi hijo la habrá conocido en algún teatro, ¿no?

DIEGO. Supongo. Habrá hablado con ella alguna que otra vez, en su camerino, si acaso. En el fondo, además, tampoco es tan terrible como todos se la imaginan; tranquilícese, señora.

DOÑA LIVIA. ¿Y los dos hombres que se han matado por ella?

DIEGO. Yo no lo haría.

DOÑA LIVIA. ¡Les habrá hecho perder la cabeza!

DIEGO. Yo no la perdería.

DOÑA LIVIA. ¡Pero yo no tengo miedo por usted, tengo miedo por Doro!

DIEGO. Pierda cuidado. Y créame que si algún daño ha causado a los demás esa pobre desgraciada, el mayor daño se lo ha hecho siempre a sí misma. Ha salido así, siempre fuera de sí, huidiza, una de esas mujeres que no saben nunca dónde van a ir a parar. Y sin embargo, muchas veces, parece una pobre niña temerosa, en busca de ayuda.

DOÑA LIVIA. (*Muy impresionada, agarrándolo por los brazos.*) ¡Diego, todo esto se lo ha dicho Doro!

DIEGO. ¡No es cierto, señora!

DOÑA LIVIA. (*Insistiendo.*) ¡Sea sincero, Diego! ¡Doro está enamorado de esa mujer!

DIEGO. ¡Que no, le digo!

DOÑA LIVIA. (*Como antes.*) ¡Sí, sí, está enamorado! ¡Esas palabras son las de un enamorado!

DIEGO. Pues las he dicho yo, no Doro.

DOÑA LIVIA. ¡No es verdad! ¡Todo eso se lo ha dicho Doro! ¡No me lo quita nadie de la cabeza!

DIEGO. (*De tal modo apremiado.*) ¡Dios mío! (*Con una inspiración inesperada; y voz decidida, tenue, sugerente.*) Señora, ¿por qué no se pone a pensar..., qué sé yo, en una calesa, un hermoso día de sol, por un camino en medio del campo?

DOÑA LIVIA. (*Que cesa en su insistencia.*) ¿Una calesa? ¿Y qué tiene que ver?

DIEGO. (*Con rabia, de verdad conmovido.*) ¿Sabe usted, señora, cómo me sorprendí una noche a mí mismo, mientras velaba a mi madre, que se moría? Observando un insecto, de alas planas y con seis patas, que había caído en un vaso de agua que estaba encima de la mesita. Ni siquiera me di cuenta de que mi madre expiraba, tan absorto como estaba admirando la confianza que aquel insecto mantenía en la agilidad de dos de sus patas, las más largas, capaces aún de moverse. Nadaba desesperadamente, se obstinaba en creer que aquellas dos patas podrían todavía encontrar un apoyo, incluso en el líquido, pero que algo que se les había enganchado en su parte extrema le impedía saltar. Como fueran vanos sus intentos, se las limpiaba insistentemente con las delanteras e intentaba de nuevo saltar. Estuve observándolo durante más de media hora. Lo vi morir, pero no vi morir a mi madre. ¿Entiende? ¡Déjeme en paz!

DOÑA LIVIA. (*Confusa, sorprendida, después de mirar a sus viejos amigos, igualmente confusos y sorprendidos.*) Perdóneme, pero no veo qué relación...

DIEGO. ¿Le parece absurdo? Usted mañana se reirá, se lo aseguro, de toda esta vana consternación a causa de su hijo; se reirá recordando la calesa que le he puesto ante los ojos para distraerla. Pero piense que yo no me puedo reír como usted cuando recuerdo ese insecto que cayó ante mis ojos mientras velaba a mi madre moribunda.

(Pausa. Doña Livia y sus amigos, luego de este brusco desvío en la conversación, volverán a mirarse entre sí absolutamente confundidos, sin conseguir ver, por más buena voluntad que ponen, qué relación tienen aquella calesa o aquel insecto con el tema que estaban tratando. Por otra parte, Diego Cinci se ha conmovido profundamente al recordar la muerte de su madre; debido a lo cual, Doro Palegari, que llega en ese momento, lo encuentra con un ánimo completamente distinto al habitual en él.)

Doro. *(Sorprendido, recorriendo a los cuatro con la mirada.)* ¿Qué pasa?

Doña Livia. *(Rehaciéndose.)* ¡Ah, ya estás aquí! Doro, hijo mío, ¿qué has hecho? Estos amigos me han contado...

Doro. *(Rápidamente, furioso.)* El famoso escándalo, ¿verdad? Que me arrastro, que estoy perdido, loco por Delia Morello, ¿no? Todos los amigos que me encuentro por la calle me hacen señas: «¿Así que Delia Morello?» Pero bueno, ¿dónde estamos? ¿En qué mundo vivimos?

Doña Livia. Pero si tú...

Doro. Yo, ¿qué? ¡Esto es increíble, palabra! ¡De cualquier cosa hacen un escándalo!

Doña Livia. ¡Saliste en su defensa...!

Doro. ¡Yo no he salido en defensa de nadie!

Doña Livia. En casa de los Avanzi, anoche...

Doro. Anoche, en casa de los Avanzi, oí que Francesco Savio expresaba un parecer que no comparto acerca de la muerte trágica de Salvi, de la que tanto se habla; y me manifesté en contra. ¡Eso es todo!

Doña Livia. Pero dijiste ciertas cosas...

Doro. Puedo incluso haber dicho un montón de tonterías. No sé lo que dije. Cada frase concreta te sugiere una respuesta. Y cada uno puede pensar lo que quiera

sobre lo que pasa, ¿no? Supongo que un mismo hecho
se puede interpretar de varios modos, según nos parezca, hoy de una manera y mañana quizá de otra. Si mañana veo a Francesco Savio, estoy dispuesto a reconocer que él tenía razón y que yo me equivocaba.

PRIMER VIEJO. ¡Muy bien, muy bien!

DOÑA LIVIA. ¡Hazlo, sí hijo, hazlo!

SEGUNDO VIEJO. Para acabar de una vez con todas esas
habladurías.

DORO. ¡Por eso, no! ¡Esas habladurías me traen sin cuidado! Lo haría para acabar con mi propia indignación.

PRIMER VIEJO. ¡Y harías bien!

SEGUNDO VIEJO. ¡Claro! No se ha entendido tu actitud.

DORO. ¡Tampoco por eso! Por las exageraciones en que
yo mismo caí al ver a Francesco Savio tan obstrusa-
mente aferrado a algunos falsos argumentos, a pesar de
que substancialmente tenía razón él. Ahora, en frío, estoy dispuesto a reconocerlo, lo repito. Y lo haré, lo
haré delante de todo el mundo, para que dejen ya de sacar de quicio esta famosa discusión. ¡A ver si me dejan
en paz de una vez!

DOÑA LIVIA. ¡Muy bien, hijo mío! Y además me alegro de
que reconozcas aquí, delante de tu amigo, que no se
puede defender a una mujer como esa.

DORO. ¿Él también dice que se la podría defender?

PRIMER VIEJO. Sí, pero lo ha dicho... en fin...

SEGUNDO VIEJO. Hablaba sólo en teoría, para tranquilizar
a tu madre.

DOÑA LIVIA. ¡Pues vaya un modo de tranquilizarme! Menos mal que tú sí que me has tranquilizado ahora.
¡Gracias, hijo!

DORO. (*De repente, ante las palabras de su madre.*) ¿Lo dices en
serio? ¡Pues lo único que consigues es aumentar mi indignación!

DOÑA LIVIA. ¿Porque te doy las gracias?

DORO. ¡Por supuesto! ¿Por qué me las das? Entonces, tú
también has creído lo que se decía...

DOÑA LIVIA. ¡No, no!

Dora. ¿Qué me agradeces entonces? ¿Por qué dices estar tranquila precisamente ahora? ¡Sería capaz de hacer una locura!

Doña Livia. ¡Por Dios, no lo pienses más!

Doro. (*Volviéndose hacia* Diego.) ¿Y cómo crees tú que se podría defender a Delia Morello?

Diego. Déjalo estar. ¡Ahora que tu madre se ha calmado...!

Doro. La verdad es que me gustaría saberlo.

Diego. ¿Para continuar la discusión conmigo?

Doña Livia. ¡Basta ya, Doro!

Doro. (*A su madre.*) ¡Es simple curiosidad! (*A* Diego.) Quiero ver si tus razones son las mismas que yo sostuve contra Francesco Savio.

Diego. Y en ese caso, ¿qué? ¿Volverías a cambiar de opinión?

Doro. ¿Crees que soy un veleta? «No se puede decir —sostenía yo— que Delia Morello haya deseado la perdición de Salvi por el hecho de que, en vísperas casi de la boda, se liara con el otro, porque la verdadera perdición de Salvi hubiera sido en todo caso su matrimonio con ella.»

Diego. ¡Perfecto! Pero, ¿tú sabes lo que ocurre en un funeral, en pleno día, cuando se encienden los cirios? Que la llama no se ve. Y ¿qué se ve? El humo.

Doro. ¿Qué quieres decir?

Diego. Que estoy de acuerdo contigo: ella lo sabía, y precisamente porque lo sabía no se quería casar. Pero quizá ni siquiera para ella misma es tan evidente; y sin embargo, lo que todos ven es el humo que desprende la que llaman su perfidia.

Doro. (*Inmediatamente, con vehemencia.*) ¡No, Diego, no! Su perfidia es innegable, y preparada con sumo celo, además. ¡Llevo todo el día pensándolo! Se lió con el otro, con Michele Rocca, para perpetrar su venganza contra Salvi, hasta las últimas consecuencias; justo lo que decía anoche Francesco Savio.

Diego. Entonces ya estáis de acuerdo. No se hable más.

Primer viejo. Sin duda; es lo mejor que se puede hacer.

Nosotros nos vamos ya, Doña Livia. (*Le besa la mano.*)

SEGUNDO VIEJO. ¡Y muy contentos de que todo se haya aclarado! (*Le besa la mano; a continuación, dirigiéndose a los dos jóvenes.*) Buenas tardes.

PRIMER VIEJO. Adiós, Doro. Buenas tardes, Cinci.

DIEGO. Adiós, buenas tardes. (*Se apartan ambos, y* DIEGO *dice malicioso, en voz baja.*) Enhorabuena.

PRIMER VIEJO. (*Sorprendido.*) Enhorabuena, ¿por qué?

DIEGO. He notado, y ello me complace, que se esconde usted siempre una última carta, y que afortunadamente nunca la enseña.

PRIMER VIEJO. ¿Yo? ¡No, hombre, no! ¿Qué dice?

DIEGO. Bien que se guarda usted lo que piensa, y ni siquiera se le nota. ¡Me parece muy bien!

PRIMER VIEJO. La verdad es que no acabo de entenderlo, qué quiere que le diga.

DIEGO. (*Lo aparta más todavía.*) ¡Yo me casaría con ella, fíjese! Pero poseo sólo lo justo para mí; sería como si dos se metieran bajo el mismo paraguas, cuando llueve, para empaparse ambos.

DOÑA LIVIA. (*Que mientras tanto ha estado conversando, ya tranquila, con* DORO *y con el otro amigo; dirigiéndose al* PRIMER VIEJO, *que se ríe.*) ¿Qué le hace tanta gracia, amigo mío?

PRIMER VIEJO. ¡Nada, nada: picardías!

DOÑA LIVIA. (*Lo coge por el brazo y, seguidos por el otro amigo, se dirigen hacia el salón, que abandonan por la derecha, conversando.*) Si va mañana a casa de Cristina, dígale que esté lista a la hora convenida...

(*Desaparecen* DOÑA LIVIA *y sus amigos.* DORO *y* DIEGO *permanecerán un buen rato en silencio. El salón vacío, iluminado, tras ellos, producirá una impresión extraña.*)

DIEGO. (*Cruzando entre sí los dedos de ambas manos y formando con ellos como una reja, o una red, y acercándose a* DORO *para mostrársela.*) Mira: así es, exactamente así.

DORO. ¿A qué te refieres?

DIEGO. A la conciencia, de la que se hablaba hace un rato. Una red elástica, que si se afloja un poco, ¡se acabó!, escapa la locura que cada uno custodia en su interior.

Doro. (*Después de un breve silencio, confuso y suspicaz.*) ¿Lo dices por mí?

Diego. (*Casi como si hablara consigo mismo.*) Vagan ante ti, dispersas, imágenes acumuladas durante largos años, fragmentos de una vida que quizá viviste y que permanece oculta para ti porque no has querido, o no has podido, hacer que brille a la luz de la razón: actos dudosos, vergonzosas mentiras, oscuros rencores, crímenes meditados a la sombra de ti mismo hasta en sus mínimos detalles, deseos inconfesables; todo eso se te escapa, rebosa, y te quedas desconcertado, aterrorizado[24].

Doro. (*Como antes.*) ¿Por qué dices eso?

Diego. (*Con los ojos fijos en el vacío.*) Después de nueve noches sin dormir... (*De repente se vuelve hacia* Doro.) ¡Propóntelo, quédate nueve noches seguidas sin dormir! Aquella taza de loza, en la mesita, con su filo azul... ¡Y el tictac cansino del reloj! Ocho, nueve..., yo contaba las campanadas; diez, once, doce..., luego esperaba los cuartos. ¡No existe afecto alguno que se mantenga, no existe, cuando arrinconas las necesidades más elementales, las que a la fuerza has de satisfacer! Rebelándome contra la fortuna cruel que allí conservaba, agonizante e insensible, el cuerpo, ya sólo el cuerpo, irreconocible casi, de mi madre..., ¿sabes lo que pensaba? Pensaba... ¡Dios mío! ¡Que cesara de una vez el estertor aquel!

Doro. Pero si hace ya más de dos años que murió tu madre...

Diego. Lo sé. ¿Sabes cómo me sorprendí a mí mismo, cuando por un momento se interrumpieron los estertores, en el tremendo silencio de que se inundó el cuarto, al volver la cara, no sé por qué, hacia el espejo del armario? Inclinado sobre la cama, a su lado, para cer-

---

[24] Las digresiones de Diego Cinci en esta secuencia de la obra son en buena medida transcripción dramática de páginas de «El humorismo» (cfr. especialmente 1082ss.).

ciorarme de si ya había muerto. Para que yo pudiera verlo, mi rostro conservaba en el espejo la misma expresión con que estaba buscando, con un miedo dichoso casi, la liberación. La reanudación de los estertores me infundió tal terror de mí mismo que me cubrí el rostro como si hubiera cometido un crimen; y me puse a llorar, como el niño que para mi madre yo había sido, como si aún invocara su piedad por el cansancio que yo sentía, que me destrozaba. ¡Y en ese momento acababa de desear su muerte! ¡Pobre madre mía, que tantas noches había velado por mí, por su niño enfermo!

DORO. Pero ¿me quieres explicar por qué, así, de repente, te has acordado de tu madre?

DIEGO. No lo sé. ¿Sabes tú acaso el porqué de esa indignación contra tu madre cuando te agradecía que la hubieras tranquilizado?

DORO. Porque incluso ella había supuesto por un momento...

DIEGO. ¡Venga, que bastante nos conocemos tú y yo!

DORO. (*Encogiéndose de hombros.*) Piensa lo que quieras...

DIEGO. Si no fuera verdad sería para reírse, no para indignarse.

DORO. O sea, ¿que tú también piensas...?

DIEGO. ¿Yo? Eres tú el que lo piensa.

DORO. ¡Pero si le estoy dando la razón a Savio!

DIEGO. ¿No ves? O blanco, o negro. Hasta contigo mismo estabas indignado, con tus exageraciones, como has dicho.

DORO. Porque reconozco...

DIEGO. ¡No! ¡Mira bien, mira bien en tu interior!

DORO. Pero ¿qué estás insinuando?

DIEGO. ¿Sabes por qué ahora das la razón a Francesco Savio? Porque estás reaccionando contra un sentimiento que, sin que ni tú lo sepas, está dentro de ti.

DORO. ¡Anda, no me hagas reír!

DIEGO. Te hablo en serio.

DORO. Y yo te digo que no.

DIEGO. Anoche, en el calor de la discusión, ese sentimiento afloró, te turbó, te hizo decir cosas que no sabes. Son palabras tuyas. ¡Claro, tú crees que jamás las habías pensado! Y bien que lo has hecho, sin embargo.

Doro. ¿Sí? Pues dímelo tú.

Diego. ¡Son cosas que has pensado a escondidas de ti mismo! Igual que hay hijos ilegítimos, amigo mío, también hay pensamientos que lo son.

Doro. ¡Desde luego: los tuyos!

Diego. ¡Los míos también, claro! Cada uno de nosotros tiende a desposar, para toda la vida, a una sola alma, a la más cómoda, a la que ofrece como dote la facultad más adecuada para alcanzar la situación a la que aspiramos; pero luego, lejos del honesto techo conyugal de nuestra conciencia, tenemos amoríos, amoríos y deslices sin cuento con nuestras demás almas, las repudiadas, que habitan el subsuelo de nuestro ser: y de ellos nacen actos, pensamientos, que nos negamos a reconocer, o que, forzados, adoptamos, legitimamos con diversos acomodos, reservas, cautelas. Tú ahora rechazas ese pensamiento tuyo, ¡pobre inclusero! Míralo a los ojos: es tuyo. Tú te has enamorado perdidamente de Delia Morello. Como un idiota.

Doro. ¡Desde luego tiene gracia la cosa!

(Filippo, *el mayordomo, entrará en la sala.*)

Filippo. ¿Da usted su permiso? Le espera el señor Francesco Savio.

Doro. ¡Mira por dónde! (*A* Filippo.) Que pase.

Diego. Yo me voy.

Doro. No, quédate. Vas a ver ahora lo enamorado que estoy de Delia Morello. (*Entra* Francesco Savio.) Pasa, pasa, Francesco.

Francesco. Buenas tardes, Doro. Buenas tardes, Cinci.

Diego. Buenas tardes.

Francesco. (*A* Doro.) He venido a manifestarte mi pesar por el altercado de anoche.

Doro. ¡Fíjate, yo me había propuesto ir a verte esta noche para lo mismo!

FRANCESCO. (*Lo abraza.*) ¡Qué peso me quitas de encima, amigo mío!

DIEGO. Estáis como para que os hagan un retrato, palabra.

FRANCESCO. (*A* DIEGO.) ¡Poco faltó para que se rompiera definitivamente nuestra vieja amistad!

DORO. ¡Tampoco fue para tanto!

FRANCESCO. ¿Que no? Créeme, he pasado una noche terrible, no hacía más que pensar que ni un solo sentimiento generoso había salido de mí.

DIEGO. (*De golpe.*) ¡Hombre! Un sentimiento que sin embargo impulsó a Doro a defender a Delia Morello, ¿no es verdad?

FRANCESCO. Sí, y delante de todo el mundo, valerosamente, mientras los demás la condenaban.

DIEGO. ¡Y tú el primero!

FRANCESCO. (*Impetuoso.*) ¡Así es! Porque no presté la atención que merecían las razones esgrimidas por Doro, todas ellas justísimas.

DORO. (*Desdeñoso, terciando en el diálogo de los otros dos.*) ¡Pero bueno! ¿Entonces, tú...?

DIEGO. ¡Muy bien! Lo que decía él para defenderla, ¿no?

FRANCESCO. ¡Y sin hacer caso del qué dirán, impertérrito ante las risas groseras con que aquellos idiotas acogían sus severas respuestas!

DORO. (*Como antes, violento.*) ¡Escúchame: eres un muñeco!

FRANCESCO. ¿Qué dices? ¡Te estoy dando la razón!

DORO. ¡Precisamente por eso! ¡Un muñeco!

DIEGO. (*A* FRANCESCO.) Él quería darte la razón a ti.

FRANCESCO. ¿A mí?

DIEGO. Sí, a ti. Está de acuerdo con todo lo que has dicho de Delia Morello.

DORO. ¡Y tiene aún el valor de decirme en mi cara que la razón la tenía yo!

FRANCESCO. ¡Porque he reflexionado sobre lo que dijiste anoche!

DIEGO. Claro. Él ha hecho lo mismo con lo que dijiste tú.

FRANCESCO. Entonces, ¿me da la razón?

DIEGO. Igual que tú a él.

DORO. ¡A buenas horas, cuando anoche me convirtió
en el hazmereír de todos, en el blanco de todas las
murmuraciones, y provocó la inquietud de mi Madre...!

FRANCESCO. ¿Yo?

DORO. ¡Sí, tú, haciendo que me expusiera, que me com-
prometiera, que dijera cosas que ni siquiera pensaba.
(Se detiene frente a él, agresivo, agitadísimo.) Anda con cuidado, ¿te enteras? ¡Y ni se te ocurra ir diciendo por ahí
que tengo razón yo!

DIEGO. *(Como si continuara la frase de* DORO.) Porque reco-
noces lo generoso de sus sentimientos...

FRANCESCO. ¡Pero si es verdad!

DORO. ¡Eres un muñeco!

DIEGO. Darías a entender que, ahora, ya sabes la verdad:
que está enamorado de Delia Morello y por eso la de-
fendió.

DORO. ¡Déjalo ya, Diego, que aún te la cargas tú!
(A FRANCESCO.) Sí, querido amigo, un muñeco, eso es
lo que eres.

FRANCESCO. ¡Ojo, que ya lo has dicho demasiadas veces!

DORO. ¡Y te lo diré, a gritos, mil veces, ahora, mañana y
siempre!

FRANCESCO. ¡Porque estoy en tu casa, que...!

DORO. En mi casa y fuera de ella, donde tú quieras, en tu
cara te lo digo. ¡Muñeco!

FRANCESCO. ¿Sí? ¡Muy bien! Si es así, ¡ya nos veremos!
(Se va.)

DIEGO. *(Corriendo tras él.)* ¡Eh, vamos a dejarnos de tonterías!

DORO. *(Reteniéndolo.)* ¡Déjalo que se vaya!

DIEGO. ¿Hablas en serio? ¡Mira que te estás comprome-
tiendo!

DORO. ¡Me tiene sin cuidado!

DIEGO. *(Soltándose.)* Pero ¿estás loco? ¡Déjame! *(Sale para
tratar de alcanzar a* FRANCESCO SAVIO.)

DORO. *(Gritando, mientras* DORO *se va.)* ¡Te prohíbo termi-
nantemente que te entrometas! *(Al no verlo regresar, deja
de gritar y se mueve de un lado a otro por la sala, mascullando.)*

¡Ya ves tú! ¡Ahora! ¡Va y me dice que tenía yo razón, ahora! ¡Muñeco! Cuando ha hecho creer a todos...

(*En ese momento llegará* FILIPPO, *confuso, con una tarjeta de visita.*)

FILIPPO. ¿Da su permiso?
DORO. (*Deteniéndose bruscamente.*) ¿Qué pasa?
FILIPPO. Una señora pregunta por usted.
DORO. ¿Una señora?
FILIPPO. Aquí tiene. (*Le entrega la tarjeta.*)
DORO. (*Después de ver el nombre en la tarjeta, vivamente turbado.*) ¿Aquí? ¿Dónde está?
FILIPPO. Está fuera esperando.
DORO. (*Mira a su alrededor, perplejo; luego pregunta, intentando disimular su ansia y su turbación.*) Y... ¿mi madre ha salido?
FILIPPO. Sí señor, hace un momento.
DORO. Que pase, que pase. (*Se dirige hacia el salón para recibir a* DELIA MORELLO. FILIPPO *se retira y vuelve al cabo de un momento acompañando hasta las columnas a* DELIA MORELLO, *que aparece con un velo, sobriamente vestida, muy elegante.* FILIPPO *vuelve a retirarse, ceremonioso.*) ¿Usted aquí, Delia?[25]
DELIA. Para darle las gracias, para besarle las manos, amigo mío.
DORO. ¡Qué dice usted!
DELIA. ¡Permítame, permítame! (*Inclina la cabeza como si verdaderamente quisiera besarle la mano que tiene aún entre las suyas.*)
DORO. ¡Qué hace, por Dios! Soy yo quien debería...
DELIA. ¡Por todo el bien que usted me ha hecho!
DORO. Pero si solamente...
DELIA. No, no es porque haya salido en mi defensa. A mí ya me da igual que me ofendan o no. ¡Soy yo misma la

---

25 Buena parte de las intervenciones que siguen son prácticamente transcripciones dialogadas de varios fragmentos narrativos de la novela *Quaderni di Serafino Gubbio operatore* (publicada en 1915-16 con el título *Si gira*; la edición definitiva es de 1925) de la que Pirandello toma íntegramente la anécdota de esta comedia.

que me hiero! Mi gratitud se debe a lo que usted siente,
a lo que piensa de mí; no a que lo haya dicho pública-
mente.

Doro. *(Sin saber qué actitud tomar.)* Lo que yo pienso es...
sólo lo que, conociendo los hechos como los conozco,
me parece de justicia.

Delia. Justo o no, ¡qué más da! Pero es que me he reconocido, ¿entiende? En cuanto lo he sabido me he reconocido en lo que usted ha dicho de mí.

Doro. *(Como antes, intentando disimular su confusión.)* Entonces..., entonces, ¿he adivinado?

Delia. Como si hubiera vivido siempre dentro de mí,
más aún, entendiéndome como nunca ni yo misma he
podido entenderme, nunca. ¡He sentido mi cuerpo
atravesado por un escalofrío! Hasta he tenido que gritar: «¡Es verdad, es verdad!» ¡No puede imaginarse con
qué gozo, con qué estremecimiento, me he visto, me
he sentido a mí misma en todas esas razones que usted
ha sabido encontrar!

Doro. Me llena usted de júbilo, créame. Porque esas razones me parecían tan evidentes según las hallaba..., es
verdad, sin necesidad de reflexionar, como... como si
una luz me iluminara, eso es, como si estuviera adivi-
nando la naturaleza de su alma... Una iluminación que,
después, lo confieso, ha desaparecido...

Delia. Entonces...

Doro. ¡Pero usted misma afirma que se ha podido reconocer en lo que dije!

Delia. Amigo mío, desde esta mañana vivo gracias a esa
luz que también a mí me ha iluminado. Y me pregunto
cómo ha podido, usted que en el fondo me conoce tan
poco, ver tan claramente en mi interior. ¡Y mientras
tanto, sufro, me debato, fuera de mí, ni sé lo que digo,
como si hubiera de estar siempre persiguiendo a la mujer que yo misma soy, para alcanzarla, para preguntarle
qué quiere, por qué sufre, cómo podría calmarla, aplacarla, conseguir para ella un poco de paz!

Doro. Un poco de paz, eso es lo que verdaderamente necesita.

DELIA. Estaba ante mí, como una llamarada, y no puedo apartarlo de mi vista: lo vi caer a mis pies, de golpe, blanco, como un fardo. Sentí que yo misma me apagaba, me apagaba, cuando, desde el abismo de aquel instante, me atreví a mirar la eternidad de aquella muerte inesperada, su cara de repente vacía de todo recuerdo, muda. Y sólo yo conocía, sólo yo, la vida que se escondía en aquel cuerpo destrozado, en aquel rostro que, por mí que nada soy, se había hecho pedazos. ¡Me volvía loca! ¡Y ahora...!

DORO. Cálmese, cálmese.

DELIA. Sí, sí, me calmo. Y en cuanto me calmo, mire, entro como en un letargo. Todo mi cuerpo se insensibiliza. Me toco y no lo noto. Miro mis manos y no me parecen mías. Y ni siquiera sé, Dios mío, por qué he de hacer lo que he de hacer. Abro el bolso, saco el espejo: y en el horror de esta frialdad vacía que me hace suya, nunca imaginaría usted la impresión que me causan, en el óvalo del espejo, mis labios pintados, mis ojos pintados, mi cara convertida en una máscara.

DORO. (*Apasionado.*) Porque no se mira con los ojos con que la miran los demás...

DELIA. ¿También usted? ¿Por qué estaré condenada a odiar como a mis enemigos a aquellos a los que me acerco para que me ayuden a comprenderme a mí misma? Deslumbrados por mis ojos, por mi boca... Pero nadie se cuida de lo verdaderamente grave...

DORO. De su alma...

DELIA. Y yo los castigo, los castigo precisamente allí donde su ardor se dirige; pero antes avivo ese fuego que me repugna, para mejor vengarme; y luego, de repente, entrego este cuerpo mío a quienes ellos menos se lo esperan. (DORO *asiente con la cabeza, como si dijera:* «¡*Qué pena!*») Así les demuestro cuánto desprecio lo que ellos más aprecian en mí. (DORO *asiente de nuevo.*) ¿Que me hago daño a mí misma? Sí. ¿Y qué? Me entrego a lo más bajo. Lo prefiero, prefiero la vileza que se reconoce como tal; porque es amarga, pero no engaña; y que es capaz también de bondad, que es ingenua a veces, que ofrece una alegría y una frescura tan intensas porque nadie las esperaría...

Doro. *(Sorprendido.)* ¡Yo dije exactamente eso, exactamente!

Delia. *(Muy excitada.)* ¡Sí!

Doro. Así fue como expliqué yo sus inesperados...

Delia. Dígalo, mis extravíos..., mis caídas..., mis saltos mortales. *(Se queda de repente con los ojos fijos en el vacío, como absortos en una visión lejana; luego dice, como si hablara consigo misma.)* Parece mentira... saltos mortales... *(Y de nuevo absorta.)* Esa niña, a la que los gitanos enseñaban a saltar, en aquella explanada tan verde, en el campo, al lado de la casa... ¡Qué pequeña era! Me parece mentira haber sido niña... *(Imita, en voz baja, el grito de su madre al llamarla.)* «¡Lilí! ¡Lilí!» ¡Qué miedo, aquellos gitanos! Que levantaran de repente el campamento y me raptaran... *(Volviendo en sí.)* No me raptaron. Pero bien que aprendí a dar saltos mortales, por mí misma, al venir a la ciudad, entre tanto engaño, tanta falsedad, y todo que es cada vez más engañosos y más falso, sin remedio. Porque, ahora ya, aunque la creáramos en nosotros, en torno a nosotros, la ingenuidad parecería falsa..., no lo parecería, sería falsa..., otro engaño. Ya nada es verdadero. ¡Pero yo quiero ver, quiero sentir, por lo menos una cosa, sólo una, que sea verdadera, verdadera, dentro de mí!

Doro. Pero esa bondad que usted esconde en el fondo de su ser, como intenté hacer ver yo...

Delia. Claro, claro, y le estoy muy agradecida. Pero esa bondad es tan complicada también, tan complicada, que sólo se ha acarreado usted la ira, la mofa de todos, al querer mostrarla. ¡Pero la he visto yo! Sí, en Capri, tratada con desconfianza por todo el mundo, con mala voluntad, como usted dijo... Quizá hasta me creyeran una espía. ¡Lo que descubrí allí! ¿Sabe lo que significa amar a la humanidad? Significa solamente estar conformes con nosotros mismos; cuando uno está conforme consigo mismo, ama a la humanidad. Repleto de este amor, feliz después de su última exposición en

Nápoles: así debía sentirse él cuando llegó a Capri...

Doro. ¿Giorgio Salvi?

Delia. Había ido a Capri a dibujar, a llenarse de ambientes naturales. Y me encontró con el estado de ánimo que ya le he contado.

Doro. Tal como yo dije: vivía sólo para el arte, no conocía otros sentimientos que los de la pintura.

Delia. Todo era color, para él los sentimientos no eran otra cosa que color.

Doro. Y le propuso que posara para un retrato...

Delia. Sí, al principio... Luego... Tenía una manera de pedir lo que deseaba, una manera... impúdica, como un niño. Fui su modelo. Usted lo dijo mejor que nadie: nada resulta tan irritante como permanecer ajenos al gozo...

Doro. A un gozo vivo, presente ante nosotros, a nuestro alrededor, pero cuya razón no descubrimos, no alcanzamos...

Delia. ¡Eso es! Yo era un gozo, un puro gozo, para sus ojos. Pero eso me demostraba que también él, en el fondo, de mí sólo quería, sólo admiraba, mi cuerpo; no como los otros, desde luego, con sus sórdidos afanes...

Doro. Pero, a la larga, todo ello no hacía sino aumentar su irritación...

Delia. Es cierto, porque si me repugnaba, si despreciaba en los otros el que no me ayudaran en mi ansiosa incertidumbre, la desazón ante quien deseaba, también él, mi cuerpo, sólo mi cuerpo, para llenarse de gozo...

Doro. ¡De un gozo ideal!

Delia. ¡Pero exclusivamente para sí mismo!

Doro. La desazón habría de ser más fuerte precisamente porque no existía motivo alguno para su repugnancia.

Delia. Y porque hacía imposible la venganza que yo había podido llevar a cabo, sin que se lo esperaran, con lo demás. ¡Para una mujer es siempre más irritante un ángel que una fiera!

Doro. (*Exultante.*) ¡Son palabras mías! ¡Yo dije exactamente lo mismo!

Doro. No hago otra cosa que repetir sus palabras, tal como me las han dicho. Sus palabras me han traído la luz.

Doro. Y ha visto usted la razón verdadera...

Delia. La razón de lo que hice, así es. Para poder vengarme, procuré que poco a poco mi cuerpo comenzara a vivir ante él, y ya no simplemente para deleite de sus ojos.

Doro. Y cuando lo vio, como a los demás, vencido y esclavo, le impidió alcanzar cualquier otro goce distinto del que hasta entonces había obtenido..., para saborear mejor su venganza...

Delia. ¡Porque ese goce era el único que él había ansiado, el único digno de él!

Doro. Y ahí acabó todo, porque de ese modo la venganza ya se había cumplido. ¡Usted nunca deseó casarse!

Delia. No. Luché, luché para disuadirlo. Desairado, desesperado por mi obstinada repulsa, me amenazó con hacer una locura. Yo quise huir, desaparecer.

Doro. Y al final, a propósito, le impuso unas condiciones que usted sabía muy duras para él.

Delia. En efecto, lo hice a propósito.

Doro. Debía presentarla como su prometida a su madre y a su hermana.

Delia. De cuyo inmaculado recato él estaba tan pagado... ¡A propósito lo hice, para que se negara! ¡Había que oírlo hablar de aquella hermana suya!

Doro. Perfecto, como yo pensaba. Pero dígame la verdad: cuando el prometido de la hermana, Rocca...

Delia. *(Con espanto.)* ¡No por Dios, no me hable de él!

Doro. Se trata de la prueba definitiva, de lo que me da la razón o me la quita, y ha de decírmelo, ha de decirme si es verdad lo que yo sostenía.

Delia. ¡Sí, sí! ¡Que me entregué a él, desesperada, desesperada, porque no me quedaba otra salida!

Doro. Muy bien.

Delia. Sólo así podía hacer que él me sorprendiera con otro y no se casara conmigo.

Doro. Habría supuesto su desgracia.

DELIA. ¡Y la mía!

DORO. (*Triunfal.*) ¡Magnífico, exactamente lo que yo decía! ¡Y el imbécil aquel que me lo negaba, que sostenía que lo mismo el rechazo que su resistencia, o las amenazas o que usted intentara desaparecer, no fueron sino malas artes!

DELIA. (*Impresionada.*) ¿Eso decía?

DORO. Como lo oye. Todo ello bien meditado y realizado para conducir a la desesperación a Salvi después de seducirlo.

DELIA. (*Como antes.*) ¿Yo, seducirlo?

DORO. Se lo digo yo. Y cuanto mayor era su desesperación, con más fuerza se negaba usted, para conseguir todo aquello que de otro modo él nunca le hubiera concedido.

DELIA. (*Turbándose por momentos.*) ¡Qué iba a querer yo!

DORO. Antes que nada, que él la presentara en su casa, ante la madre, la hermana, su prometido...

DELIA. ¿No porque yo esperara encontrar un pretexto en su oposición para echar por tierra el compromiso de matrimonio?

DORO. No, malas artes siempre.

DELIA. Y ¿para qué?

DORO. Para poder aparecer victoriosa ante la buena sociedad, junto a la hermana inmaculada; usted, la despreciada, la impura.

DELIA. (*Atormentada.*) ¿Eso dijo? (*Y se queda con la mirada perdida, totalmente abatida.*)

DORO. Y que cuando supo que la causa del prolongado retraso de esa presentación que usted había exigido era la radical oposición del prometido de la hermana, de Rocca.

DELIA. Que quise vengarme de nuevo, ¿no es cierto?

DORO. Y pérfidamente.

DELIA. Vengarme por esa negativa, ¿no?

DORO. Seduciendo, enredando a Rocca, jugando con él como con un pelele, sin importarle nada Salvi; sólo por el gusto de demostrarle a la hermana en qué queda la dignidad, la honestidad de estos adalides de la mora-

lidad. (DELIA *permanece largo tiempo en silencio, con la mirada fija hacia adelante, como insensibilizada; luego, de repente, se
cubre el rostro con las manos y permanece de ese modo.* DORO *la
mira un momento, perplejo, sorprendido.*) ¿Qué le ocurre?
DELIA. (*Sigue cubriéndose el rostro; luego retira las manos y continúa mirando hacia adelante; por fin, desolada, abriendo los brazos, dice.*) ¡Quién sabe, amigo mío, si todo eso que dicen
no es verdad!
DORO. (*Indignado.*) ¿Qué dice?

(*En ese momento llegará, alterada, nerviosísima,* DOÑA LI-
VIA, *gritando desde dentro.*)

DOÑA LIVIA. ¡Doro! ¡Doro!
DORO. (*Levantándose inmediatamente, sumamente inquieto al oír
la voz.*) ¡Es mi madre!
DOÑA LIVIA. (*Que llega corriendo.*) ¡Doro, me han dicho en
el paseo que el escándalo de anoche se resolverá con un
duelo!
DORO. ¡No es cierto! ¿Quién te lo ha dicho?
DOÑA LIVIA. (*Volviéndose hacia* DELIA, *con desprecio.*)
¡Y ahora encuentro en mi casa a esta señora!
DORO. (*Con firmeza, haciendo hincapié en sus palabras.*) ¡Eso es,
en tu casa, mamá, en tu casa!
DELIA. Me voy, me voy. No pasará nada; esté tranquila,
señora, nada sucederá. Yo lo impediré. ¡Me ocuparé yo
de impedirlo! (*Se aleja rápidamente, muy excitada.*)
DORO. (*Da unos pasos tras ella.*) No corra ningún riesgo, señora. No intervenga, por favor. (DELIA *desaparece.*)
DOÑA LIVIA. (*Gritando, para que su hijo se detenga.*) ¿Es verdad entonces?
DORO. (*Volviéndose y gritando, enfurecido.*) ¿El qué? ¿Lo del
duelo? Sí, quizá. ¿Y por qué lo hago? Por algo que nadie sabe ni cómo ni por qué ha sucedido. Ni lo sabe el
que se bate conmigo, ni lo sé yo. ¡Ni siquiera ella misma lo sabe!

TELÓN

PRIMER INTERMEDIO CORAL

Apenas bajado el telón, volverá a levantarse para mostrar la parte del pasillo exterior de la sala que conduce a los palcos de platea, al patio de butacas y, al fondo, al interior del escenario. Se verá a los espectadores que poco a poco van saliendo de la sala después de haber asistido al primer acto de la comedia. (Se supone que otros, en gran número, han de ir saliendo de la sala por la otra parte del pasillo, que no se ve; y de hecho, no pocos irán apareciendo en escena de cuando en cuando, por la izquierda.)

Con esta presentación del pasillo exterior y del público que se sobreentiende que ha asistido al primer acto de la comedia, lo que desde un principio ha aparecido en ecena en primer plano como representación de un episodio de la vida, se mostrará ahora como ficción artística; y quedará por ello como alejado, arrumbado en un segundo plano. Más tarde, cuando esté para terminar este primer intermedio coral, sucederá que también el pasillo y los espectadores quedarán a su vez arrumbados en un tercer plano; ello sucederá cuando se haya sabido que la comedia que se representa en el escenario es una obra de clave: *compuesta por el autor a partir de un hecho que se supone realmente sucedido y del que se han ocupado recientemente las páginas de sucesos de los periódicos: el caso de* AMELIA MORENO (a la que todos conocen) *y del* BARÓN NUTI, *y el del escultor* GIACOMO LA VELA, *que se suicidó por culpa de ambos. La presencia en el teatro, entre los espectadores de la comedia, de* AMELIA MORENO *y de* NUTI, *establecerá necesariamente en ese momento un primer plano de realidad más cercano a la vida, y entre el plano inicial y el recientemente constituido quedarán espectadores que, ajenos a todo ello, discutan apasionadamente a propósito sólo de la ficción artística. Después, en el segundo intermedio coral, se ha de asistir al conflicto* entre estos tres planos de realidad, cuando de un plano a otro los personajes verdaderos del drama interpelen a los fingidos de la comedia y los espectadores intenten terciar en la discusión. Y la representación de la comedia no podrá continuar a partir de ese momento.

Por ahora, para este primer intermedio, se encarece por encima de todo la más dúctil naturalidad y la más fluida vivacidad. Ya es de todos sabido cómo en los entreactos de las irritantes comedias de Pirandello hayan de tener lugar discusiones y enfrentamientos. Quien haya de defenderlo debe aparecer ante los irreductibles adversarios con esa sonriente humildad que por lo común causa el admirable efecto de irritar aún más.

Al principio deben formarse varios grupos; y que de uno a otro vaya pasando de vez en cuando alguien, en busca de un mayor entendimiento. Agrada y divierte ver cambiar de opinión de modo manifiesto dos o tres veces, haciendo propios sin más éste o aquel parecer opuestos entre sí. Algún espectador pacífico ha de aparecer fumando, fumándose su propio aburrimiento si está aburrido; o sus dudas, si es éste su caso; porque el vicio del tabaco, como cualquier otro vicio que se convierte en hábito, tiene esto de triste, que raramente ofrece por sí mismo placer alguno, sino que se tiñe de las características del momento en que se satisface y del ánimo con que se satisface. De suerte que, si lo desean, podrán igualmente fumar los que se muestren irritados, y reducirán así a humo su propia irritación.

Entre la gente, un par de policías. Algún que otro acomodador, porteros del teatro; dos o tres encargadas de palco, vestidas de negro con sus delantales blancos. Algún vendedor de periódicos anunciará a gritos los titulares. En los grupos, aquí y allá, también alguna señora. Yo no quisiera que fumara. Pero quizá más de una lo haga. Se verá a otras que se saludan y conversan en los palcos.

Los cinco críticos dramáticos han de mostrarse inicialmente, sobre todo si se trata de responder a alguna pregunta, muy reservados en sus juicios. Se han ido buscando entre sí para comentar sus primeras impresiones. Algunos amigos indiscretos que se acercan a oír atraen enseguida a muchos curiosos, y los críticos, entonces, o guardan silencio, o se alejan. No se excluye que alguno de ellos, que haya dicho pestes de la comedia y puesto como un trapo a su autor, hable bien de ambos al día siguiente en su periódico. No deja de ser cierto que una cosa es la profesión y otra el hombre que la profesa por razones de conveniencia que lo obligan a sacrificar su sinceridad (en el caso, se sobreentiende, de que el sacrificio sea posible: es decir, me explico, cuando exista sinceridad que sacrificar). Asimismo podrían denigrar acerbadamente la comedia algunos espectadores que, en la sala, hayan aplaudido su primer acto.

Se podría improvisar fácilmente este primer intermedio coral, puesto que tan conocidos son ya, por lo repetidos, los juicios que indistintamente se hacen de todas las comedias de este autor: cerebrales, paradójicas, oscuras, absurdas, inverosímiles. *En todo caso, yo indico aquí las intervenciones más significativas de cada uno de los efímeros personajes de este intermedio, sin excluir las que puedan improvisarse para hacer más vivaz la confusa agitación de los pasillos.*

En un principio, breves exclamaciones, preguntas y respuestas entre espectadores indiferentes, los primeros en salir, mientras dentro puede escucharse el rumor sordo de la platea.

ENTRE DOS QUE SALEN PRESUROSOS. —Subo yo, subo yo a ver si lo encuentro.

—Segunda fila, número ocho. Díselo, no te olvides.

—No te preocupes, yo se lo digo. (*Se dirige a la izquierda.*)

UNO QUE LLEGA DESDE LA IZQUIERDA. ¿Encontraste sitio al final?

EL QUE SE VA DEPRISA. Ya me ves. Hasta ahora. (*Desaparece.*)

(*Irán llegando otros desde la izquierda, donde el rumor va en aumento; otros llegarán desde el corredor central; otros desde las puertas de los palcos.*)

UNO CUALQUIERA. ¡Vaya una sala!

OTRO. ¡Estupenda!

UN TERCERO. ¿Las has visto?

UN CUARTO. No, no creo que hayan venido.

(*Intercambio de saludos aquí y allá: «Buenas noches. Buenas noches.» Comentarios varios. Presentaciones. Al mismo tiempo, espectadores favorables al autor, con el rostro encendido y los ojos brillantes, se buscan entre sí y permanecen un rato juntos cambiando las primeras impresiones, para después des-*)

LOS PARTIDARIOS. —¡Aquí estamos!

—¡Dispuestos a todo!

—De momento va muy bien.

—¡Ya era hora!

—¡Qué escena, la última, la de la mujer!

—¿Y ella, y la mujer?

—¿Y la escena de esos dos que cambian como de la noche al día?

LOS CONTRARIOS. *(Al mismo tiempo.)* —Los enredos de siempre. Vete a saber qué quiere decir.

—¡Una tomadura de pelo!

—Para mí que se lo tiene muy creído.

—¡Yo no me he enterado de nada!

—¡Un jeroglífico!

—¡Vamos, ni que el teatro tuviera que ser una tortura!

UNO DE LOS CONTRARIOS. *(Al grupo de los partidarios.)* Ustedes, como es evidente, lo han entendido todo, ¿verdad?

OTRO DE LOS CONTRARIOS. ¡Ya se sabe, son tan listos!

UNO DE LOS PARTIDARIOS. *(Acercándose.)* ¿Es a mí?

EL PRIMERO DE LOS CONTRARIOS. No, lo decía por ése de ahí. *(Señala a uno.)*

EL ALUDIDO. *(Dirigiéndose hacia allí.)* ¿Yo? ¿Es a mí?

EL PRIMERO DE LOS CONTRARIOS. Sí, tú, tú. Vamos hombre, que no entiendes tú ni *Los dos sargentos.*

EL ALUDIDO. ¡Claro, como tú ya te has dado cuenta de que esto no vale nada, que se puede despachar así con dos patadas!

VOCES DE UN GRUPO CERCANO. —Pero ¿qué queréis entender, hombre? ¿No os dais cuenta? ¡Nadie sabe nada!

—¡Ya ves tú! Que si sí, que si no, te dicen una cosa y luego te dicen otra.

—¡Es un camelo!

—¿Y todas esas parrafadas del principio?

—¡Agua de borrajas!

El que pasa de un grupo a otro. (*Mientras se dirige al siguiente.*) Desde luego esto es un camelo. Nadie se entera de nada.

Voces de otro grupo. —Sin duda es interesante.

—Pero ya está bien de darle siempre vueltas a lo mismo...

—Yo no diría eso.

—Se trata de una concepción particular, de un modo de entender las cosas.

—Es un modo de expresarse. Y punto.

—Y punto, desde luego. ¡No hay quien lo aguante!

—¡Pero si habéis aplaudido! Tú, tú, sí: te he visto yo.

—Una concepción de la vida, una concepción integral puede tener muchas caras, ¿no os parece?

—¿De qué concepción hablas? ¿Me puedes decir en qué ha consistido este acto?

—¡Esta sí que es buena! ¿Y si no pretendiera consistir en nada, y si quisiera mostrar precisamente la inconsistencia de las opiniones, de los sentimientos?

El que pasa de un grupo a otro. (*Mientras se dirige al siguiente.*) ¡Ah! ¡Eso es! Quizá lo que pretende, aposta, es no consistir en nada; la comedia de la inconsistencia.

Voces de un tercer grupo. (*Del que forman parte los críticos teatrales.*) —¡Vaya una locura! Pero ¿qué es esto?

—Ayúdennos ustedes, señores críticos.

Primer crítico. Bueno..., es un acto desigual, quizá haya cosas suplerfluas...

Uno del grupo. Toda esa disquisición sobre la conciencia...

Segundo crítico. Hemos visto sólo el primer acto, señores.

Tercer crítico. Seamos sinceros. ¿Les parece bien que se destruya de ese modo el carácter de los personajes, llevar adelante la acción así, por las buenas, sin pies ni cabeza, retomar el drama a partir de una discusión, como por casualidad?

Cuarto crítico. ¡Pero se trata de una discusión sobre el drama mismo! ¡Ese es el drama!

SEGUNDO CRÍTICO. Que por lo demás aparece vivísimo, al final, en la mujer.

TERCER CRÍTICO. Yo lo que quisiera es ver representado ese drama, y nada más.

UNO DE LOS PARTIDARIOS. La mujer está perfectamente delineada.

UNO DE LOS CONTRARIOS. Di más bien que todo se debe a la interpretación de... (*Dice el nombre de la actriz que haya interpretado el papel de* DELIA MORELLO.)

EL QUE PASA DE UN GRUPO A OTRO. (*Volviendo al primero.*) ¡Estamos ante un drama vivísimo, el drama de la mujer! Eso es innegable. Todo el mundo lo dice.

UNO DEL PRIMER GRUPO. (*Respondiéndole, indignado.*) ¡Venga ya! No es más que un cúmulo desordenado de contradicciones.

OTRO. (*Atacándolo a su vez.*) ¡Y la casuística de siempre! ¡No hay quien lo aguante!

UN TERCERO. (*Con la misma actitud.*) No son más que artimañas dialécticas, acrobacias intelectuales.

EL QUE PASA DE UN GRUPO A OTRO. (*Alejándose para acercarse al segundo grupo.*) ¡Desde luego, desde luego la casuística de siempre! Es innegable. Todo el mundo lo dice.

CUARTO CRÍTICO. (*Al tercero.*) ¡Caracteres a estas alturas, por favor! ¿Dónde están esos caracteres en la vida real?

TERCER CRÍTICO. ¡Esta sí que es buena! El simple hecho de que exista esa palabra...

CUARTO CRÍTICO. Palabras, eso es, palabras cuya inconsistencia se quiere mostrar.

QUINTO CRÍTICO. Pero yo me pregunto, vamos a ver: ya que el teatro, si no me equivoco, ha de ser arte...

UNO DE LOS CONTRARIOS. ¡Muy bien dicho! ¡Poesía, poesía![26].

---

[26] Esta afirmación, y las subsiguientes, es eco implícito de la polémica sostenida entre Pirandello y Benedetto Croce, quien, desde su ensayo sobre «L'umorismo» (*Conversazioni critiche*, I, I, Bari, 1924, 2.ª) hasta el más genérico «Luigi Pirandello» (*Saggi critici*, VI, Bari, 1945, 2.ª), manifiesta insistentemente su perplejidad ante el presunto carácter artístico del *filosofar convulso* de Pirandello; además de la 2.ª edición de *L'Umorismo*, fundamental para conocer la posición al respecto del dramaturgo siciliano es *Arte e scienza*.

Quinto crítico. Sin embargo, se diría que esto es controversia, muy bien llevada, no digo que no; disputa, confrontación de razonamientos opuestos...

Uno de los partidarios. En mi opinión, es aquí donde se están haciendo los razonamientos. Desde luego, en el escenario, yo no los he visto. Si para ustedes es un razonamiento el delirio de la pasión...

Uno de los contrarios. Aquí tenemos a un insigne autor; díganos usted qué opina.

El viejo autor fracasado. ¡Por mí, si gustan, todo para ustedes! Lo que yo pienso ya lo saben.

Voces. ¡Hable, hable usted!

El viejo autor fracasado. Tribulaciones intelectuales de escaso vuelo, señores, ¿cómo diría yo?, problemillas filosóficos de tres al cuarto.

Cuarto crítico. Eso de ninguna manera.

El viejo autor fracasado. (*Con aires de grandeza.*) ¡Pero ningún afán espiritual profundo, que nazca de fuerzas ingenuas y verdaderamente persuasivas!

Cuarto crítico. Ya, ya sabemos cuáles son esas fuerzas ingenuas y persuasivas.

Un literato que no se digna escribir. Desde mi punto de vista, lo que más molesta es la carencia de buen gusto, sí señor.

Segundo crítico. ¡No, hombre, no! Yo diría incluso que esta vez el acto posee más atmósfera de lo habitual.

El literato que no se digna escribir. ¡Pero ni sombra de auténtico decoro artístico! Cualquiera podría escribir así.

Cuarto crítico. Por mi parte no quisiera anticipar juicio alguno, pero advierto intuiciones, fulgores... Tengo la impresión..., sí, como de un fulgurante espejo enloquecido.

(*En este momento llegará desde la izquierda un clamor violento, como de un tumulto. Se oirán gritos. «¡Al manicomio, al manicomio!» «¡Es un vulgar simulacro, un embuste!» «¡Al manicomio!» Muchos se dirigirán hacia allí, gritando: «¿Qué ocurre?»*)

Espectador irritado. ¿Será posible que cada estreno de Pirandello tenga que ser un escándalo?

Espectador pacífico. Esperemos que no lleguen a las manos.

Uno de los partidarios. ¡Mejor para ustedes, no sé de qué se quejan! Cuando vienen a ver comedias de otros autores se abandonan en sus butacas dispuestos a aceptar la ilusión que la escena quiera crearles, si es que lo consigue. Pero cuando se trata de una obra de Pirandello se aferran con ambas manos a los brazos de la butaca, así, la cabeza dispuesta a la réplica, a rechazar a toda costa lo que el autor diga. Oyen una palabra cualquiera, qué sé yo, *silla*. Pero ¿has oído? Ha dicho *silla*. ¡A mí no me la pega! Vete a saber lo que esconde la tal silla.

Uno de los contrarios. Cualquier cosa, desde luego, menos un poco de poesía.

Otros contrarios. ¡Sí señor! ¡Y lo que nosotros queremos es un poco de poesía!

Otros de los partidarios. ¡Pues id a buscarla a otro sitio, debajo de las sillitas de los demás!

Los contrarios. —¡Basta ya con tanto nihilismo y tanta angustia!

—¡Con tanta devastación autocomplaciente!

—¡La negación no construye nada!

El primero de los partidarios. (*Atacando.*) Pero ¿quién niega nada? ¡Los que negáis sois vosotros!

Uno de los aludidos. ¿Nosotros? ¡Nunca hemos dicho nosotros que la realidad no existe!

El primero de los partidarios. ¿Acaso alguien niega vuestra realidad, ya que habéis conseguido creárosla?

Otro. Sois vosotros quienes la negáis a los demás, diciendo que la realidad es sólo una.

El primero. La que a vosotros, en este momento, os parece.

El segundo. Olvidando que ayer, sin ir más lejos, otra os lo parecía.

El primero. Porque son otros, no vosotros, quienes la proponen, una convención como cualquier otra, una palabra vacía: *montaña, árbol, camino*; vosotros creéis que

existe una realidad en cuanto tal, una realidad dada; y
si alguien os la descubre como un espejismo, os parece
una falacia. ¡Ilusos! Aquí se enseña que cada uno debe
construirse por sí mismo la tierra que pisa, siempre de
nuevo a cada paso que queramos dar, y así se os derrumba lo que no os pertenece porque no lo habíais levantado vosotros, porque caminabais sobre ello como
parásitos, sí, como parásitos, llorando vuestra nostal-
gia por la antigua poesía perdida.

El barón Nuti. (*Que ha llegado por la izquierda, pálido, demu-
dado, convulso, en compañía de otros dos espectadores que intentan
calmarlo.*) ¡Muy otra cosa es lo que aquí se enseña, señor
mío: a ofender a los muertos y a calumniar a los vivos!

Uno de sus acompañantes. (*Cogiéndolo enseguida por el brazo para alejarlo de allí.*) Déjalo. Vámonos, vámonos.

El otro acompañante. (*Haciendo lo propio, al mismo tiempo.*) Venga, venga, no hagas caso.

El barón Nuti. (*Mientras sus acompañantes lo llevan consigo
hacia la izquierda, se vuelve y repite, agitadísimo.*) ¡Ofensas a
los muertos y calumnias contra los vivos!

Voces de curiosos. (*Entre la sorpresa general.*) —¿Quién
es ése?

—¿Quién es?

—¡Dios mío, está descompuesto!

—¡Vaya una cara de muerto!

—¡Parece un loco!

—¿Quién será?

El espectador mundano. ¡Es el barón Nuti! ¡El barón
Nuti!

Voces de curiosos. —¿Y ése quién es?

—¿El barón Nuti?

—¿Por qué habrá dicho eso?

El espectador mundano. ¡Pero bueno! ¿Nadie se ha enterado todavía de que esta es una comedia *de clave?*

Uno de los críticos. ¿De clave? Explíquese.

El espectador mundano. ¡Sí hombre, sí! ¡El caso de
Amelia Moreno, tal cual, exactamente como sucedió!

Voces. —¿Amelia Moreno?

—Y ésa ¿quién es?

—¡Ah, la actriz esa que estuvo en Alemania tanto
tiempo!

—¡Aquí en Turín todo el mundo la conoce!

— ¡Ah, ya! La del suicidio del escultor aquel, La Vela,
hace unos meses.

—¡Ya ves tú! Y ¿qué pinta Pirandello?

—¿Qué? ¿Que Pirandello se pone ahora a escribir comedias de clave?

—Eso parece.

—Y no es la primera vez.

—¿Acaso no es lícito extraer de los hechos reales la
materia para una obra de arte?

—¡Siempre que no se ofenda a los muertos ni se ca-
lumnie a los vivos, como ha dicho ese señor!

—Pero ¿quién es ese tal Nuti?

EL ESPECTADOR MUNDANO. El causante del suicido de
Giacomo La Vela. ¡Y además se iba a casar con la hermana!

OTRO DE LOS CRÍTICOS. O sea, ¿que es verdad que se lió
con la Moreno? ¿A punto de casarse?

UNO DE LOS CONTRARIOS. ¡Entonces, los hechos son idén-
ticos! ¡Esto es tremendo, por Dios!

OTRO. ¡Y por lo visto han acudido al teatro los actores
del drama verdadero, del drama real!

UN TERCERO. (*Aludiendo al* BARÓN NUTI, *y señalando por ello
a la izquierda.*) Ahí tenemos a uno.

EL ESPECTADOR MUNDANO. Y ella está arriba, en un palco, para que no la vean. ¡Se ha reconocido inmediatamente en la comedia! ¡Están intentando aplacarla, parece que se haya vuelto loca! Tres pañuelos ha roto a
mordiscos. Esto acaba a gritos, ya lo verán. ¡Buen escándalo se va a formar!

VOCES. —¡Y con toda la razón!

—¡Si tiene que aguantar que hasta la saquen en una comedia!

—¡La vida de uno sobre las tablas!

—¿Y él? ¡Daba hasta miedo!

—Esto acaba mal, desde luego.

(Suenan los timbres que anuncian que prosigue la función.)

—Están avisando.
—Empieza el segundo acto.
—¡Vamos a ver, vamos a ver!

(Movimiento general hacia el patio de butacas, entre confusos y quedos comentarios acerca de la noticia que va difundiéndose. Tres de los partidarios se quedarán un poco atrás, a tiempo para asistir, en el pasillo ya libre de público, a la irrupción desde la izquierda de AMELIA MORENO, que ha abandonado su palco y está siendo retenida por tres amigos que querrían sacarla del teatro para impedir que armara un escándalo. Los porteros del teatro, impresionados al principio, les indicarán que se callen para no perturbar la representación. Los tres partidarios se quedarán apartados, estupefactos y consternados, escuchando.)

AMELIA MORENO. ¡Déjenme, déjenme!
UNO DE SUS AMIGOS. ¡Es una locura! ¿Qué pretende hacer?
AMELIA MORENO. ¡Voy al escenario!
OTRO. ¿Para qué? ¿Está loca?
AMELIA MORENO. ¡Que me dejen!
EL TERCERO. Es mejor que nos vayamos.
LOS OTROS DOS. —Sí, vámonos.
—Convénzase.
AMELIA MORENO. ¡No! ¡Tengo que castigar esta infamia, tengo que castigarla!
EL PRIMERO. ¿Con todo el mundo delante?
AMELIA MORENO. ¡Sí, en el propio escenario!
EL SEGUNDO. ¡No, por Dios! ¡No permitiremos que haga esa locura!
AMELIA MORENO. ¡He dicho que me dejen! ¡Quiero ir al escenario!
EL TERCERO. ¡Pero si los actores ya están en escena!
EL PRIMERO. Ya ha empezado el segundo acto.
AMELIA MORENO. *(Cambiando de repente.)* ¿Ya? ¡Entonces

quiero verlo, quiero verlo! (*Se dirige de nuevo hacia la izquierda.*)

SUS AMIGOS. —¡No, no, vámonos!

—¡Háganos caso!

—¡Venga, déjelo!

AMELIA MORENO. (*Llevándose con ella a sus amigos.*) ¡No, subamos! ¡Vamos al palco, rápido! ¡Quiero verlo, quiero verlo!

UNO DE SUS AMIGOS. (*Mientras desaparecen por la izquierda.*) ¿Por qué quiere seguir atormentándose?

UNO DE LOS PORTEROS. (*A los tres partidarios.*) ¿Están locos, o qué?

EL PRIMERO DE LOS PARTIDARIOS. (*A los otros dos.*) ¿Os habéis dado cuenta?

EL SEGUNDO. ¿Era Amelia Moreno?

EL TERCERO. ¿Sabéis si Pirandello ha venido al estreno?

EL PRIMERO. Voy enseguida a decirle que se vaya. Esto acaba mal, desde luego.

TELÓN

ACTO SEGUNDO

Estamos en casa de FRANCESCO SAVIO, *a la mañana siguiente, en una sala de estar desde la que se accede a una espaciosa terraza de la que se sirve* SAVIO *para practicar la esgrima. A través de un gran ventanal que ocupa la práctica totalidad de la pared del fondo de la sala, se verá, en la terraza, una tarima, un banco alargado para los amigos, espadachines o simples espectadores, y caretas, manoplas, petos, floretes, sables. Una cortina de tela verde, que se puede correr o descorrer mediante unas anillas desde el interior, a ambos lados de la puerta que se halla en el centro del ventanal, podrá ocultar a la vista la terraza y aislar la sala. Un toldo del mismo color, sostenido por unos soportes de hierro encajados en la balaustrada del fondo de la terraza, impide la vista de un jardín que se supone más allá y que se entrevé cuando algún personaje, para bajar a él, aparta por el centro el toldo que cae a todo lo largo de la escalinata. El mobiliario de la sala consistirá sencillamente en unas cuantas tumbonas de junco lacado en verde, dos pequeños sofás y dos veladores asimismo de junco. Sólo dos aberturas aparte de la que da a la terraza: una ventana a la izquierda y una puerta a la derecha.*

Al levantarse el telón se verá a FRANCESCO SAVIO *y al* MAESTRO DE ESGRIMA, *en la terraza, con careta, peto y guantes, que practican la espada, y a* PRESTINO, *junto a dos* AMIGOS, *que los observan.*

MAESTRO. ¡Descúbrase, descúbrase más! ¡Cuidado con este muñequeo! Bien. ¡Buena contra! ¡Cuidado ahora: reparo, asalto! ¡Deje las fintas y póngase en guardia! ¡Ojo a la levada! Alto. (*Se detienen y se quitan las caretas.*) Un buen quite, desde luego.

Francesco. Es suficiente. Gracias, Maestro (*Le da la mano.*)

Prestino. Ya es suficiente, sí.

Maestro. (*Quitándose guantes y peto.*) Pero ya verá que no le resultará fácil con Palegari: cuando ofrece el flanco, propone el ataque.

El primero de los amigos. Y para a la perfección; ten cuidado.

El otro. Y un compás rapidísimo, no creas.

Francesco. ¡Ya lo sé, ya lo sé! (*Se quita a su vez guantes y peto.*)

El primero de los amigos. Tú esquiva bien, sobre todo eso.

Maestro. Y no deje de tocarle el hierro.

Francesco. No se preocupe.

El otro. Lo único, si ves la posibilidad, una estocada de puño.

El primero. No, hazme caso a mí: una buena levada a la contra, y verás cómo se la traga.

Maestro. Yo, por lo pronto, le felicito: tiene un muñequeo perfecto.

Prestino. Sigue mi consejo y no te propongas nada. La cosa acabará, como siempre, al primer arañazo. Anda, trae algo para que bebamos a tu salud.

(*Se dirigirán todos hacia la sala.*)

Francesco. Sí, vamos a beber algo. (*Toca un timbre; a continuación se dirige al* Maestro.) ¿Qué toma usted, Maestro?

Maestro. Nada, gracias. Nunca bebo por la mañana.

Francesco. Tengo una cerveza buenísima.

Prestino. Estupendo.

El primero. Venga, cerveza.

(*El* Criado *se presentará en la puerta de la derecha.*)

Francesco. Tráenos enseguida unas botellas de cerveza.

(*El* Criado *se retirará para volver poco después con una botella y varios vasos en una bandeja; llena los vasos, los sirve y
se retira.*)

El primero. Será el duelo más cómico del mundo, puedes tenerlo a gala.

El otro. Desde luego. No creo que se haya dado nunca el
caso de dos que se baten porque están recíprocamente
dispuestos a darse la razón.

Prestino. Pues nada hay de raro.

El primero. ¿Cómo? ¿Tú lo ves normal?

Pretino. Tenían posiciones contrarias; los dos han cambiado al mismo tiempo para tomar cada uno la posición del otro: necesariamente tenían que encontrarse,
que enfrentarse.

Maestro. No hay duda; si quien primero acusaba quiere
defender ahora, y viceversa, haciendo uso cada uno de
las razones del otro...

El primero. ¿Seguro?

Francesco. Créeme, de verdad, que fui a su casa con el
corazón en la mano, y...

El primero. ¿No fue porque creíste...?

Francesco. Yo no tenía ni idea.

El primero. Lo que quiero decir es si no creíste que habías cometido, inadvertidamente, un despropósito al
acusar con tal dureza a la Morello...

Francesco. Que no. Si yo...

El primero. ¡Déjame hablar, hombre! Me refiero a que
no tuviste en cuenta lo que, la otra noche, se mostró
tan evidente a los ojos de todos.

El otro. Que la defendía porque está enamorado de
ella.

Francesco. ¡Por supuesto que no! Y precisamente por
eso se produjo el enfrentamiento entre nosotros, porque yo no me hice esta consideración ni antes ni después. Queda uno como un idiota. Y luego se le juzga
como se le juzga por haberse dejado atrapar en un momento, en un acto espontáneo, que trae consigo todas
estas ridículas consecuencias. ¡Yo que contaba con

irme hoy al campo a descansar, a casa de mi hermana y mi cuñado, que me esperaban!

PRESTINO. Por la noche habíais discutido desapasionadamente...

FRANCESCO. Yo no veía otra cosa, os lo juro, que mis propias razones, sin la más mínima sospecha de que un sentimiento secreto pudiera existir en él.

EL OTRO. Pero, a fin de cuentas, ¿está enamorado o no?

EL PRIMERO. Lo está, lo está.

PRESTINO. Sin duda.

FRANCESCO. Si me lo hubiera imaginado no habría ido a su casa a darle la razón, en la certeza de que eso lo habría irritado.

EL OTRO. (*Enérgico.*) ¡Un momento! Yo quería deciros... (*Se calla, como desorientado; lo miran todos, impacientes.*)

EL PRIMERO. (*Al cabo de un momento.*) ¿Qué?

EL OTRO. Quería deciros... Ya no lo recuerdo.

(*En este punto se presentará, en el umbral de la puerta de la derecha,* DIEGO CINCI.)

DIEGO. ¿Se puede?

FRANCESCO. (*Sorprendido.*) ¡Diego! ¿Tú, aquí?

PRESTINO. ¿Vienes de parte...?

DIEGO. ¿De parte de quién voy a venir? Buenos días, Maestro.

MAESTRO. Buenos días, amigo Cinci... Yo ya me iba. (*Da la mano a* SAVIO.) Hasta mañana. Tranquilo, ¿eh?

FRANCESCO. Estoy muy tranquilo, gracias, pierda cuidado.

MAESTRO. (*Despidiéndose de los demás.*) Lamento tener que dejarles, señores, pero me tengo que ir. (*Los demás se despiden igualmente de él.*)

FRANCESCO. Si quiere, Maestro, mire, puede salir por aquí. (*Señala la salida de la terraza.*) Aparte usted el toldo; baje la escalera y ya está en el jardín.

MAESTRO. ¡Ah, sí, gracias! Buenos días a todos. (*Se va.*)

EL PRIMERO. (*A* DIEGO.) Pensábamos que tú serías el padrino de Doro Palegari.

DIEGO. (*Antes de responder hace un gesto negativo con el dedo.*)
No he querido. Anoche estuve presente; pero, amigo
de ambos, he querido mantenerme al margen.
EL OTRO. Y ¿a qué has venido?
DIEGO. He venido para comunicaros que estoy muy contento con este duelo vuestro.
PRESTINO. ¡Hombre, muy contento es excesivo! (*Los demás se ríen.*)
DIEGO. Y me gustaría que resultarais heridos los dos.
Nada grave. Una leve sangría sería muy saludable. Y,
bueno, que una herida por lo menos se ve; de eso sí que
puede uno estar seguro: un par de centímetros, o tres,
hasta un poco más... (*Coge a* FRANCESCO *por un brazo y le
levanta un poco la manga.*) Te miras la muñeca y no tienes
nada. Pero mañana tendrás, aquí, una herida preciosa;
y podrás contemplártela.
FRANCESCO. Muchas gracias por el consuelo que me das.
(*Los demás vuelven a reírse.*)
DIEGO. (*Inmediatamente.*) ¡Y él también, por supuesto! Él
también, no hay que ser egoísta. Os vais a quedar de
piedra. ¿Sabéis qué visita ha recibido Palegari después
de irte tú y que yo saliera detrás?
PRESTINO. ¿Delia Morello?
EL OTRO. Habrá ido a darle las gracias porque la defen-
dió.
DIEGO. Ya. Sólo que, al saber los motivos por los que tú
la acusabas, ¿sabes lo que ha hecho?
FRANCESCO. ¿Qué?
DIEGO. Ha reconocido que tus acusaciones eran justas.
FRANCESCO, PRESTINO Y EL PRIMERO. (*Todos a un tiempo.*)
　　—¿Sí?
　　—¡Esta sí que es buena!
　　—¿Y Doro?
DIEGO. Os podéis imaginar cómo se ha quedado.
EL OTRO. ¡Ahora sí que no sabe a santo de qué todo
esto!
FRANCESCO. ¡No! ¡Sí que lo sabe! Nos batimos porque me
ha insultado, y delante de ti; cuando yo, como les esta-
ba diciendo aquí a estos amigos y como tú mismo pu-

diste ver, había ido a su casa para reconocer sinceramente que tenía razón.

DIEGO. ¿Y ahora?

FRANCESCO. Ahora, ¿qué?

DIEGO. Ahora que sabes que Delia Morello te da la razón a ti.

FRANCESCO. ¡Ah, ya! Si ella misma...

DIEGO. ¡No, de eso nada! Tú sigues en tu papel porque ahora, más que nunca, Delia Morello es digna de defensa. ¡Y la has de defender precisamente tú que antes la acusabas!

PRESTINO. ¿Contra ella misma, que se acusa ante quien ha querido defenderla?

DIEGO. ¡Por eso precisamente! ¡Mi admiración hacia ella se ha multiplicado en cuanto he sabido todo esto! (*De repente, volviéndose hacia* FRANCESCO.) Tú, ¿quién eres? (*A* PRESTINO.) ¿Quién eres tú? ¿Y yo? ¿Quiénes somos todos nosotros? Tú te llamas Francesco Savio; yo Diego Cinci; tú, Prestino. Unos de otros, y cada uno de sí mismo, posee sólo pequeñas certezas, las del día que corre, ni siquiera las que tuvo ayer, ni las que tendrá mañana. (*A* FRANCESCO.) Tú vives de rentas; y te aburres.

FRANCESCO. ¿Quién lo ha dicho?

DIEGO. ¿No te aburres? Mejor. Yo, a fuerza de excavar en ella, he convertido mi alma en la guarida de un topo. (*A* PRESTINO.) Y tú, ¿qué haces tú?

PRESTINO. Nada.

DIEGO. Buen oficio. Pero incluso los que trabajan, amigos míos, la gente seria, todos, todo el mundo. La vida, dentro y fuera de nosotros —¡acercaos, acercaos a ella!—, es una intensa batalla, tanto, que si ni siquiera tienen fuerza para resistir los más sólidos afectos, imaginaos las opiniones, las ficciones que conseguimos construirnos, todas las ideas que a duras penas, en esta huida sin tregua, alcanzamos a vislumbrar. Basta con enterarse de algo contrario a lo que ya sabíamos: ¿que Fulano era blanco? Pues ahora es negro. O tener una impresión distinta, de un día para otro. Incluso, muchas veces, basta una palabra pronunciada con éste o aquel tono. Y además las mil imágenes que transitan continuamente nuestro cerebro y que, sin darnos cuenta, modifican de repente nuestro ánimo. Caminamos tristes por una calle que invaden ya las sombras del atardecer, pero es suficiente alzar los ojos hacia un balcón aún iluminado por el sol, hacia un geranio, rojo, incendiado de sol, y... quién sabe qué sueño lejano nos colma de inmediato de ternura.

PRESTINO. ¿Dónde quieres ir a parar?

DIEGO. A ningún sitio. No hay nada que entender, simplemente es así. Para agarrarte a algo, para mantenerte en pie, vuelves a caer en la aflicción y en el aburrimiento de las pequeñas certezas cotidianas, de lo poco que, de cualquier manera, has conseguido saber de ti mismo: cómo te llamas, cuánto dinero llevas, dónde vives..., tus costumbres, tus afectos, todo lo que es habitual en tu existencia... con ese pobre cuerpo que aún se mueve, que sigue el flujo de la vida, hasta que el movimiento, cada vez más cansino, cada vez más rígido y más viejo, cesa completamente, y se acabó.

FRANCESCO. Estabas hablando de Delia Morello...

DIEGO. ¡Ah, sí! Para contaros mi entusiasmo, una alegría al menos, una hermosa y terrible alegría, cuando ese fluir nos embiste en medio de la tempestad y asistimos al derrumbamiento de todas las formas ficticias en que se coagula nuestra estúpida vida cotidiana; e inundando las zanjas, más allá de los límites que nos habían servido para formarnos a toda costa una conciencia, para construirnos una personalidad cualquiera, vemos ese flujo que en el fondo no desconocíamos, que se nos mostraba como algo distinto, pues lo habíamos canalizado con todo cuidado en nuestros afectos, en las costumbres a las que nos obligábamos; lo vemos desbordarse en una crecida magnífica, turbulenta, y desencajarlo todo, arrastrarlo todo[27]. ¡Por fin! ¡Huracanes, volcanes, temblores!

---

[27] La segunda mitad de este parlamento es transcripción textual de frases de «El humorismo» (cfr. 1083s.).

Todos. (*A un tiempo.*) —¿Qué belleza ves en eso?
—¡Hombre, muchas gracias!
—Eso es escurrir el bulto.
—¡Dios nos libre!

Diego. Después de esa farsa, amigos míos, de vuestra versatilidad, de vuestros ridículos vaivenes, la tragedia de un alma vacilante que ni siquiera a sí misma se comprende. ¡Y no es ella solamente! (*A* Francesco.) Has de ver cómo, en tu propia casa, como venidas del más allá, dos furias se te presentan, ella y él.

Francesco. ¿Él, quién? ¿Michele Rocca?

Diego. Sí, Muchele Rocca.

El primero. Llegó anoche de Nápoles.

El otro. ¡Ya recuerdo lo que antes quería deciros: he sabido que estaba buscando a Palegari para abofetearlo, para desafiarlo!

Prestino. Eso ya lo sabíamos. (*A* Francesco.) Te lo dije.

Francesco (*A* Diego.) ¿Y a qué iba a venir a mi casa ahora?

Diego. Porque quiere batirse él con Palegari antes que tú. Pero bueno, ahora... la verdad es que debería batirse contigo...

Francesco. ¿Conmigo?

Los demás.(*Todos a un tiempo.*) ¿Qué? ¿Qué?

Diego. ¡Claro! Si tú has mudado sinceramente de opinión, y has hecho tuyos por tanto, todos los insultos que Palegari lanzó contra él en casa de los Avanzi... ¡Es evidente! Si cambian las tornas... deberías ser tú el abofeteado.

Francesco. ¡No tan deprisa, no tan deprisa! ¿A santo de qué?

Diego. ¡Hombre! Doro y tú os batís porque te insultó, ¿no? Y ¿por qué te insultó?

El primero y el otro. (*Sin dejarlo terminar.*) ¡Claro, es lógico! Diego tiene razón.

Diego. Cambiadas las tornas, eres tú ahora el que defiende a Delia Morello y el que acusa de todo a Michele Rocca.

Prestino (*Irritado.*) ¡No estamos para bromas!

Diego. ¿Bromas? (*A* Francesco.) Por lo que a mí toca, puedes tener a gala que estás de la parte de la razón.

Francesco. ¿Y pretendes que me bata también con Rocca?

Diego. ¡No, hombre! En ese caso el problema sería verdaderamente serio: la desesperación de ese pobre desgraciado...

El primero. La muerte de Salvi de por medio, entre él y la hermana, la novia...

El otro. Una boda echada a perder...

Diego. Y Delia Morello que se la jugó bien jugada...

Francesco. (*Con brusca indignación.*) ¿Cómo que se la jugó? ¿Ahora dices tú eso?

Diego. Es innegable que se sirvió de él.

Francesco. Arteramente, en ese caso. ¡Lo que yo decía!

Diego. (*Reprobando su actitud con una carcajada, para que se contenga.*) Mira, la indignación que sientes por el lío en el que te has metido no tiene por qué hacerte cambiar de nuevo de opinión.

Franceso. ¡Nada de eso! Perdona, pero tú mismo dices que fue a confesarle a Palegari que tenía razón yo al acusarla.

Diego. ¿Lo ves, lo ves?

Francesco. ¡Qué es lo que tengo que ver, por Dios! Si se me dice que ella misma se acusa y que me da la razón, es natural que cambie y que vuelva a pensar lo que pensaba. (*Dirigiéndose a los demás.*) ¿Sí o no?

Diego. (*Impetuoso.*) Pero lo que yo digo es que se sirvió de él, quizá con malas artes, lo que quieras, sólo para librar a Giorgio Salvi del peligro de casarse con ella. ¿Lo entiendes? De ninguna manera puedes sostener que se haya comportado asimismo pérfidamente con Salvi, ¡eso no! Y estoy dispuesto a defenderla contra eso, aunque ella misma se acuse. ¡Contra ella misma, sí, contra ella misma!

Francesco. (*Se lo concede, a su pesar.*) Está bien. Y con los mismos motivos que esgrimió Palegari.

Diego. Por los mismos por los que tú...

FRANCESCO. Sí, de acuerdo, cambié de opinión. Pero queda claro en todo caso que con Rocca se comportó de una manera innoble.

DIEGO. Como cualquier mujer hubiera hecho, no le des más vueltas. Él se dejó caer con la intención de sacar tajada, y fue ella la que la sacó. Esto es lo que le roe, sobre todo, a Rocca: un hombre humillado en su amor propio. No acaba de resignarse a confesar que ha sido una marioneta en manos de una mujer, un títere que Delia Morello arrojó en un rincón, inservible, después de haberse divertido haciéndole abrir y cerrar los brazos como en una plegaria, activando el fuelle de la pasión. El títere ha conseguido levantarse; su cara, sus manitas de porcelana, dan pena: las manos sin dedos; la cara sin nariz, rajada, descascarillada; el muelle del pecho le ha agujereado el juboncillo rojo de raso, se le escapa del cuerpo, roto. Y sin embargo... El títere grita, dice que no, que no es verdad que una mujer le haya obligado a abrir y cerrar los brazos para reírse, que no es verdad que después lo ha tirado al suelo, lo ha destrozado. ¡Dice que no, que no! Y yo os pregunto si puede existir un espectáculo más conmovedor que éste.

PRESTINO. (*Se dirige hacia él de repente, poniéndole casi las manos encima.*) ¿Y qué pretendes, que nos riamos, bufón?

DIEGO. (*Mirando a* PRESTINO, *al igual que los demás, estupefacto.*) ¿Yo?

PRESTINO. ¡Sí, tú! Desde que has entrado no haces más que decir estupideces, intentando ponernos en ridículo a todos.

DIEGO. ¡Y también a mí mismo, idiota!

PRESTINO. ¡Tú sí que eres idiota! ¡Es muy fácil reírse de ese modo! Presentándonos como otras tantas veletas que, en cuanto sopla un poco de viento, cambian de dirección. ¡No lo soporto! Me parece, qué sé yo, como si se quemara el alma mientras habla, al igual que se queman algunas telas al tintarlas.

DIEGO. Pues no; me río porque...

PRESTINO. Porque a fuerza de excavar en tu corazón lo

has convertido en la guarida de un topo; tú mismo lo has dicho. ¡Y está vacío! Ahí tienes el porqué.

DIEGO. Eso es lo que tú crees.

PRESTINO. ¡Lo creo porque es la verdad! Y si fuera verdad lo que tú dices, que somos así, me parece que debería inspirarte tristeza, compasión...

DIEGO. (*Violento a su vez, agresivo, poniéndole las manos en los hombros y mirándolo fijamente a los ojos, muy cerca de él.*) ¡Sí! Si dejas que te miren de este modo.

PRESTINO. (*Sorprendido.*) ¿Cómo?

DIEGO. Así, a los ojos. ¡Así! ¡No, mírame! Así. Desnudo como estás, con todas tus miserias, con el lodo que tienes dentro de ti, igual que yo, con tus miedos, tus remordimientos, tus contradicciones. Separa de ti esa marioneta que tú mismo te construyes con la interpretación ficticia de tus actos, de tus sentimientos: te darás cuenta enseguida que nada tiene que ver con lo que eres, con lo que puedes ser en verdad, con lo que está dentro de ti y tú desconoces; es un dios terrible, tenlo en cuenta, si te opones a él; pero enseguida se apiada de ti, de cada una de tus culpas, si te abandonas, si no intentas buscar una excusa. ¡Ya, pero al abandonarnos nos parece como si nos negáramos a nosotros mismos, algo indigno de un hombre! Y así ha de ser siempre mientras creamos que la humanidad consiste en eso que llamamos conciencia, o en el valor que una vez demostramos en lugar del miedo que tantas veces nos aconseja ser prudentes. Tú has aceptado representar a Francesco en este estúpido duelo con Palegari; (*A* FRANCESCO.) ¿Y tú creíste que Palegari, anoche, en ese preciso momento, te llamaba muñeco a ti? ¡Se lo decía a sí mismo! No te has enterado de nada. A la marioneta que no veía en sí mismo, sino en ti, que eras como su espejo. Me río... Yo soy así... Pero, antes que a nadie, a mí me hiere mi risa.

(*Pausa. Permanecen todos absortos, pensando cada uno en sí mismo. A continuación cada uno, entre pausa y pausa, habla como si lo hiciera consigo mismo.*)

FRANCESCO. Es cierto, yo no siento rencor alguno contra Doro. Me vi arrastrado por él...

PRESTINO. (*Tras otra pausa.*) Muchas veces es necesario fingir que se cree. No debe atenuarse sino crecer la piedad, si la mentira nos hace llorar más intensamente.

EL PRIMERO. (*Tras otra pausa, como si pudiera leer el pensamiento de* FRANCESCO.) ¡Lo hermoso que debe estar ahora el campo!

FRANCESCO. (*De modo espontáneo, sin signo de sorpresa, como pidiendo disculpas.*) ¡Hasta había comprado ya unos juguetes para llevárselos a mi sobrina!

EL OTRO. ¿Sigue tan bonita como cuando yo la conocí?

FRANCESCO. ¡Más! Una niña preciosa..., pura. ¡Qué bonita es, Dios mío!

(*Diciendo esto, saca de una caja un oso de juguete; le da cuerda; lo pone en el suelo, para que salte, entre las risas de sus amigos. Después, una pausa, triste.*)

DIEGO. (*A* FRANCESCO.) Escúchame: yo en tu lugar... (*El* CRIADO, *que se presenta en el umbral de la puerta de la derecha, lo interrumpe.*)

CRIADO. ¿Da su permiso?

FRANCESCO. ¿Qué pasa?

CRIADO. He de decirle una cosa.

FRANCESCO. (*Se le acerca y escucha lo que el* CRIADO *le dice en voz baja; a continuación, contrariado.*) ¡No, por Dios! ¿Ahora? (*Se vuelve a mirar a sus amigos, inseguro, perplejo.*)

DIEGO. (*Inmediatamente.*) ¿Es ella?

PRESTINO. ¡No puedes recibirla, no debes!

EL PRIMERO. Es verdad; mientras el pleito esté en el aire...

DIEGO. ¡Pero si ella no tiene nada que ver con esas cuestiones vuestras!

PRESTINO. ¿Cómo que no? ¡Ella es la causa! ¡Bueno: yo que te represento te digo que no, que no debes recibirla!

EL OTRO. Pero no se puede despedir así a una señora, digo yo, sin saber siquiera lo que quiere.

DIEGO. Yo no digo nada más.

EL PRIMERO. (*A* FRANCESCO.) Podrías ir a ver...

EL OTRO. Eso. Y si acaso...

FRANCESCO. ¿Y si lo que quiere es hablar del asunto?

PRESTINO. Pues cortas inmediatamente.

FRANCESCO. ¡Yo por mí la mando rápidamente a paseo, figúrate!

PRESTINO. Bien. Ve a ver. (*Sale* FRANCESCO, *seguido por el* CRIADO.)

DIEGO. En mi opinión, la única cosa sería que él le dijera...

> (*En este punto, apartando furioso el toldo que separa la terraza del jardín, irrumpirá* MICHELE ROCCA, *presa de una hosca agitación apenas contenida. Tiene alrededor de treinta años, moreno, atormentado por los remordimientos y por la pasión. Por su rostro alterado, por sus maneras en general, resultará evidente que está dispuesto a cualquier exceso.*)

ROCCA. ¿Se puede? (*Sorprendido al encontrarse entre tantas personas que no esperaba.*) ¿Es aquí? ¿Dónde estoy?

PRESTINO. (*En medio del asombro de los demás y suyo propio.*) ¿Quién es usted?

ROCCA. Michele Rocca.

DIEGO. Aquí lo tenemos.

ROCCA. (*A* DIEGO.) ¿Es usted don Francesco Savio?

DIEGO. No. Savio está por ahí dentro. (*Señala la puerta de la derecha.*)

PRESTINO. ¿Cómo es que ha entrado usted por aquí?

ROCCA. Me han indicado esta entrada.

DIEGO. El portero, confundiéndolo con algún amigo.

ROCCA. ¿No ha venido hace poco una señora?

PRESTINO. ¿Acaso la seguía usted?

ROCCA. Sí señor, la he seguido; sabía que habría de venir aquí.

DIEGO. ¡Y yo! Y también he previsto su llegada, ¿sabe?

ROCCA. Se han dicho cosas tremendas de mí. Sé que el señor Savio, sin conocerme, me ha defendido. Y no debe, no debería prestar oídos a esa mujer sin que yo antes le haga saber la verdad.

PRESTINO. Ahora ya es inútil.

ROCCA. ¡Qué dice usted! ¿Por qué es inútil?

PRESTINO: Sí señor, sería inútil cualquier intromisión.

EL PRIMERO. Hay un desafío en toda regla.

EL OTRO. Unas condiciones ya establecidas.

DIEGO. Y estados de ánimo radicalmente modificados.

PRESTINO. *(Muy irritado, a* DIEGO.*)* ¡Deja de meterte donde no te llaman! ¡Acaba de una vez, por Dios!

EL PRIMERO. Parece que te guste embrollarlo todo.

DIEGO. Al contrario. Ha venido aquí creyendo que Savio lo defendía; yo le hago saber que ahora ya no lo defiende.

ROCCA. ¿Cómo, también él me acusa?

DIEGO. Y no sólo él, créame.

ROCCA. ¿También usted?

DIEGO. Sí señor, también yo. Y todos los aquí presentes, como puede ver.

ROCCA. Es evidente que hasta ahora mismo han estado hablando con esa mujer.

DIEGO. Sepa usted que no. Ninguno de nosotros. Y ni siquiera Savio, que lo hace precisamente ahora por primera vez.

ROCCA. ¿Por qué me acusan, entonces? ¿Y también el señor Savio, que antes me defendía? ¿Por qué se bate entonces con el señor Palegari?

DIEGO. En usted, señor mío, y yo lo entiendo..., asume..., la locura..., asume un aspecto impresionante. Pero créame que, ya lo he dicho antes, en verdad todos estamos un poco locos. Se bate, si quiere saberlo, porque ha mudado de opinión acerca de usted.

EL PRIMERO. *(Inmediatamente, al igual que los demás.)* ¡No es cierto! ¡No le haga usted ningún caso!

EL OTRO. Se bate porque, tras el tumulto de la otra noche, Palegari, irritado...

EL PRIMERO. *(Continuando la frase.)* Lo insultó.

PRESTINO. *(Continuando a su vez.)* Y Savio recogió el guante y lo desafió.

DIEGO. (*Por encima de las voces de los demás.*) A pesar de que
ya estaban de acuerdo.

ROCCA. (*Inmediata e impetuosamente.*) ¡Para juzgarme, sin
haberme escuchado! ¡Cómo ha sido capaz esta mujer
infame de atraérselos a todos!

DIEGO. A todos, es cierto. Menos a sí misma.

ROCCA. ¿Menos a sí misma?

DIEGO. Ya ve. No crea usted que ella está de este lado o
de aquel otro: no sabe en absoluto de qué lado está. In-
dague también usted en sí mismo, y quizá descubra que
tampoco sabe dónde está.

ROCCA. ¿Está de guasa? Anúncienme. Hágalo alguno de
ustedes, por favor. Anúncienme al señor Savio.

PRESTINO. Pero, ¿qué ha de decirle? Le repito que es inútil.

ROCCA. Qué sabe usted. Si él también está ahora en mi
contra, tanto mejor.

PRESTINO. Ahora mismo está hablando con esa señora.

ROCCA. Pues mejor aún. Yo la he seguido aposta hasta
aquí. Quizá sea una suerte para ella que la encuentre
así, en presencia de otros, de un extraño que la casualidad ha querido disponer entre nosotros. ¡Dios mío, yo
estaba decidido a todo, ciego...! Pero por el simple hecho de encontrarme ahora entre ustedes, aquí, inopinadamente, de tener que hablar, que contestar, me
siento..., siento como si mi ánimo respirara, ligero...
¡Hace tanto tiempo que no hablaba con nadie! ¡No saben ustedes el infierno en que me abraso! ¡Yo intenté
salvar a Giorgio Salvi, intenté salvar a quien ya quería
como a un hermano!

PRESTINO. ¿Salvarlo? ¡Vaya que sí!

EL PRIMERO. ¿Quitándole la novia?

EL OTRO. ¿A punto de casarse?

ROCCA. ¡No, no! ¡Escúchenme! ¿Que yo le iba a quitar la
novia? ¿Qué novia? Tampoco hacía falta mucho para
salvarlo. Bastaba con demostrarle, no dejarle lugar a
dudas que aquella mujer que él quería hacer suya ca-
sándose con ella, podía ser suya, como había sido de
otros, como podría serlo de cualquiera de ustedes, sin
necesidad de casarse.

Prestino. Pero lo que va delante...

Rocca. ¡Fue un desafío!

El primero. ¿Cómo?

El otro. ¿Un desafío? ¿Con quién?

Rocca. ¡Él mismo me retó, él mismo! Déjenme hablar. De acuerdo con su hermana y con su madre, después de que él la presentara a la familia forzando sus más puros sentimientos, yo, les repito, de acuerdo con su hermana y con su madre, los acompañé a Nápoles con la excusa de ayudarles a montar la casa. Tenían que casarse pocos meses después. Fue por una de esas desavenencias tan normales entre novios. Ella, furiosa, se alejó de él durante unos días. (*De repente, como a causa de una visión tentadora que lo horroriza, se cubre los ojos.*) Dios mío, la estoy viendo, cómo se fue... (*Se descubre los ojos, sumamente turbado.*) Yo estuve presente en la discusión. (*Rehaciéndose.*) Aproveché un momento que me pareció el más oportuno para hacer ver a Giorgio que iba a cometer una locura... ¡Parece increíble, sí, parece increíble! Por una táctica muy común entre todas estas mujeres, ella nunca había querido concederle ni siquiera el más mínimo favor...

El primero. (*Que sigue muy atentamente la narración, como los demás.*) Es comprensible.

Rocca. En Capri se había mostrado tan desdeñosa con todo el mundo, tan distante y orgullosa... Pues bien: me retó. ¡Él, él mismo! Me retó, ¿lo entienden? Me retó a que le probara cuanto yo decía; y me prometió que, si se lo probaba, se alejaría de ella, rompería su compromiso... Y sin embargo se mató.

El primero. ¿Y usted se prestó?

Rocca. Yo quería salvarlo.

El otro. La traición, entonces...

Rocca. ¡Es horrible, horrible!

El otro. ¡Fue él quien lo traicionó a usted!

Rocca. ¡Él, fue él!

El otro. ¡Lo traicionó matándose!

Prestino. ¡Es increíble!

Rocca. ¿Que yo me prestara?

PRESTINO. No. Que él le permitiera prestarse a obtener una prueba de esa índole.

ROCCA. Lo hizo a propósito, porque se dio cuenta enseguida, ¿sabe? Ella, desde el momento en que me vio con mi prometida, había intentado atraerme con malas artes, de atraerme hacia sí, de enredarme con su simpatía. Y me lo hizo ver... él, precisamente él, Giorgio. De modo que me resultó fácil, ¿entienden ustedes?, hacerle esa propuesta en aquel momento, decirle. «Sabes perfectamente que sería capaz de liarse conmigo.»

PRESTINO. Entonces..., no puedo creerlo..., ¿fue casi desafiarse a sí mismo lo que hizo Salvi?

ROCCA. Tenía que habérmelo dicho, hacerme comprender que estaba envenenado sin remedio, que era ya inútil que yo intentara arrancarle los dientes y el veneno a esa víbora.

DIEGO. *(Impulsivo.)* ¡Todo lo que usted quiera, pero una víbora no, señor mío!

ROCCA. ¡Una víbora, una víbora!

DIEGO. Demasiada ingenuidad para una víbora. ¡Dirigir hacia usted tan pronto, para ser exactos, inmediatamente el veneno!

PRESTINO. A no ser que lo hiciera a propósito, maquinando la muerte de Salvi.

ROCCA. ¡Quién sabe!

DIEGO. ¿Por qué? ¡Ya se había salido con la suya, obligándolo a casarse! ¿Cree usted que le convenía permitir que le arrancaran el veneno antes de alcanzar su objetivo?

ROCCA. ¡Ella ni lo sospechaba!

DIEGO. Buena víbora era, en ese caso. ¡Venga, va! ¡Pretende que una víbora nada sospeche! Hubiera mordido después, y no antes. Si mordió primero quiere decirse que, o no era una víbora, o quiso perder su veneno por Giorgio Salvi.

ROCCA. Entonces, ¿usted piensa...?

DIEGO. Perdone, pero es usted el que me lo hace pensar considerando pérfida a esa mujer. Conforme a lo que dice, no es lógico en una mujer malvada lo que ella ha

hecho. Una mujer que quiere conseguir su objetivo ca-
sándose, ¿se entrega a usted tan fácilmente en vísperas
de la boda?

ROCCA. ¿Que se entrega a mí? ¿Quién le ha dicho que se
me entregó? Nunca llegué a poseerla, nunca! ¡Ni se me
ocurrió pensarlo!

DIEGO. (*Estupefacto, como los demás.*) ¿No?

LOS DEMÁS. ¿Entonces?

ROCCA. Yo simplemente quería tener una prueba, y por
ella no hubiera quedado; una prueba para conven-
cerlo.

(*En este punto se abrirá la puerta de la derecha y aparecerá,
turbado, vehemente,* FRANCESCO SAVIO, *que viene de estar
con* DELIA MORELLO, *la cual a fin de conseguir que no se
bata en duelo con* DORO PALEGARI, *lo ha embriagado de sí
misma.* SAVIO *se enfrenta desde el primer momento, resuelto,
a* MICHELE ROCCA.)

FRANCESCO. ¿Qué pasa quí? ¿Usted qué quiere? ¿Qué son
esos gritos en mi casa?

ROCCA. He venido para decirle...

FRANCESCO. ¡Usted a mí no tiene nada que decirme!

ROCCA. Se equivoca. No sólo debe hablar ella: también yo.

FRANCESCO. ¡No se atreva a amenazarme!

ROCCA. ¡Yo no amenazo a nadie! Sólo quiero hablar con
usted.

FRANCESCO. ¡Ha seguido a una señora hasta mi casa!

ROCCA. Ya he explicado a sus amigos...

FRANCESCO. ¡Y qué me importan a mí sus explicaciones!
¡La ha seguido, no lo niegue!

ROCCA. Sí. Porque si usted ha de batirse con el señor Palegari...

FRANCESCO. ¡Qué está diciendo! ¡Yo no me bato con nadie!

PRESTINO (*Estupefacto.*) Pero ¿qué dices?

FRANCESCO. ¡Lo que has oído!

EL PRIMERO, DIEGO Y EL OTRO (*Todos a un tiempo.*) —¿Te
has vuelto loco?

—¿Hablas en serio?

—¡Parece mentira!

Rocca (*Al mismo tiempo, pero en voz más alta, sonriendo sarcásticamente.*) ¡Hombre, lo ha seducido! ¡Vaya por Dios!

Francesco. (*Echándosele encima.*) ¡Cállese, o no respondo!

Prestino (*Interponiéndose entre ambos, de frente a* Francesco.) ¡Antes contéstame! ¿No te bates con Palegari?

Francesco. No. No es justo, por una tontería, acrecentar la desesperación de una mujer.

Prestino. ¡Pero el escándalo será aún mayor si no lo haces! ¡Las condiciones del duelo han sido ya pactadas!

Francesco. ¡Sería ridículo que me batiera ahora con Palegari!

Prestino. ¿Ridículo?

Francesco. ¡Sí! ¡Ridículo, ridículo, bien que lo sabes! ¡Estando los dos de acuerdo! Para ti es una fiesta en cuanto puedes entrometerte en una de estas payasadas.

Prestino. ¡Pero si tú mismo lo desafiaste, tú, cuando te insultó!

Francesco. Es una estupidez. Ya lo ha dicho Diego. No se hable más.

Prestino. ¡Esto es increíble, increíble!

Rocca. Ella le ha arrancado la promesa de no batirse con su héroe.

Francesco. ¡Sí! Pero viéndolo aquí a usted...

Rocca. Quizá con respecto a mí le ha prometido todo lo contrario...

Francesco. ¡No! ¡Pero me está usted provocando hasta en mi propia casa! ¿Qué quiere de esa señora?

Prestino. Déjalo, anda.

Francesco. ¡La sigue desde anoche!

Prestino. ¡Pero no irás a desafiarlo a él ahora!

Francesco. ¡Nadie podría decir que me he buscado un adversario menos temible!

Prestino. ¡De eso nada, Francesco! Porque si yo ahora, en tu lugar, me pongo a disposición de Palegari...

El primero. (*Gritando a* Francesco.) ¡Para ti sería un deshonor!

PRESTINO. Exactamente.

ROCCA. Yo puedo perfectamente pasarlo por alto.

EL PRIMERO. ¡No! Tendría que enfrentarse a nosotros, en
ese caso, puesto que nosotros habríamos provocado la
situación.

PRESTINO (*A* FRANCESO.) ¡No encontrarás a nadie que
quiera representarte! Tienes todo el día para pensarlo.
Yo no puedo quedarme aquí; me voy.

DIEGO. Ya recapacitará, no os preocupéis.

PRESTINO. (*A los otros dos.*) Vámonos. (*Se van los tres por la
salida del jardín.*)

DIEGO. (*Los acompaña un momento, encareciéndoles tranquilidad.*) ¡Calma, señores, calma! No precipitemos los
acontecimientos. (*A continuación se dirige a* FRANCESCO.)
¡Y tú mira bien lo que haces!

FRANCESCO. ¡Vete a tomar vientos también tú! (*Agresivo, a*
ROCCA.) ¡Usted váyase, fuera, fuera de mi casa! ¡Estoy a
su disposición, cuando quiera y como quiera!

> (*En ese momento aparecerá, en el umbral de la puerta de la
> derecha,* DELIA MORELLO. *En cuanto percibe la presencia
> de* MICHELE ROCCA, *tan cambiado, convertido en otra per-
> sona, siente de repente que se le cae de los ojos, que se le escapa
> de las manos, la mentira de que hasta ese momento se había
> servido para defenderse contra la secreta y violenta pasión
> que, desde que se vieron por vez primera, los atrapó y los
> atrajo frenéticamente el uno al otro, una pasión que ante sí
> mismos quisieron enmascarar de piedad, de interés hacia*
> GIORGIO SALVI, *pregonando que querían salvarlo, cada
> cual a su manera y uno contra otro. Desposeídos ahora de esta
> mentira, frente a frente, ante la repentina piedad que recí-
> procamente se inspiran, se miran un momento, pálidos y tem-
> blorosos.*)

ROCCA. (*Con la voz entrecortada.*) Delia... Delia. (*Se dirige hacia ella para abrazarla.*)

DELIA. (*Abandonándose, se deja abrazar.*) No..., no. ¿Qué te
ha pasado? (*Entre el estupor y el horror de los otros dos, se
abrazan convulsos.*)

[235]

Rocca. ¡Delia, mi vida!

Diego. ¡Ahí tienes su odio! Eso es todo. ¿Lo ves? ¿Lo ves?

Francesco. ¡Es absurdo, monstruoso! ¡Un hombre muerto pesa sobre ellos!

Rocca. (*Sin separarse de ella, revolviéndose como una fiera acorralada.*) ¡Sí, es monstruoso! ¡Pero ella tiene que estar conmigo, sufrir conmigo, conmigo!

Delia. (*Horrorizada, separándose de él violentamente.*) ¡No! ¡Vete, vete! ¡Déjame!

Rocca. (*Reteniéndola, violento.*) ¡No! ¡Tienes que quedarte conmigo, con mi desesperación!

Delia. (*Como antes.*) ¡Déjame, te digo! ¡Déjame! ¡Asesino!

Francesco. ¡Déjela, por Dios, déjala!

Rocca. ¡Usted ni se me acerque!

Delia. (*Que consigue liberarse.*) ¡Déjame! (Franceso y Diego *sujetan a* Michele Rocca, *que intenta abalanzarse sobre ella.*) ¡No te tengo miedo, ningún miedo! ¡No me puedes hacer ningún daño, aunque me mates!

Rocca. (*Al mismo tiempo que ella, sujeto por los otros dos, grita.*) ¡Delia, Delia! ¡Necesito agarrarme a ti, no puedo seguir solo!

Delia. (*Violenta.*) ¡Ya no siento nada! ¡Creí sentir compasión, miedo..., pero es mentira!

Rocca. (*Como ella.*) ¡Yo pierdo la razón! ¡Suéltenme!

Diego y Francesco. —¡Son como dos fieras!
    —¡Esto es una locura!

Delia. Déjenlo. No le tengo miedo. Me he dejado abrazar fríamente, ni temerosa, ni compadecida.

Rocca. ¡Ah, infame! ¡Lo sé, sé que no vales nada! ¡Pero te quiero aquí, aquí!

Delia. ¡Cualquier daño, hasta que me mates, es pequeño para mí! ¡Otro crimen, la cárcel, la propia muerte! ¡Quiero seguir sufriendo como sufro!

Rocca. (A Francesco *y a* Diego, *que lo sujetan.*) ¡No vale nada! La quiero conmigo solamente por todo lo que he sufrido por ella. Pero no es amor, es odio. ¡Odio!

Delia. ¡También es odio lo que yo siento!

Rocca. ¡Es la misma sangre que por ella ha sido derramada! (*Consigue soltarse tras un violento forcejeo.*) ¡Ten piedad de mí, ten piedad! (*La persigue por la habitación.*)

DELIA. (*Huyendo de él.*) ¡No! ¡No! ¡Ten cuidado conmigo!

DIEGO y FRANCESCO. (*Volviéndolo a sujetar.*) —¡Por Dios, cálmese!

—¡Se las verá conmigo!

DELIA. ¡Peor para él si intenta que lo compadezca, o que me compadezca a mí misma! ¡No hay compasión! Si sienten alguna por él, hagan que se vaya.

ROCCA. ¿Cómo pretendes que me vaya? ¡Tú sabes que mi vida quiere ahogarse para siempre en esa sangre!

DELIA. ¿Acaso no quisiste tú salvar del deshonor a tu cuñado?

ROCCA. ¡Eres mezquina! ¡No es verdad! ¡Bien sabes que todo eso es mentira, que los dos hemos mentido!

DELIA. ¡Todo es mentira, mentira!

ROCCA. ¡Tú me querías, y yo a ti, desde el primer momento que nos vimos!

DELIA. ¡Pero yo te quise conmigo para castigarte!

ROCCA. ¡Y yo! ¡Pero también tu vida, para siempre, ha quedado ahogada en esa sangre!

DELIA. ¡También la mía, sí, también la mía! (*Como un fuego que se aviva, corre hacia él, apartando a quienes lo sujetan.*) ¡Es verdad! ¡Es verdad!

ROCCA. (*La abraza de nuevo, frenéticamente.*) ¡Es preciso que nos hundamos los dos juntos, así, así, agarrados el uno al otro! ¡No tú sola, ni yo...! ¡Los dos!

DIEGO. Veremos lo que les dura...

ROCCA. (*Conduciéndola hacia la escalera del jardín y dejando a los dos amigos estupefactos, sobrecogidos.*) Vente conmigo, ven, vámonos...

FRANCESCO. ¡Están locos!

DIEGO. Porque no te ves a ti mismo...

TELÓN

SEGUNDO INTERMEDIO CORAL

De nuevo, apenas bajado el telón al final del segundo acto, volverá a levantarse para mostrar la misma parte del pasillo exterior de la sala que conduce al escenario. Esta vez, sin embargo, el público tarda en salir de la sala. En el pasillo, los porteros, algún que otro acomodador, las encargadas de los palcos, dejarán ver su inquietud: hacia el final del acto se ha visto a AMELIA MORENO, *a la que no consiguieron retener sus amigos, atravesar corriendo el pasillo e introducirse en el escenario. Se oye ahora en la sala un clamor de gritos y de aplausos cada vez más acentuado, bien porque los actores, cuya presencia se reclama en el proscenio, no aparecen para saludar al público, bien porque extraños gritos y voces descompuestas se escuchan en el escenario aún a través del telón; el griterío es asimismo cada vez más intenso en la platea.*

UNO DE LOS PORTEROS. Pero, ¿qué pasa?

OTRO PORTERO. ¿No es un estreno? ¡El follón de siempre!

UN ACOMODADOR. ¡Qué va! Es que están aplaudiendo y los actores no salen.

UNA ENCARGADA DE PALCO. Pero en el escenario están gritando, ¿no lo oís?

SEGUNDO PORTERO. ¡Y también en el patio!

OTRA ENCARGADA DE PALCO. ¿No será por la señora esa que acaba de pasar corriendo?

PRIMER PORTERO. Será por eso, seguro. La sujetaban como si se hubiera vuelto loca.

PRIMERA ENCARGADA DE PALCO. ¡Y ha entrado en el escenario que se la llevaba el diablo!

PRIMER PORTERO. Ya quería ir cuando terminó el primer
acto.
TERCERA ENCARGADA DE PALCO. Pero bueno, ¿no oís?
¡Esto va de mal en peor!

(*Se abrirán a un tiempo dos o tres puertas de palcos y saldrán
de ellos algunos espectadores consternados; en la sala sigue au-
mentando el tumulto.*)

SEÑORES DE LOS PALCOS. (*Apareciendo en escena y asomándose
de vez en cuando a las puertas de los palcos.*) —¡Sí, sí; es en el
escenario!
—¿Qué pasa? ¿Se pegan?
—¡Están gritando!
—Y los actores sin aparecer.

(*Otras personas, mientras la consternación va en aumento,
abandonarán sus palcos y mirarán al fondo del pasillo, hacia
la pequeña puerta del escenario. Inmediatamente después se
verá llegar desde la izquierda a un gran número de espectadores entre llamativas muestras de inquietud. Se oye gritar:
«Pero ¿qué es eso? ¿Qué ocurre?» Nuevos grupos de espectadores aparecerán por la puerta del patio de butacas, ansiosos,
agitados.*)

VOCES CONFUSAS. —¡En el escenario se están dando leña!
—¡Escuchad, escuchad!
—¿En el escenario?
—¿A santo de qué?
—Vete a saber.
—¡Dejen paso!
—¿Qué ocurre?
—¡Dónde estamos! ¡Parece mentira!
—¿A qué viene este barullo?
—¡Que me dejen pasar!
—¿Se ha acabado la obra?
—¿Y el tercer acto?
—Falta el tercer acto.
—Abran paso, abran paso.

—Sí, a las cuatro en punto. Adiós.
—¿Os dais cuenta del jaleo que se oye en el escenario?
—¡Yo cojo el abrigo y me voy!
—¡Escuchad, escuchad!
—¡Esto es un escándalo!
—¡Qué falta de respeto!
—¿A qué se debe todo este follón?
—No lo sé, parece...
—¡No hay quien lo entienda!
—¡Ya está bien!
—¡Mirad allí, al fondo!
—¡Han abierto la puerta!

(Se abrirá con un golpe, al fondo, la puerta del escenario; por momentos la escena se llena de los gritos descompuestos de actores y actrices, del DIRECTOR, *de* AMELIA MORENO *y de sus tres amigos, que llegan a través de esa puerta; les hace eco el tumulto de los espectadores que poco a poco se han ido amontonando ante la puerta del escenario, entre las airadas protestas de algunos que, indignados ante la insoportable situación, pretenden abrirse paso para irse.)*

VOCES DESDE EL ESCENARIO *(De los actores.)* —¡Fuera, fuera!
—¡Échenla de aquí!
—¡Insolente!
—¡Bruja!
—¡Sinvergüenza!
—¡Tendrá que responder de esto!
—¡Fuera, fuera!
(De Amelia Moreno.) —¡Esto es una infamia! ¡No es posible!
(Del Director.) —¡Quítese de en medio de una vez!
(De uno de los amigos.) —¡Está usted hablando con una señora!
(De Amelia Moreno.) —¡Qué asco!
(De otro de los amigos.)—¡Un poco de respeto, por Dios!
(De los actores.) —¡Vaya una señora!
—¡Ha venido aquí a ofender!

—¡Fuera de aquí!
(*De las actrices.*) —¡Bruja!
—¡Desvergonzada!
(*De los actores.*) —Dé usted gracias a Dios que es una mujer! ¡Tiene lo que se merece!
—¡Fuera, fuera!
(*Del Director.*) —¡Váyanse, ya está bien!
Voces de los espectadores. (*Todos a un tiempo, entre silbidos y aplausos.*) —¡La Moreno, la Moreno!
—¿Quién es ésa?
—¡Le han dado un tortazo a la primera actriz!
—¿Quién, quién?
—¡La Moreno, la Moreno!
—Pero ¿quién es la Moreno?
—¿La primera actriz?
—¡No, no, se lo han dado al autor!
—¿Al autor? ¿Un tortazo?
—¿Quién, quién se lo ha dado?
—¡La Moreno!
—¡No, la primera actriz!
—¿El autor le ha dado una bofetada a la primera actriz?
—¡No, al contrario!
—¡Ella a él!
—¡Que no, hombre! ¡La Moreno le ha dado un tortazo a la primera actriz!
Voces desde el escenario. —¡Acaben de una vez!
—¡Váyanse ya!
—¡Son unos desaprensivos!
—¡Cínica!
—¡Fuera de aquí!
—Abran paso, por favor.
—¡Quítense de en medio!
Voces de los espectadores. —¡Fuera los alborotadores!
—¡Acaben de una vez!
—Pero ¿de verdad es la Moreno?
—¡Basta ya, a la calle!
—¡No, no, la obra tiene que seguir!

—¡A la calle los alborotadores!
—¡A la calle... ¡A la calle Pirandello!
—¡Viva Pirandello! ¡Viva!
—¡Fuera! ¡Fuera Pirandello!
—¡Él es el provocador!
—¡Basta ya!
—¡Dejen paso, dejen paso!
—¡Quítense de ahí!

(Algunos actores y actrices conseguirán abrirse paso entre los espectadores, seguidos por el Administrador de la Compañía *y por el* Empresario del Teatro *que intentan convencerlos de que se queden. En este confuso y agitado ir y venir, los espectadores allí amontonados, que en principio se callan para poder oír, romperán de vez en cuando en sonoros comentarios.)*

Empresario del Teatro. ¡Sean prudentes, por Dios! ¿Pretenden ustedes hundir el espectáculo?

Actores y actrices. *(Todos a un tiempo.)* —¡No hay nada que hacer!
—¡Yo me voy!
—¡Nos vamos todos!
—¡Nos pide usted demasiado!
—¡Esto es una vergüenza!
—¡No estamos dispuestos a admitirlo!

Administrador de la Compañía. Pero ¿de qué se quejan ustedes? ¿Contra quién pretenden rebelarse?

Uno de los actores. ¡Contra el autor! ¡Y estamos en nuestro derecho!

Otro. ¡Y contra el Director que ha aceptado representar una obra de esta catadura!

Empresario. ¡Pero estos no son modos de protestar, yéndose y dejando la obra a la mitad! Esto, lo que es, es anarquía!

Voces contrarias de los espectadores. —¡Hacen bien!
—¡Sí señor!
—¿Quiénes son?

—Los actores, ¿no lo ves?

—¡De eso nada!

—¡Tienen razón! ¡Tienen razón!

LOS ACTORES. *(Al mismo tiempo.)* ¡Nos vamos!

CARACTERÍSTICO. ¡No hay derecho a que nos hagan interpretar una obra de clave!

VOCES DE ALGUNOS ESPECTADORES DESPISTADOS. —¿Una obra de clave?

—¿Cómo es eso?

—¿Qué? ¿Que la obra...?

LOS ACTORES. ¡Sí señor!

VOCES DE OTROS ESPECTADORES QUE ESTÁN AL CORRIENTE. —¡Pues claro!

—¿No lo sabían?

—¡Es un escándalo!

—¡Todo el mundo lo sabe!

—Es lo del escultor aquel que se suicidó.

—Y la novia está aquí, en el teatro. La han visto.

—¡Se ha metido en el escenario como una exhalación!

—¡Le ha pegado una bofetada a la primera actriz!

LOS ESPECTADORES DESPISTADOS Y LOS FAVORABLES. *(Todos a un tiempo, en medio de la confusión.)* —Pues nadie lo ha notado.

—Y la comedia está gustando.

—¡Queremos ver el tercer acto!

—¡Estamos en nuestro derecho!

—¡Muy bien dicho!

—¡No hay derecho, hemos pagado!

UNO DE LOS ACTORES. ¡A lo que no hay derecho es a que no se nos respete!

OTRO. ¡Así que nos vamos! ¡Yo por lo menos!

CARACTERÍSTICA. ¡Además la primera atriz ya se ha ido!

VOCES DE ALGUNOS ESPECTADORES. —¿Ya se ha ido?

—¿Por dónde ha salido?

—¿Por la puerta del escenario?

CARACTERÍSTICA. ¡Una mujer la ha agredido! ¡En el propio escenario!

VOCES DE DESACUERDO DE ALGUNOS ESPECTADORES.

—¿Que la han agredido?

—¡Sí, señor, la Moreno!

—¡Con toda la razón!

—¿Quién?

—Amelia Moreno.

—Pero ¿por qué?

—¿A la primera actriz?

UNO DE LOS ACTORES. Porque se ha reconocido en uno de los personajes de la obra.

OTRO. ¡Y se ha creído que nosotros éramos los cómplices del autor en la difamación!

CARACTERÍSTICA. ¡Digan ustedes si nuestro trabajo merece este premio!

BARÓN NUTI. (*Adelantándose mientras lo sujetan, como en el primer intermedio, dos amigos suyos, extremadamente turbado, convulso.*) ¡Es cierto! ¡Esto es una infamia, una tremenda infamia! ¡Tienen ustedes todo el derecho del mundo a rebelarse!

UNO DE LOS AMIGOS. No te comprometas. Vámonos, vámonos.

BARÓN NUTI. ¡Es una auténtica iniquidad, señores! ¡Dos almas expuestas al escarnio, dos corazones sangrantes aún!

EMPRESARIO. (*Desesperado.*) ¡Ahora el espectáculo pasa del escenario a los pasillos!

VOCES DE ESPECTADORES CONTRARIOS AL AUTOR. —¡Tiene razón! ¡Tiene razón!

—¡Infamias!

—¡No es justo!

—¡Tienen derecho a rebelarse!

—¡Una difamación!

VOCES DE ESPECTADORES FAVORABLES. —¡De eso nada!

—¡Y a mí, qué!

—¿De qué calumnias hablan?

—¡Ya ves tú, difamaciones!

EMPRESARIO. ¡Esto es un teatro, no una plaza pública!

BARÓN NUTI. (*Agarrando del pecho a uno de los espectadores favorables, mientras todos, atemorizados por su furia y por su propio aspecto, guardan silencio, en suspenso.*) ¿Dice usted que esto es lícito, hacer de mí, una persona de carne y hueso, un personaje; mostrarme sobre un escenario, delante de todos, con mi tormento vivo; hacerme decir palabras que nunca he dicho, realizar acciones que ni siquiera he imaginado?

(Como una respuesta, en medio del silencio que se ha creado, se escucharán al fondo, delante de la puerta del escenario, las palabras que en ese preciso momento el DIRECTOR *dice a* AMELIA MORENO, *mientras sus tres acompañantes la sacan de allí, llorosa, muy alterada, desvanecida casi. Al oírlas, inmediatamente todos se volverán hacia el fondo, dejando paso; el* BARÓN NUTI *deja de zarandear al espectador, se vuelve y pregunta. «¿Qué ocurre?».)*

DIRECTOR. ¡Habrá podido usted darse cuenta que ni el autor ni la actriz la conocen!

AMELIA MORENO. ¡La misma voz, mis gestos, todos mis gestos! ¡Me he visto reflejada, me he visto!

DIRECTOR. ¡Es usted la que ha querido reconocerse!

AMELIA MORENO. ¡No! ¡No es verdad! ¡Para mí ha sido horroroso, horroroso, verme representada en ese escenario! ¿Yo, yo abrazar a ese hombre? *(De repente descubre, casi delante de ella, al* BARÓN NUTI, *y lanza un grito levantando los brazos para cubrirse el rostro.)* ¡Dios mío! ¡Está ahí, está ahí!

BARÓN NUTI. Amelia, Amelia...

(Conmoción general de los espectadores, que casi no dan crédito a sus ojos al ver ante sí, vivos, a los mismos personajes y la misma escena que han visto al final del segundo acto; con la expresión de sus rostros, así como con breves y quedos comentarios y exclamaciones, darán a entender su asombro.)

VOCES DE LOS ESPECTADORES. —¡Mira, mira!
—¡Si son ellos!
—¡Dios mío!

—¡Los dos juntos!

—¡Pero si es la misma escena!

—¡Fíjate, fíjate!

Amelia Moreno (*A sus acompañantes, nerviosísima.*) ¡Quitadlo de mi vista! ¡Quitadlo de mi vista!

Acompañantes. ¡Sí, vámonos, vámonos!

Barón Nuti. (*Abalanzándose sobre ella.*) ¡No! ¡Has de venir conmigo, conmigo!

Amelia Moreno. (*Separándose.*) ¡Déjame, déjame! ¡Asesino!

Baron Nuti. ¡No repitas lo que ellos han querido que digas!

Amelia Moreno. ¡Déjame! ¡No te tengo miedo!

Barón Nuti. ¡Es verdad! ¡Es verdad que debemos sufrir juntos el castigo! ¿No lo has oído? ¡Ya todos lo saben! ¡Vámonos, ven!

Amelia Moreno. ¡Déjame! ¡Maldito seas! ¡Te odio!

Barón Nuti. ¡Nos ahogamos, en verdad nos ahogamos en la misma sangre! ¡Ven! ¡Ven!

(*La arrastra consigo, desapareciendo por la izquierda, seguidos por buena parte de los espectadores, entre crecientes comentarios: —¡Dios mío! —¡Parece mentira! —¡Es increíble! —¡Tremendo! —¡Son ellos! —¡Delia Morello y Michele Rocca! Los espectadores que permanecen en el pasillo, en gran número, los seguirán con la vista haciendo comentarios similares.*)

Un espectador necio. ¡Vaya un modo de rebelarse! ¡Y luego van y hacen lo mismo que se ha visto en la obra!

Director. ¡Ya ve! ¡Y tiene el valor de entrarme en el escenario arremetiendo contra la primera actriz! «¿Yo, abrazar a ese hombre?»

Varios espectadores. ¡Es increíble!

Un espectador inteligente. No, señores míos, es lo más natural del mundo. Se han visto como en un espejo y se han rebelado, especialmente ante ese último gesto.

DIRECTOR. ¡Pero si han hecho exactamente lo mismo!

ESPECTADOR INTELIGENTE. ¡Pues claro! ¡Lógico! No han tenido más remedio que hacer ante nosotros, aún sin quererlo, lo que ya el arte había previsto.

(Los espectadores asienten, algunos aplauden, otros se ríen.)

EL GRACIOSO. *(Que acaba de aparecer por la puerta del escenario.)* No lo crea. Mire usted: yo soy el gracioso, el actor que ha interpretado en la obra, con suma convicción, el papel de Diego Cinci. En cuanto han salido, esos dos... Claro, que ustedes no han visto el tercer acto...

LOS ESPECTADORES. —¡Es verdad!

—¡El tercer acto!

—¿Qué pasa en el tercer acto?

—¡Cuente, cuente!

EL GRACIOSO. Muchas cosas, señores, muchas cosas... Y después, cuando acaba el tercer acto... Muchas cosas... *(Y así diciendo, desaparece.)*

EMPRESARIO. Señor Director, usted perdone, pero, ¿le parece que podemos tener al público así, de tertulia?

DIRECTOR. ¿Y qué quiere que yo le haga? Ocúpese usted de que se vayan...

ADMINISTRADOR. Total, la obra no puede continuar; los actores se han ido.

DIRECTOR. Y entonces, ¿para qué se dirige a mí? Que pongan un aviso y que la gente se marche.

EMPRESARIO. ¡Pero seguro que habrá quedado público en la sala!

DIRECTOR. ¡Está bien! A los que están en la sala ya les doy yo alguna explicación y los despido...

EMPRESARIO. Sí, vaya, vaya usted, señor Director. *(El DI-RECTOR se dirige hacia la puerta del escenario.)* Váyanse señores, por favor, desalojen. La función ha terminado.

(Baja el telón. Inmediatamente después, el Director *apartará uno de sus lados y aparecerá en el proscenio.)*

Director. Lamento tener que anunciar al público que a causa de los desagradables incidentes ocurridos al final del segundo acto, no se podrá representar el tercero.

FIN

ESTA NOCHE SE IMPROVISA

ADVERTENCIA

El anuncio de esta comedia, tanto en los periódicos como en los carteles, debe realizarse, sin el nombre del autor, del siguiente modo:

TEATRO *(Nombre del teatro)*

ESTA NOCHE SE IMPROVISA

Dirección
DOCTOR HINKFUSS

con la colaboración del público
que amablemente se preste y de

. . . .

En los puntos suspensivos, los nombres de las actrices y actores principales. Algo es algo; será suficiente.

Esta noche el teatro está lleno de esos especiales espectadores que suelen asistir al estreno de toda nueva comedia.

El anuncio, en periódicos y carteles, de un insólito espectáculo improvisado *ha provocado gran curiosidad. Sólo los señores críticos teatrales de los periódicos de la ciudad no la demuestran, pues creen que al día siguiente podrán sencillamente escribir sobre una chapuza. (Algo así, Dios mío, como la vieja comedia del arte; pero ¿dónde hay hoy en día actores capaces de improvisar, como en su tiempo aquellos endiablados cómicos de la comedia del arte, a los cuales, por lo demás, tanto los antiguos guiones como las máscaras tradicionales o los repertorios, les facilitaban, y no poco, su cometido?) Se adivina en ellos, más bien, una cierta contrariedad porque en los carteles no figura, y además se ignora, el nombre del escritor que de un modo u otro haya proporcionado ésta o aquella trama a los actores y a su director: privados de cualquier indicación que les pueda cómodamente permitir la repetición de juicios ya dados, temen caer en alguna contradicción.*

Puntualmente, a la hora indicada para la función, se apagan las luces de la sala y se encienden tenuemente las candilejas del escenario.

El público, en la repentina penumbra, muestra inicialmente su atención; después, al no oír el aviso que anuncia que se abre el telón, comienza a inquietarse; más aún cuando desde el escenario, a través del telón todavía echado, le llegan voces confusas y vehementes, que parecen protestas de los actores y llamadas de atención por parte de alguien que quiere imponerse y acabar con ellas.

UN SEÑOR, DESDE EL PATIO DE BUTACAS. *(Mira a su alrededor y pregunta en voz alta.)* ¿Qué pasa?

OTRO, DESDE EL GALLINERO. Parece que están peleándose en el escenario.

Un tercero, desde las primeras filas. Quizá forma parte del espectáculo. (*Risas.*)

Un señor anciano, desde un palco. (*Como si esas voces fueran una ofensa para su seriedad de espectador de pro.*) ¿Qué escándalo es éste? ¡Nunca se vio nada igual!

Una vieja señora. (*Dando un salto en su butaca de las últimas filas, con cara de gallina asustada.*) ¡No será un incendio, Dios nos libre!

Su marido. (*Sujetándola inmediatamente.*) ¿Qué incendio? ¿Estás loca? Siéntate, y tranquila.

Un joven espectador cercano. (*Con melancólica sonrisa indulgente.*) ¡No lo diga ni de broma, señora! Habrían bajado el telón de seguridad.

(*Por fin suena el aviso en el escenario.*)

Voces, en la sala. ¡Ya está, ya está!

Otras. ¡Silencio, silencio!

(*Pero no se abre el telón. Es más, se oye de nuevo el aviso; al que, desde el fondo de la sala, responde la voz contrariada del director, el* Doctor Hinkfuss, *que ha abierto con violencia la puerta de entrada y avanza furioso por el pasillo que divide en dos alas el patio de butacas.*)

Doctor Hinkfuss. ¿Qué es ese aviso? A ver, ¿quién ha dado la orden? ¡Ya lo haré yo, cuando sea oportuno! (*El* Doctor Hinkfuss *grita estas palabras mientras cruza el pasillo y sube los tres peldaños que permiten acceder al escenario desde el patio de butacas. Se vuelve hacia el público, conteniendo su excitación nerviosa con admirable rapidez. En frac, con unos papeles enrollados bajo el brazo, el* Doctor Hinkfuss *sufre la terrible y muy injusta condena de ser un hombrecillo de poco más de medio metro. Pero él se siente vengado con su gran cabezón y con su pelambrera. En primer lugar observa sus diminutas manos, que hasta a él le dan escalofríos por lo gráciles y por sus dedillos pálidos y peludos como orugas; a continuación, sin dar demasiado peso a sus palabras, dice*): Lamento el momentáneo desorden que el público habrá podido advertir tras el telón

antes de que el espectáculo comience, y pido disculpas;
aunque bien es cierto que, si lo quieren considerar ustedes como involuntario prólogo...

EL SEÑOR DE LAS PRIMERAS FILAS. (*Interrumpiéndolo, conten-
tísimo.*) ¿Ven? ¡Ya lo decía yo!

DOCTOR HINKFUSS. (*Con dura frialdad.*) ¿El señor desea
hacer alguna observación?

SEÑOR DE LAS PRIMERAS FILAS. Nada, nada. Que estoy
contento por haberlo adivinado.

DOCTOR HINKFUSS. ¿Qué ha adivinado?

SEÑOR DE LAS PRIMERAS FILAS. Que todos esos ruidos for-
maban parte del espectáculo.

DOCTOR HINKFUSS. Ah, ¿si? ¿De verdad? ¿Cree usted que
se trata de una estratagema? ¡Precisamente esta noche
que me he propuesto jugar a cartas descubiertas! De-
sengáñese, señor mío. Yo he dicho prólogo involuntario, y añado que quizá no del todo impropio, para el
insólito espectáculo al que asistirán en unos instantes.
Le ruego que no me interrumpa. Vean ustedes, señoras
y señores. (*Muestra al público los papeles que lleva bajo el brazo.*) En estos papeles, en estas pocas páginas, tengo
todo lo que necesito. Prácticamente nada. Un cuente-
cillo, poco más, con los diálogos apenas esbozados por
un escritor que no les es desconocido.

VOCES, EN LA SALA. ¡Su nombre, queremos su nombre!

UN ESPECTADOR, DESDE EL GALLINERO. ¡Diga quién es!

DOCTOR HINKFUSS. Por favor, señores, por favor. Desde
luego, no ha sido mi intención convocar al público a
una asamblea. Estoy ciertamente dispuesto a responder de todo lo que hago; lo que no puedo admitir es
que se me pidan cuentas durante la representación.

SEÑOR DE LAS PRIMERAS FILAS. La representación no ha
empezado todavía.

DOCTOR HINKFUSS. Sí señor, ya ha empezado. Y quien
menos derecho tiene a ponerlo en duda es precisamente usted, que entendió en principio los ruidos aquellos
como inicio del espectáculo. Si yo estoy aquí, ante ustedes, la función ha comenzado.

EL SEÑOR ANCIANO, DESDE EL PALCO (*Congestionado.*) ¡Yo

pensaba que usted había venido a disculparse por el escándalo inaudito de aquellos ruidos! ¡Le hago saber,
por lo demás, que no he venido precisamente a oír una
conferencia!

DOCTOR HINKFUSS. ¿Qué grita usted? ¿Cómo osa creer,
que yo estoy aquí para darles una conferencia? (*El* SE-
ÑOR ANCIANO, *indignado ante tal reprobación, se levanta bruscamente y abandona acalorado el palco.*) ¡Váyase, váyase si
quiere! Nadie se lo impide. Yo estoy aquí, señores,
simplemente, para avisarles del espectáculo insólito al
que asistirán esta noche. Creo que merezco su atención. ¿Quieren saber quién es el autor de esta historie-
ta? Se lo puedo decir.

VOCES, EN LA SALA. ¡Sí, dígalo, dígalo!

DOCTOR HINKFUSS. Muy bien. Ahí tienen: Pirandello.

EXCLAMACIONES, EN LA SALA. ¡Bah!

EL DEL GALLINERO (*En voz alta.*) ¿Y ése quién es? (*Risas en
toda la sala.*)

DOCTOR HINKFUSS (*Sonriéndose.*) El mismo de siempre, en
efecto; sin remedio. Ya se la jugó bien jugada un par de
veces a dos colegas míos: al uno le mandó, la primera
vez, a seis personajes desorientados, en busca de autor,
que le revolucionaron el teatro y volvieron loco a todo
el mundo; otra vez presentó solapadamente una obra
de clave, a causa de la cual al otro compañero, el público, indignado, le destrozó el espectáculo[28]; pero esta
vez, a mí, no hay peligro de que me la juegue. Estén
tranquilos. Me lo he quitado de en medio. Ni siquiera
su nombre figura en los carteles, entre otras cosas porque hubiera sido injusto por mi parte hacerlo responsable, aun en pequeña medida, del espectáculo de esta
noche.
Soy yo el único responsable.
Utilizo uno de sus cuentos[29] como podría haberlo he-

---

[28] Se trata, como es obvio, de una referencia a *Seis personajes* y a *Cada
uno.*

[29] Se trata del relato «*Leonora, addio!*» (1928) incluido en *Il viaggio (Novelle per un anno*). En la comedia hay abundantes préstamos, textuales casi,

cho con cualquier otro autor. Si he elegido uno suyo es porque, entre todos los autores dramáticos, él es quizá el único que ha dado muestra de entender que la obra de un escritor acaba justo en el punto en que escribe la última palabra; él debe responder de su obra ante un público de lectores y ante la crítica literaria. Ni puede ni debe responder ante un público de espectadores y de críticos teatrales, que la juzgan como teatro.

VOCES EN LA SALA. Ah, ¿no? ¡Esta sí que es buena!

DOCTOR HINKFUSS. No, señores. Porque, en el teatro, la obra del escritor no existe.

EL DEL GALLINERO. ¿Y qué es entonces lo que vemos?

DOCTOR HINKFUSS. La creación escénica que yo realizo a partir de ella, y que es sólo mía.

Ruego al público una vez más que no me interrumpa. Y advierto, puesto que he visto las sonrisas de algunos de los señores críticos, que estoy convencido de lo que digo. Son ustedes muy dueños de no respetar este convencimiento y de seguir tomándosela injustamente con el escritor, pero me concederán que también él está en su derecho de reírse ante sus críticas, al igual que ustedes ahora de mi convencimiento; si es que las críticas son desfavorables, ya se entiende; porque en el caso contrario el escritor sería a su vez injusto si acepta unas alabanzas que me corresponden a mí.

Mi convencimiento se funda en sólidas razones.

Aquí está la obra del escritor. (*Muestra de nuevo los papeles.*) ¿Qué hago yo con ella? La utilizo como materia de mi creación escénica, me sirvo de ella como me sirvo del buen hacer de los actores que he elegido para cada papel según mi interpretación de la obra, o de los escenógrafos a quienes encargo la concepción y el diseño de los decorados, o de los que realizan el montaje, o de los que se ocupan de la iluminación: todos ellos según las enseñanzas, las sugerencias, la indicaciones que yo doy.

---

del relato, así como desarrollos de escenas en él solamente esbozadas.

Admitirán ustedes que en otro teatro, con otros actores y otros decorados, con otro montaje y otras luces, otra sería ciertamente la creación escénica. ¿Y no les parece que todo ello demuestra que lo que en un teatro se juzga nunca es la obra del escritor, única en cuanto texto, sino ésta o aquella creación escénica que a partir de ella se hace, distinta la una de la otra, múltiples, mientras la obra es sólo una? Para juzgar el texto sería necesario conocerlo; lo cual no puede hacerse en el teatro, mediante interpretaciones que, realizadas por actores diferentes, serán a la fuerza distintas las unas de las otras. La única posibilidad sería que la obra se representara por sí misma, no ya con actores sino con sus propios personajes que, como por un milagro, asumieran cuerpo y voz. En ese caso, sólo en ese caso, podría ser juzgada directamente en el teatro. Pero, ¿es acaso posible el milagro? Nadie lo ha visto hasta ahora. Por todo ello, señores, existe quien con mayor o menor celo se ocupa cada noche, con sus actores, de hacerla realidad, el Director: el único posible.

Para evitar que lo que digo pueda parecerles una paradoja, les invito a considerar que una obra de arte está fijada para siempre en una forma inmutable que representa la liberación del poeta de su esfuerzo creativo, la perfecta quietud alcanzada tras la agitación del esfuerzo.

Pues bien: ¿les parece que puede existir vida donde ya nada se mueve, donde todo reposa en una quietud perfecta? La vida ha de obedecer a dos necesidades que, al oponerse entre sí, no le permiten ni alcanzar duradera consistencia ni fluir constantemente. Si la vida fluyera constantemente nunca tendría consistencia; si alcanzara la consistencia, nunca fluiría. Y es preciso que la vida posea consistencia y que fluya.

El poeta se engaña cuando cree haberse liberado, haber alcanzado la paz, al fijar para siempre su obra en una forma inmutable; simplemente él ha dejado de vivir esa obra: la liberación y la paz no se poseen sino a costa de dejar de vivir.

Y quienes las alcanzan deambulan, dignos de lástima, en una quimera: creen estar vivos aún, pero tan muertos están que no advierten siquiera el hedor de sus cadáveres.

Si una obra de arte sobrevive es sólo porque todavía podemos rescatarla de la firmeza de su forma, resolver en nuestro interior esa forma en un movimiento vital; y somos nosotros, por tanto, quienes le damos la vida, distinta cada vez, diversa para cada uno de nosotros; muchas vidas, no sólo una, lo cual puede deducirse de las continuas discusiones que sobre todo esto se dan, y que nacen precisamente por no querer admitirlo; de suerte que la vida que yo le doy no puede ser igual, nunca, a la que otro le daría. Ruego, señores, que me perdonen el circunloquio; pero no había otro remedio para llegar al punto que me interesa.

Alguien podría preguntarme: «¿Quien ha dicho que el arte haya de ser como la vida? Es cierto que la vida obedece a las dos necesidades opuestas que usted dice, y por lo mismo no es arte; al igual que el arte no es la vida, precisamente porque consigue liberarse de estas dos necesidades opuestas, firme para siempre en la inmovilidad de su forma. Es así que el arte es el reino de la creación acabada, allí donde la vida es, como ha de ser, una variación infinita, una continuamente mutable formación. Cada uno de nosotros intenta crearse, crear su propia vida, con las mismas facultades del espíritu con las que el poeta crea su obra. Y, de hecho, el más dotado, el que mejor sabe servirse de ellas, consigue alcanzar un grado más alto, y más consistente, y más duradero. Pero nunca será una creación verdadera; en primer lugar porque está destinada al deterioro y a nuestro propio fin en el tiempo; además porque, al tender hacia una meta que ha de alcanzar, nunca será libre; y porque, en fin, expuesta a todo tipo de imprevistas e imprevisibles casualidades, a todo tipo de obstáculos que los demás le oponen, corre continuamente el riesgo de que se la estorbe, se la desvíe, se la deforme. El arte es en cierto sentido la venganza de la vida, pues

la suya es creación más verdadera cuanto más libre es
del tiempo, de las casualidades, de los obstáculos,
cuando su único fin reside en sí mismo.»
Y yo respondo. «Así es, ciertamente.»
Y añado: más de una vez he dado en pensar, con estupor colmado de angustia, en la eternidad de una obra
de arte como si se tratara de una inalcanzable y sublime
soledad, de la que el propio poeta, en cuanto la ha creado, queda excluido: él, un mortal, apartado de esa in-
mortalidad.
Terrible en la inmovilidad de su gesto: una esfinge.
Terrible la eterna soledad de las formas inmutables,
fuera del tiempo.
Todo escultor, me lo imagino, tras haber creado una figura, si verdaderamente cree haberle dado vida para
siempre, ha de desear que, como una cosa viva, libere
su gesto, se mueva, hable. Ya no sería estatua, sería una
persona viva.
Pero sólo con esta condición puede traducirse en algo
vivo, volver a moverse, lo que el arte fijó en la inmovilidad de una forma: con la condición de que la forma,
gracias a nosotros, vuelva a tener movimiento, una
vida que cambie, que sea distinta y momentánea, la
que cada uno de nosotros sea capaz de darle.
Hoy en día se abandona complacientemente a las obras
de arte a esa su soledad sublime, fuera del tiempo. Los
espectadores, tras una jornada de graves ocupaciones y
gestiones afanosas, de toda suerte de angustias y de
esfuerzos, por la noche, en el teatro, quieren divertirse.

EL SEÑOR DE LAS PRIMERAS FILAS. ¡Seguro! ¡Con Pirandello...!

DOCTOR HINKFUSS. No hay cuidado, tengan la certeza.
(*Muestra de nuevo los papeles.*) Esto apenas importa. Yo
me encargo: es cosa mía.
Y espero haber creado un espectáculo agradable, si es
que los cuadros y las escenas se desarrollan de acuerdo
con el atento cuidado con que los he preparado, tanto
en su conjunto como en cada una de sus particularida-

des, y si mis actores responden cumplidamente a la confianza que he depositado en ellos. Por lo demás yo no me apartaré de aquí, listo para intervenir ante cualquier eventualidad, ya sea para reconducir la representación a la más mínima dificultad o para suplir cualquier insuficiencia del montaje con las aclaraciones y explicaciones oportunas; lo cual, me atrevo a confiar en ello, les hará más deleitable la novedad de esta tentativa de comedia improvisada. He dividido el espectáculo en muchos cuadros. Breves pausas entre uno y otro. A menudo, un simple instante de oscuridad del que de repente surge un cuadro nuevo, en el escenario o incluso en medio de ustedes; sí, en la sala: he dejado, a propósito, un palco vacío que a su debido tiempo será ocupado por los actores; y en ese momento todos ustedes participarán en la acción. He previsto asimismo una pausa más larga para que puedan salir de la sala; pero no a descansar, desde ahora se lo advierto, puesto que les he preparado una nueva sorpresa, allí, en el vestíbulo.

Una última premisa, muy brevemente, para que puedan orientarse enseguida: la acción tiene lugar en una ciudad del interior de Sicilia, donde, como ustedes saben, las pasiones son fuertes, se alimentan oscuramente y estallan violentas; los celos, la más feroz entre todas. El relato presenta justamente uno de estos casos de celos, de los más terribles celos, puesto que no tienen remedio: los celos del pasado. Y vienen a darse en una familia a la que, más que a ninguna otra, deberían ser ajenos, ya que, entre la casi hermética clausura de todas las demás, es la única de la ciudad abierta a los forasteros, con una hospitalidad hasta excesiva, practicada con toda intención para desafiar la maledicencia y mofarse del escándalo que en las otras provoca. La familia La Croce. Que se compone, como verán, del padre, el Señor Palmiro, ingeniero de minas, *El Gaita,* como lo llama todo el mundo; la madre, la Señora Ignazia, oriunda de Nápoles, conocida en el pueblo por *La Generala;* y sus cuatro hermosos retoños, cuatro hi-

jas llenitas y sentimentales, dinámicas y apasionadas: Mommina,
Totina,
Dorina,
Nenè.
Y ahora, con su permiso *(da unas palmadas para requerir la atención general; abriendo una de las alas del telón, ordena dentro del escenario):* ¡Avisen! *(Suena el aviso.)* Requiero la presencia de los actores para la presentación de los personajes. *(Se abre el telón.)*

I

(Aparece, inmediatamente detrás del telón, otro más ligero, verde, que se puede abrir por el centro.)

DOCTOR HINKFUSS. *(Apartando un poco uno de los lados de este segundo telón.)* Por favor, el señor... *(Pronuncia el nombre del* PRIMER ACTOR, *que interpretará el papel de* RICO VERRI. *Pero el* PRIMER ACTOR, *a pesar de que está tras el telón, no quiere salir. Por lo tanto el* DOCTOR HINKFUSS *repite.)* Venga, por favor, venga señor... *(Dice de nuevo su nombre.)* Confío en que no osará insistir en sus protestas incluso ante el público.

PRIMER ACTOR. *(Vestido y caracterizado como* RICO VERRI, *con un uniforme de oficial de aviación, apareciendo, muy excitado.)* ¡Insisto, sí señor! Y más aún cuando usted ha tenido la osadía, ante el público, de llamarme por mi nombre.

DOCTOR HINKFUSS. ¿Lo he ofendido en algo?

PRIMER ACTOR. Sí, y sigue ofendiéndome sin darse cuenta al hacerme estar aquí discutiendo con usted, después de haberme obligado a aparecer.

DOCTOR HINKFUSS. ¿Quién ha dicho que estamos discutiendo? ¡Será usted el que discute! Yo simplemente lo he llamado para que cumpla con su obligación.

PRIMER ACTOR. Estoy listo. Cuando haya de aparecer en escena. *(Se retira, apartando con rabia el telón.)*

DOCTOR HINKFUSS. *(Molesto.):* Yo sólo quería presentarlo...

PRIMER ACTOR. *(Reaparece.)* ¡Pues no señor! No tiene por

[262]

qué presentarme a un público que ya me conoce. Yo desde luego no soy ninguna marioneta que tiene usted en sus manos y que enseña al público como el palco ese que ha dejado vacío o como una silla colocada en un sitio y no en otro para vete a saber qué efecto mágico.

Doctor Hinkfuss. (*Tragando saliva, quemado.*) ¡Se está aprovechando del aguante que debo tener en este momento!

Primer Actor. (*Interrumpiéndolo resueltamente.*) No, señor mío, nada de aguante. Sencillamente ha de saber que aquí, bajo estas ropas, ya no se encuentra el señor... (*dice su nombre*); porque, al haberse comprometido con usted a improvisar un papel esta noche, para hallar las palabras apropiadas que han de nacer, sí, nacer del personaje que interpreto, y espontánea la acción, y naturales los gestos, el señor... (*su nombre*) ha de vivir el personaje de *Rico Verri,* ha de ser *Rico Verri.* Y lo es ya; tan es así que, como antes le he dicho, no sé si podrá adaptarse a todas las combinaciones y sorpresas y juegos de luz y de sombra preparados por usted para divertir al público. ¿Está claro?

(*En este momento se oye tras el telón el golpe de una sonora bofetada, e inmediatamente las protestas del* Gracioso, *un viejo actor que interpreta el papel del* Gaita.)

Gracioso. ¡Pero qué es esto! ¡Cómo se atreve a darme un bofetón, y de los de verdad! (*La protesta es acogida con carcajadas en el interior del escenario.*)

Doctor Hinkfuss. (*Mirando detrás del telón.*) Pero ¿qué diantres sucede? ¿Más aún?

Gracioso. (*Que aparece en el proscenio con una mano en la mejilla, vestido y caracterizado como* El Gaita.) Lo que pasa es que yo no tolero que la señora... (*dice el nombre de la* Actriz Característica), con la excusa de la improvisación, se dedique a darme tortas. ¿No ha oído? Además, me ha echado a perder todo el maquillaje. (*Se señala la mejilla.*)

Actriz Característica. (*Aparece en el proscenio, vestida y caracterizada como la* SEÑORA IGNAZIA.) ¡También podía usted haber esquivado el golpe, hombre, que bien fácil que es! Un movimiento natural, por instinto...

GRACIOSO. ¿Qué quiere usted que haga? Una torta así, sin ton ni son...

ACTRIZ CARACTERÍSTICA. ¡Bien que se la ha merecido, mire usted!

GRACIOSO. Pero yo no sé cuándo me la merezco y cuándo no, señora mía.

ACTRIZ CARACTERÍSTICA. Pues tenga siempre buen ojo porque se las está mereciendo continuamente. Y si hay que improvisar, yo no puedo prever cuándo se la pego.

GRACIOSO. Pero tampoco hace falta que me las pegue de verdad.

ACTRIZ CARACTERÍSTICA. ¿Qué las quiere, de mentirijillas? Si hubiera que aprenderse un papel de memoria... Pero tiene que salir de aquí (*hace un gesto con las manos desde el estómago hacia arriba*), de buenas a primeras, ¿sabe? Usted me saca de quicio, y yo le pego una torta.

DOCTOR HINKFUSS. ¡Señores, por favor, delante del público!

ACTRIZ CARACTERÍSTICA. Estamos ya perfectamente dentro de nuestro papel, señor Director.

GRACIOSO. (*Tocándose la mejilla.*) ¡Desde luego!

DOCTOR HINKFUSS. Ah, ¿sí?

ACTRIZ CARACTERÍSTICA. ¿No quería usted presentarnos? Pues nosotros mismos nos presentamos. Ya ve, una torta y el imbécil de mi marido que se presenta. (*El* GRACIOSO, *en su papel del* GAITA, *se pone a silbar.*) Ahí lo tiene, silbando. Absolutamente en su papel.

DOCTOR HINKFUSS. ¿Pero les parece lógico hacerlo así, con el telón de por medio, sin orden ni concierto?

ACTRIZ CARACTERÍSTICA. Da igual, hombre, da igual.

DOCTOR HINKFUSS. ¿Cómo que da igual? ¡Así el público no entiende nada!

PRIMER ACTOR. Ya lo entenderá, y seguro que mucho mejor. Déjenos a nosotros: cada uno en su papel.

ACTRIZ CARACTERÍSTICA. Créalo, nos será mucho más fácil, más natural, sin el estorbo, sin el freno de un ámbito específico, de una acción predeterminada. Y no se preocupe que haremos todo lo que usted ha previsto. Por lo pronto, mire, y permítame, yo misma presento a mis hijas. (*Aparta el telón para llamarlas.*) ¡Venga, niñas, venid para acá! (*Coge del brazo a la primera.*) Mommina. (*A la segunda.*) Totina. (*A la tercera.*) Dorina. (*A la cuarta.*) Nenè. (*Todas, salvo la primera, hacen al aparecer una exagerada reverencia.*) Una gloria de chiquillas, a Dios gracias, que merecerían ser reinas. Nadie diría que ése de ahí es su padre. (*El* SEÑOR PALMIRO, *al sentirse aludido, vuelve la espalda y se pone a silbar.*) ¡Silba, hombre, silba! ¡Ay hijo mío, un poquito de grisú[30], mira, así, igual que yo me pongo una pizca de rapé, un poquito de grisú tendría que meterte el azufre en las narices, a ver si te quedas tieso ya y te pierdo de vista!

TOTINA. (*Que acude hacia su madre con* DORINA, *para refrenarla.*) ¡Por Dios, mamá, no empieces!

DORINA. (*Al mismo tiempo.*) ¡Déjalo, mamá, déjalo!

ACTRIZ CARACTERÍSTICA. ¡Míralo, silba que te silba! (*A continuación, abandonando su papel, al* DOCTOR HINKFUSS.) Para mí que no podría salir mejor, ¿no le parece?

DOCTOR HINKFUSS. (*Con una feliz y maliciosa intuición, encontrando de buenas a primeras la salida que le permite poner a salvo su prestigio.*) Como habrán entendido ustedes, esta rebelión de los actores ante mis indicaciones es fingida, ya concertada con anterioridad entre ellos y yo para hacer más espontánea y más viva la presentación. (*Ante esta alevosa salida, los actores se quedan de golpe como otras tantas marionetas que figuraran actitudes de estupefacción.* EL DOCTOR HINKFUSS *se da cuenta enseguida; se vuelve a mirarlos y se los señala al público.*) Asimismo es fingido su asombro.

PRIMER ACTOR. (*Indignado, con energía.*) ¡Esto es grotesco! ¡Ruego al público que crea que mi protesta no es en absoluto una ficción! (*Desaparece, furioso, apartando el telón.*)

DOCTOR HINKFUSS. (*Inmediatamente, como si hablara confidencialmente con el público.*) También este pronto es fingido.

---

[30] Mezcla de aire y de metano que puede provocar violentas explosiones en las minas. En el original, en francés.

Era necesario satisfacer el amor propio de un actor como el señor... (*pronuncia su nombre*), uno de los mejores de nuestro teatro. Pero ya entienden ustedes que todo cuanto sucede aquí arriba no puede ser más que ficción. (*Dirigiéndose a la* Actriz Característica.) Continúe, continúe, señora... Estupendo. No cabía esperar otra cosa de usted.

Actriz Característica. (*Desconcertada, pasmada casi ante tanto descaro, no sabiendo qué hacer.*) Ah, que... ¿quiere que continúe? Pero..., usted perdone, ¿qué hay que continuar?

Doctor Hinkfuss. ¡Por Dios, señora, las presentaciones! ¡Con lo bien que ha empezado, tal como estaba previsto!

Actriz Característica. Escuche usted: no diga que ya estaba previsto, por favor, si no quiere que yo me quede así, sin que me salga palabra de la boca.

Doctor Hinkfuss. (*Dirigiéndose de nuevo al público, como si le hablara confidencialmente.*) ¡Es magnífica!

Actriz Característica. ¿Pretende de verdad que piensen que hay un acuerdo previo entre nosotros para esta aparición?

Doctor Hinkfuss. Pregunte al público si no tiene la impresión de que verdaderamente en estos momentos estamos improvisando. (*El señor de las primeras filas, los tres o cuatro diseminados por el patio de butacas, el del gallinero, empiezan a aplaudir; dejarán de hacerlo inmediatamente a no ser que el público verdadero no los imite.*)

Actriz Característica. ¡Bueno, eso sí! ¡Improvisar sí, es verdad! Desde que hemos aparecido estamos improvisando, tanto usted como yo.

Doctor Hinkfuss. Entonces siga, señora, siga usted. Llame a los demás actores y preséntelos.

Actriz Característica. Enseguida. (*Apartando el telón.*) ¡Eh, chicos, todos para acá!

Doctor Hinkfuss. Póngase de nuevo en su papel, evidentemente.

Actriz Característica. Claro, claro; no se preocupe. Por aquí, por aquí, amigos míos.

(*Hacen su aparición, ruidosamente, cinco jóvenes oficiales de aviación vestidos de uniforme, que saludan con afectación a la* SEÑORA IGNAZIA.)

OFICIALES. —¡Querida señora!
—¡Viva nuestra Gran *Generala!*
—¡Viva nuestra Santa Protectora!

(*Y siguen con similares exclamaciones. Saludan a continuación a las cuatro muchachas, que les hacen muchas fiestas al corresponder. Alguno de ellos saluda incluso al* SEÑOR PALMIRO. *La* SEÑORA IGNAZIA *intenta acabar con aquel barullo verdaderamente improvisado.*)

ACTRIZ CARACTERÍSTICA. Tranquilos, amigos, tranquilos, menos bulla. Esperen, esperen. Usted aquí. Pomàrici, el que yo sueño para Totina. Cójala del brazo. Muy bien. Usted, Sarelli, aquí con Dorina.
TERCER OFICIAL. ¡No! ¡Dorina conmigo! (*La retiene por el brazo.*) ¡Menos bromas!
SARELLI. (*Que la sujeta del otro brazo.*) Déjamela a mí, ya que lo dice su madre.
TERCER OFICIAL. ¡De eso nada! La señorita y yo ya nos hemos puesto de acuerdo.
SARELLI. (*A* DORINA.) Ah, ¿consiente usted? ¡Mi enhorabuena! (*Descubriendo la cosa.*) ¿Ha oído usted, señora Ignazia?
ACTRIZ CARACTERÍSTICA: ¿Cómo, se han puesto de acuerdo?
DORINA. (*Molesta.*) Sí, señora... (*nombre de la* ACTRIZ CARACTERÍSTICA), nos hemos puesto de acuerdo para interpretar nuestros papeles.
TERCER OFICIAL. Y yo le ruego, señora, que no líe las cosas.
ACTRIZ CARACTERÍSTICA. ¡Es verdad, perdonen, ahora me acuerdo! Sarelli, usted va con Nenè.
NENÈ. (*A* SARELLI, *con los brazos abiertos.*) ¿No se acuerda que habíamos quedado en eso?
SARELLI. ¡Total, nosotros estamos sólo para montar un poco de follón!

Doctor Hinkfuss (*A la* Actriz Característica.) ¡Ponga atención, señora, por favor!

Actriz Característica. Sí, sí, perdone. Comprenda usted. Entre tanta gente, una se puede equivocar. (*Mira a un lado y a otro, buscando.*) ¿Y Verri? ¿Dónde está Verri? Debería estar aquí, con sus compañeros.

Primer Actor. (*Asoma inmediatamente la cabeza por el telón.*) ¡Vaya unos compañeros, que predican la modestia a sus hijas bienamadas!

Actriz Característica: ¡Si le parece, que me las eduquen las monjas para que aprendan a bordar, y sobre todo el catecismo! ¡Vaya un antiguo, con lo que ha llovido! (*Va por él y lo saca cogiéndolo de la mano.*) ¡Venga, hombre, no sea malo! Mírelas; no lo van declarando, ¿sabe?, pero también ellas tienen, como pocas hoy en día, esas virtudes de mujercitas de casa, usted que tanto habla de modestia. Monnina sabe guisar.

Monnina. (*En tono de reproche, como si la madre desvelara un secreto vergonzoso.*) ¡Mamá!

Señora Ignazia. Y Totina zurcir.

Totina. (*Al igual que su hermana.*) ¡Ya ves tú!

Señora Ignazia. Y Nenè...

Nenè. (*La interrumpe, agresiva, amenazando con taparle la boca.*) ¿Te quieres callar, mamá?

Señora Ignazia. Nadie mejor para dejar como nuevo un vestido.

Nenè. ¡Ya está bien, mamá!

Señora Ignazia. ¿Que le caen manchas?

Nenè. (*Le tapa la boca.*) ¡Se acabó!

Señora Ignazia. (*Librándose de la mano de* Nenè.) ¡Y para darle la vuelta a los trajes! ¿Una administradora?: Dorina.

Dorina. ¡Hala, ya te has desahogado!

Señora Ignazia. ¡Pero adónde hemos llegado! ¡Les da vergüenza!

El gaita. ¡Como si fueran vicios que hay que ocultar!

Señora Ignazia. Además que no son ambiciosas, se conforman con poco. Con tal de poder ir al teatro, se quedan hasta sin comer. ¡Ah, nuestro antiguo melodrama: me encanta!

NENÈ. *(Que ha aparecido con una rosa en la mano.)* ¡Y también la *Carmen*, mamá! *(Se pone la rosa en la boca y canta, contoneándose.)*

El amor es el ave más rara,
y no se deja amaestrar...

ACTRIZ CARACTERÍSTICA. Vale, la *Carmen* también; pero no se te llena de fuego el corazón como con nuestros antiguos melodramas, cuando ves la inocencia que grita ignorada por todos, y la desesperación de la amante: «¡ah, ese infame ha vendido su honor!» ¡Pregúntaselo a Mommina! No se hable más. *(Dirigiéndose a* VERRI.*)* Usted vino por vez primera a nuestra casa, si no recuerdo mal, presentado por estos jóvenes.

TERCER OFICIAL. ¡En mala hora!

ACTRIZ CARACTERÍSTICA. Oficial de guarnición en nuestro aeródromo.

PRIMER ACTOR. Exactamente, oficial de complemento, señora; y durante sólo seis meses. Luego, si Dios quiere, a éstos se les acaba el chollo: todo el día de juerga a mis expensas.

POMARICI. ¿Nosotros a tus expensas?

SARELLI. ¡Ya ves tú!

ACTRIZ CARACTERÍSTICA. Dejémoslo. Lo que quiero decir es que ni mis hijas ni yo misma, ni ése de ahí... *(De nuevo el* SEÑOR PALMIRO, *en cuanto se siente aludido, vuelve la cara y se pone a silbar.)* ¡Cállate que te tiro el bolso a la cara! *(Se trata de un bolso bien hermoso. El* SEÑOR PALMIRO *deja inmediatamente de silbar.)* Ninguno de nosotros se dio cuenta al principio de que por sus venas corría la negra sangraza siciliana.

PRIMER ACTOR. ¡A mucha honra!

ACTRIZ CARACTERÍSTICA. ¡Bien que lo sé ahora, desde luego!

DOCTOR HINKFUSS. ¡Por favor, señora, no adelantemos las cosas!

Actriz Característica. No tenga cuidado.

Doctor Hinkfuss. Las presentaciones nada más; es suficiente. Y que sean muy claras.

Actriz Característica. Clarísimas, no lo dude. Decía yo, y es verdad, que antes no se enorgullecía de ello: es más, que estaba con nosotros y les plantaba cara a esos salvajes de la isla que se toman casi como una afrenta nuestro inocente modo de vida *a la continental*, el que acojamos en casa a unos cuantos jóvenes, que participemos de su animación, Dios mío, tan propia de la juventud, sin malicia. También él le hacía sus fiestas a mi Mommina... (*La busca con la mirada.*) ¿Dónde está? ¡Ah, ven, ven aquí, pobre hija mía! ¡Aún no tienes edad para estar así! (*La* Primera Actriz, *que interpreta el personaje de Mommina, al sentirse cogida de la mano, la rechaza.*) Ven, ven aquí.

Primera Actriz. Déjeme, déjeme usted, señora... (*Pronuncia el nombre de la* Actriz Característica; *después, resuelta, se adelanta hacia el* Doctor Hinkfuss.) ¡Así yo no puedo, señor Director! Desde ahora se lo digo. No puedo. Usted ha señalado una línea a seguir, ha establecido un orden en las escenas. Muy bien: que se cumpla. Yo he de cantar. Necesito sentirme segura, en mi lugar, en la acción que se me ha asignado. Yo así, por las buenas, no sigo.

Primer Actor. ¡Claro! Quizá la señorita se haya puesto por escrito y aprendido de memoria todas y cada una de las palabras que ha de decir, de acuerdo con esas indicaciones.

Primera Actriz. ¡Pues sí, me he preparado! ¿Acaso usted no?

Primer Actor. Desde luego; pero no palabra por palabra. Que quede claro, señorita, sin malentendidos: no espere que yo hable como usted querría que lo hiciera según los parlamentos que se ha preparado, ¿vale? Yo diré lo que tenga que decir.

> (*Sigue a esta discusión un rumor de comentarios simultáneos entre los actores.*)

ACTORES. —¡Pues sí que estamos bien!

—¡Que cada uno obligue a los demás a decir lo que le sea más cómodo!

—¡Vaya un modo de improvisar!

—¿Por qué no escribe los papeles de todos?

DOCTOR HINKFUSS. (*Acabando con los comentarios.*) ¡Señores, señores, deben hablar lo menos posible, lo menos posible, se lo he advertido! Se acabó. La presentación ha terminado. Actitudes más definidas, más vivas, y menos palabras; háganme caso. Les aseguro que las palabras vendrán por sí mismas, espontáneas, según las actitudes que ustedes asuman de acuerdo con la acción tal como la he predispuesto. Sigan mis indicaciones y no se equivocarán. Dejen que yo les oriente, que les sitúe, como hemos acordado. Venga, venga. Retírense ahora. Que bajen el telón. (*Baja el telón. El* DOCTOR HINKFUSS, *que permanece en el proscenio, añade, dirigiéndose al público.*) Señoras y señores, les ruego me disculpen. Ahora empieza verdaderamente el espectáculo. Cinco minutos, sólo cinco minutos, con su permiso, para ver si todo está en orden. (*Se retira, apartando el telón. Pausa de cinco minutos.*)

II

Vuelve a abrise el telón.

El DOCTOR HINKFUSS *empieza a marear la perdiz.*

«Para empezar, no estaría mal —ha pensado— ofrecer una presentación sintética de Sicilia con una procesión. Una nota de color.»

Y todo lo ha dispuesto para que la tal procesión avance desde la puerta de entrada de la sala hacia el escenario, cruzando el pasillo que divide en dos alas las filas del patio de butacas, en el orden siguiente:

1.   Cuatro monaguillos con túnicas negras y albas blancas de orla bordada; dos delante y dos detrás; sostienen cuatro cirios encendidos.

2.   Cuatro muchachas, llamadas las Virgencitas, *vestidas de blanco, con velos blancos, guantes blancos de hilo demasiado grandes para sus manos, a propósito para que presenten una apariencia desangelada; también ella, dos delante y dos detrás, sostienen las cuatro varas de un pequeño palio de seda celeste.*

3.   La Sagrada Familia *bajo palio; es decir: un viejo caracterizado y ataviado como San José, tal cual puede verse en las pinturas sacras que representan la Natividad, con su aureola de purpurina alrededor de la cabeza y un largo báculo en la mano, florecido en lo alto; a su lado, una hermosísima joven rubia, con los ojos bajos y una modesta y dulce sonrisa en los labios, ni más ni menos que la Virgen María, también ella con su aureola en la cabeza y en brazos un muñeco de cera bien hermoso que representa al Niño Jesús, tal como aún hoy pueden verse en Sicilia, en Navidad, en algunas toscas representaciones sacras con acompañamiento de música y coros.*

4.   *Un pastor, con su gorro de piel y su capa de estambre, las piernas envueltas en cueros de cabra, y otro pastor más joven; aquél tocará el caramillo, éste la chirimía.*

5.   *Un cortejo de aldeanos y aldeanas de todas las edades; las mujeres con largas faldas plisadas, anchas caderas y una toquilla en la cabeza; los hombres con chaquetillas cortas hasta la cintura y zaragüelles sujetos por una ancha faja de seda de colores; el gorro de punto en la mano, negro, con la borla en el extremo; entran en la sala cantando, al son del caramillo y de la chirimía, la cantinela*

Hoy y siempre sea alabado
nuestro Dios sacramentado,
como alabada sería
la santa Virgen María.

Por lo demás, sobre las tablas ha de verse una calle de la villa, con el muro blanco y tosco de una casa que avanza de izquierda a derecha ocupando más de las tres cuartas partes del escenario, y que forma a continuación una esquina hacia el fondo; en la misma esquina, una farola de pared; más allá de ella, en el otro muro de la casa que forma con el anterior un ángulo obtuso, se ve la puerta de un cabaret, *alumbrada por bombillas de colores; de frente casi, un poco más al fondo y perpendicular, el pórtico de una antigua iglesia, sobre una pequeña grada de tres peldaños.*

Un poco antes de que se alce el telón y de que la procesión entre en la sala, suenan en el escenario las campanas de la iglesia y, de modo apenas perceptible, un órgano que alguien toca dentro de ella. Cuando el telón se levanta y entra la procesión, se ve cómo se arrodillan en el escenario, junto al muro y a la derecha, los hombres y las mujeres (ocho o nueve a lo sumo) que en ese momento pasaban por la calle; las mujeres hacen la señal de la cruz, los hombres se descubren. Una vez que la procesión, luego de subir al escenario, entre en la iglesia, tanto hombres como mujeres se suman al cortejo y entran asimismo. Ya todos adentro, dejan de oírse las campanas; se mantiene, más claro ahora en el silencio, el sonido del órgano, que poco a poco va atenuándose al tiempo que gradualmente se hace la oscuridad en el escenario.

De repente, apenas apagados estos sacros sonidos, se escucha con violento contraste una pieza de jazz *en el* cabaret, *y, al mismo tiempo, el muro blanco que ocupa más de las tres cuartas partes del esce-*

nario se hace transparente. Se ve el interior del cabaret, resplande-
ciente de luces de colores. A la derecha, casi hasta la misma puerta de
entrada, está la barra, tras la cual se ve a tres muchachas muy esco-
tadas, llamativamente pintadas. En la pared frontera, junto a la
barra, sobre un gran fondo de intenso terciopelo rojo, a modo casi de
bajorrelieve, una extraña chanteuse vestida con negros velos, pálida, la cabeza echada hacia atrás y los ojos cerrados, canta lúgubre a
ritmo de jazz. Tres bailarinas rubias mueven cadenciosamente brazos
y piernas, de espaldas a la barra, en el breve espacio que la separa de
la primera fila de veladores en los que se sientan, con sus bebidas, los
parroquianos (no muchos).

Entre ellos se encuentra EL GAITA, con su sombrerillo en la cabeza y un buen puro en la boca.

El parroquiano que está tras él, en la segunda fila de veladores,
viéndolo embobado ante los movimientos de las tres bailarinas, le prepara una broma pesada: dos largos cuernos recortados en el cartón
donde está impresa, junto con el programa, la carta de vinos y demás
bebidas del cabaret.

Los demás, que se han dado cuenta, se divierten a su costa, se hacen guiños, y animan al otro para que se dé prisa.

Una vez recortados los dos cuernos, bien hermosos y bien tiesos en
su soporte de papel, el primer parroquiano se levanta y los coloca con
suma cautela en el sombrerillo del GAITA.

Los demás empiezan a reírse y a aplaudir.

EL GAITA, creyendo que las risas y los aplausos están dedicados a
las tres bailarinas que acaban de concluir su danza, empieza también
él a reírse y a aplaudir, provocando de ese modo carcajadas y aplausos más estrepitosos todavía. Lo que no acaba de entender es por qué
todos lo miran, hasta las de la barra e incluso las bailarinas, que no
pueden más de la risa y se retiran. Está confundido: la sonrisa abandona sus labios, en las manos se le apaga el aplauso.

La extraña chanteuse, entonces, se indigna; e, impulsiva, se
aparta de su fondo de terciopelo y se dirige hacia EL GAITA para
arrancarle de la cabeza su escarnecedor trofeo, gritando:

CHANTEUSE. ¡Pobre viejo, no, no! ¡Debería daros vergüenza!

> (Los clientes la retienen y gritan a su vez, todos a un tiempo,
> provocando gran confusión.)

CLIENTES. —¡Estáte quieta, imbécil!
—¡Tú a tu sitio! ¡A callar!
—¿Pobre viejo? ¡Ya!
—¿Quién te ha dado vela en este entierro?
—¡No te metas!
—¡Se lo tiene merecido!
—¡Se lo tiene merecido!

(En medio de la confusión ella sigue protestando, intentando librarse de los que la sujetan.)

CHANTEUSE. ¡Dejadme ya, granujas! ¿Por qué se lo tiene merecido? ¿Qué mal os hace?

EL GAITA. (*Levantándose, cada vez más confuso*). ¿Qué es lo que me merezco? ¿Qué es lo que me merezco?

EL CLIENTE QUE HA IDEADO LA BROMA. Nada, señor Palmiro, nada. Son ganas de hablar.

UN SEGUNDO CLIENTE. Está borracha. Para variar.

EL CLIENTE QUE HA IDEADO LA BROMA. Váyase, hombre, váyase. Este no es sitio para usted. (*Y, junto con los demás, lo acompaña hacia la puerta.*)

UN TERCER CLIENTE. ¡Bien sabemos nosotros lo que usted se merece, señor Palmiro!

(Entre varios sacan del local al GAITA, *con sus hermosos cuernos en la cabeza. Desaparece la transparencia del muro. Se encuchan todavía los gritos de los que sujetan a la* chanteuse; *después, tras una gran carcajada, vuelve a sonar el* jazz.)

EL GAITA. (*A los dos o tres que lo han obligado a salir y que ahora lo tienen todo para ellos, bajo el halo de luz de la farola.*) Yo lo que quisiera saber es lo que ha pasado.

SEGUNDO CLIENTE. Nada, hombre, es por lo de la otra noche.

TERCER CLIENTE. Todos saben que se ha encaprichado usted con la cantante, y...

SEGUNDO CLIENTE. Querían gastarle una broma: que ella le diera una torta, como la otra noche.

Tercer Cliente. Y diciendo encima que se lo tiene usted merecido.

El Gaita. ¡Claro, ahora lo entiendo!

Primer Cliente. ¡Mirad, mirad! ¡Ahí arriba, en el cielo! ¡Las estrellas!

Segundo Cliente. ¿Las estrellas?

Primer Cliente. ¡Se están moviendo! ¡Se están moviendo!

Segundo Cliente. ¡Vete por ahí!

El Gaita. ¿De verdad?

Primer Cliente. ¡Sí, sí, mire! ¡Como si alguien las estuviera tocando con un par de varas! (*Y levanta los brazos en forma de cuernos.*)

Segundo Cliente. ¡Cállate ya! ¡No te quedes con nosotros!

Tercer Cliente. ¡Ni que fueran faroles!

Segundo Cliente. ¿Decía usted algo, señor Palmiro?

El Gaita. Sí, sí... bueno que... yo, no sé si se han dado cuenta, he estado mirando toda la noche aposta a las bailarinas, sin volver la cabeza para nada hacia ella. ¡Me da una emoción tan grande esa pobre chica, cantando con los ojos cerrados, y las lágrimas que les resbalan por la mejillas!

Segundo Cliente. Pero es su trabajo, señor Palmiro. ¡No crea que las lágrimas son de verdad!

El Gaita. (*Negándolo, seriamente, incluso con el dedo.*) ¡Ah no, nada de eso! ¡Su trabajo! Palabra de honor: esa mujer sufre, sufre de verdad. Y tiene la misma voz que mi hija mayor, tal cual. Además, me ha confesado que también ella es de buena familia.

Tercer Cliente. ¿Sí? ¡No me diga! ¿También es hija de un ingeniero?

El Gaita. Eso no lo sé. Lo que sé es que nadie está libre del infortunio. Y cada vez que la oigo cantar... siento una angustia, un abatimiento...

(*En este momento llegan desde la izquierda, a paso de marcha,* Totina *del brazo de* Pomàrici, Nenè *del brazo de* Sarelli, Dorina *del brazo del* Tercer Oficial,

Mommina *junto a* Rico Verri *y la* señora Ignazia *del brazo de otros dos jóvenes oficiales.* Pomàrici *marca a todos el paso, incluso antes de que la comitiva aparezca en el escenario. Los tres clientes del local, que quizá sean ya cuatro o cinco, al oír la voz, se retiran hacia la puerta del* cabaret *y dejan solo al* señor Palmiro *bajo la farola, con sus cuernos bien puestos.*)

Pomàrici. Uno, dos; uno, dos; uno, dos...

(*Van al teatro; la* señora Ignazia *y sus cuatro hijas visten brillantes trajes de noche.*)

Totina. (*Al ver a su padre con los cuernos en la cabeza.*) ¡Dios mío, papá! ¿Qué te han hecho?
Pomàrici. ¡Canallas! ¡Cobardes!
El Gaita. ¿A mí? ¿Qué pasa?
Nenè. Pero ¿no ves lo que te han puesto en el sombrero? ¡Quítatelo!
Señora Ignazia. (*Mientras el marido se palpa el sombrero.*) ¡Unos cuernos!
Dorina. ¡Desgraciados! ¿Quién ha sido?
Totina. ¡Míralos ahí!
El Gaita. (*Quitándoselos.*) ¿Unos cuernos? ¿A mí? Por eso era... ¡Miserables!
Señora Ignazia. ¡Y se queda con ellos en la mano! ¡Tíralos, idiota! ¡Sólo vale para que cuatro gansos se le rían en las barbas!
Mommina. (*A su madre.*) ¡Lo único que falta es que tú encima la tomes con él!
Totina. ¡Y esos indecentes tan tranquilos!
Verri. (*Se dirige hacia la puerta del* cabaret, *plantando cara a los clientes que se ríen de la escena.*) ¿Quién ha tenido la osadía? ¿Quién? (*Coge a uno por las solapas.*) ¿Usted?
Nenè. Mira cómo se ríen...
El Cliente zarandeado. (*Intentando soltarse.*) ¡Déjeme! ¡No he sido yo! ¡No se atreva a ponerme las manos encima!
Verri. ¡Dígame quién ha sido!

Pomàrici. Déjalo estar, Verri, vámonos.

Sarelli. No tiene sentido seguir armando bronca.

Señora Ignazia. ¡No, no! ¡Exijo una satisfacción! ¿Dónde está el dueño de este antro de maleantes?

Totina. Déjalo, mamá.

Segundo Cliente. (*Adelantándose*). Tenga cuidado con lo que dice, señora. Está hablando con un caballero.

Mommina. ¿Un caballero que permite estas cosas?

Dorina. ¡Unos desgraciados, unos miserables es lo que son!

Tercer Oficial. No se acalore, señorita, déjelo.

Un Cuarto Cliente. Bromas, propias de jovenzuelos...

Pomàrici. ¿A esto lo llama usted una broma?

Segundo Cliente. Todos apreciamos al señor Palmiro...

Tercer Cliente. (*A la* Señora Ignazia.) ¡Pero no a usted, desde luego, señora mía!

Segundo Cliente. ¡Está en boca de todo el pueblo!

Verri. (*Vehemente, adelantando los brazos.*) ¡Medid vuestras palabras, que no respondo!

Cuarto Cliente. ¡Serán denunciados al Comandante en jefe!

Tercer Cliente. ¡Debería darles vergüenza, vestidos de uniforme!

Verri. ¿Quién va a denunciarnos?

Todos los Clientes. (*Se oye incluso alguna voz en el interior del local.*) ¡Todos! ¡Todos!

Pomàrici. ¡Han insultado, en medio de la calle, a unas señoras, a nuestras acompañantes! ¡Tenemos la obligación de defenderlas!

Cuarto Cliente. ¡Aquí nadie ha insultado!

Tercer Cliente. ¡Sólo usted, señora!

Señora Ignazia. ¿Yo? ¡Yo no he insultado a nadie! ¡Les he dicho en su cara lo que son: maleantes, desgraciados, chulos! ¡Eso es lo que son! ¡Y merecían estar en una jaula como las bestias! (*Los aludidos se ríen descaradamente.*) ¡Eso, a reírse! ¡Canallas, salvajes!

POMÀRICI. (*Junto a los demás oficiales, y a las hijas, intentando calmarla.*) Señora, por favor, tranquilícese...
SARELLI. Ya pasó.
TERCER OFICIAL. ¡Venga, al teatro!
NENÈ. No te dignes responder siquiera a esos individuos.
CUARTO OFICIAL. Vamos, vamos, que ya es tarde.
TOTINA. Seguro que ya ha acabado el primer acto.
MOMMINA. Sí, venga mamá, vámonos. No les hagas caso.
POMÀRICI. Véngase usted también al teatro, señor Palmiro.
SEÑORA IGNAZIA. ¿Él, al teatro? ¡De eso nada! ¡A casa, a casa inmediatamente! Mañana tiene que levantarse temprano para trabajar. ¡A casa! ¡A casa!

(*Los clientes vuelven a reírse ante esta orden perentoria de la mujer al marido.*)

SARELLI. Pues no perdamos más tiempo. ¡Al teatro!
SEÑORA IGNAZIA. ¡Imbéciles, estúpidos! ¡Reíd, reíd, ignorantes!
POMÀRICI. ¡Ya está bien, venga!
LOS DEMÁS OFICIALES. ¡Al teatro!

(*En este momento, el* DOCTOR HINKFUSS, *que desde un principio ha entrado en la sala a la cola de la procesión y en ella se ha quedado para supervisar la representación, sentado en una butaca de primera fila reservada al efecto, se levanta y ordena en voz alta:*)

DOCTOR HINKFUSS. ¡Muy bien! ¡Vale así, vale! ¡Al teatro, eso! ¡Todo el mundo fuera! Los clientes, al *cabaret;* los demás, mutis por la derecha. ¡Cierren un poco el telón hacia el centro!

(*Los actores se ponen manos a la obra. Corren el telón de ambos lados, de modo que quede en el centro el muro blanco que ha de usarse como pantalla para la proyección cinematográfica de un espectáculo de ópera. Solamente el anciano* GRA-

CIOSO *permanece allí delante cuando todos los demás se han retirado.*)

GRACIOSO. (*Al* DOCTOR HINKFUSS.) Ya que no me voy con ellos al teatro, yo salgo por la izquierda, ¿no?

DOCTOR HINKFUSS. ¡Claro hombre, claro, por la izquierda! Salga, salga. ¡Vaya unas preguntas!

GRACIOSO. No, quería hacerle notar que no me han dejado decir ni una palabra. ¡Menudo follón, señor Director!

DOCTOR HINKFUSS. No se preocupe. Ha salido muy bien. Váyase tranquilo.

GRACIOSO. Tenía que decírselo: siempre la pago yo, siempre.

DOCTOR HINKFUSS. Muy bien, ya me lo ha dicho. Salga, por favor. Ahora viene la escena del teatro. (*El viejo* GRACIOSO *se retira por la izquierda.*) ¡El gramófono! ¡Lista la proyección! *¡Tonfilm!*[31]

(*El* DOCTOR HINKFUSS *vuelve a sentarse en su butaca. Entretanto, a la derecha, tras el telón que oculta la esquina y la farola, los ayudantes de montaje habrán dispuesto un gramófono para que pueda sonar un disco con el final del primer acto de algún viejo melodrama italiano,* La forza del destino *o* Un ballo in maschera, *o cualquier otro, de modo que se produzca sincrónicamente la proyección sobre la pared blanca que hace de pantalla. En cuanto empieza a oírse el sonido del gramófono y comienza la proyección, el palco que se había dejado vacío se ilumina con una cálida luz, una luz particular que no se sabe bien de dónde proviene; se ve entrar en él a la* SEÑORA IGNAZIA *con sus cuatro hijas, a* RICO VERRI *y a los demás oficiales. Ha de ser una entrada ruidosa, que provoque inmediatas protestas del público.*)

---

[31] *Film sonoro.* En alemán en el original. Según G. Grazzini (*Le mille parole del cinema,* Bari, 1980), se trata de un específico género cinematográfico alemán en boga en los primeros años 30: películas musicales inspiradas en la tradición de la opereta vienesa.

Señora Ignazia. ¿Lo veis? Está acabando el primer acto.

Totina. ¡Qué carrera! (*Se sienta en la primera silla del palco, enfrente de su madre.*) ¡Dios mío, qué calor! ¡Vaya sofocón!

Pomàrici. (*Dándole aire en la cara con un pequeño abanico.*) ¡Sus deseos son órdenes!

Dorina. ¡Naturalmente! ¡A paso de marcha...! Uno, dos; uno, dos...

Voces en la sala. —¡Ya está bien!

—¡Silencio!

—¿Qué formas son estas de entrar en un teatro?

Mommina. (*A* Totina.) Te has puesto en mi sitio; levanta.

Totina. Como Dorina y Nenè se han puesto aquí en medio...

Dorina. Creíamos que Mommina quería quedarse detrás con Verri, como la otra vez...

Voces en la sala. —¡Cállense!

—¡Y siguen!

—¡Qué falta de respeto!

—Y los militares, ¡míralos!

—¡Pero bueno, que alguien les llame la atención!

(*En el palco, mientras tanto, desbarajuste grande para que cada quien se ponga en su sitio:* Totina *se lo deja a* Mommina *y ocupa el de* Dorina, *que a su vez ha pasado a la silla contigua que ha dejado* Nenè, *que ha ido a sentarse en el pequeño diván al lado de su madre.* Rico Verri *se sienta junto a* Mommina, *enfrente, en el otro diván; detrás de* Totina, Pomàrici; *detrás de* Dorina, *el* Tercer Oficial; *al fondo,* Sarelli *y los otros dos oficiales.*)

Mommina. No hagamos mucho ruido, con cuidado.

Nenè. ¡A buenas horas! Primero la enredas y luego...

Mommina. ¿Yo?

Nenè. ¡Tú dirás! Tanto cambio, tanto cambio...

Dorina. ¡Qué protesten, si quieren!

Totina. Ni que fuera la primera vez que ven... (*Dice el título del melodrama.*)

Pomàrici. ¡Un respeto a las señoras, digo yo!

Voces en la sala. —¡Usted cállese!

—¡Es una vergüenza!

—¡A la calle!

—¡Que los tiren ya!

—¡Desde luego, el palco de los militares el más escandaloso!

—¡Fuera, fuera!

Señora Ignazia. ¡Salvajes! ¡No tenemos nosotros la culpa de llegar tarde! ¿Y este es un pueblo civilizado? Primero nos insultan en medio de la calle y ahora aquí, en el teatro. ¡Caníbales!

Totina. En la península no hubiera pasado[32].

Dorina. Uno entra en el teatro cuando buenamente quiere.

Nenè. ¡Y aquí hay gente que lo sabe, que conoce otras costumbres más civilizadas!

Voces. ¡Ya está bien! ¡Ya está bien!

Doctor Hinkfuss. (*Se levanta y se vuelve hacia el palco de los actores.*) Ya está bien, sí. No exageren, señores, no exageren.

Señora Ignazia. ¿Cómo, que estamos exagerando? ¡Son ellos los que nos provocan! ¡Esto es una persecución, no hay quien lo aguante! Total, por un poco de ruido que hemos hecho al entrar...

Doctor Hinkfuss. Está bien, está bien; pero ya basta. El acto ha terminado.

Verri. ¿Ya ha terminado? ¡Bendito sea Dios! Salgamos, entonces.

Doctor Hinkfuss. Eso es, salgan ustedes.

Totina. ¡Tengo una sed! (*Sale del palco.*)

Nenè. Vamos a tomar un helado. (*Sale.*)

Señora Ignazia. ¡Sí venga, vámonos enseguida! ¡Yo estoy que reviento!

(*Acabada la proyección, el gramófono enmudece. El telón*

―――――――――

32 La península, obviamente, contrapuesta a la Italia insular, a Sicilia en este caso.

se cierra completamente. El DOCTOR HINKFUSS *sube al escenario y se dirige al público al tiempo que la sala se ilumina.*)

DOCTOR HINKFUSS. Quienes de entre ustedes suelen salir de la sala en los entreactos puede hacerlo si lo desean: podrán asistir en el vestíbulo a la continuación del escándalo que ofrecen estas buenas gentes; y no por propia voluntad, sino porque, a estas alturas, cualquier cosa que ellos hagan da que hablar, los tienen entre ojos, son el blanco de la murmuración de todo el mundo. Vayan, vayan y verán. Pero no salgan todos, por favor, o se tendrán que apiñar unos encima de otros para ver, en definitiva, lo que más o menos ya han visto aquí dentro.
Puedo asegurarles que nada esencial perderá el que se quede aquí sentado. En el vestíbulo, mezclados entre los espectadores, están simplemente los mismos que ya han visto abandonar el palco en el lógico intermedio. Yo aprovecho para cambiar los decorados. Y lo haré ante ustedes, ostensiblemente, para ofrecer a los que permanezcan en la sala un espectáculo al que tampoco están acostumbrados. (*Da unas palmadas, ordenando.*) ¡Abran el telón! (*El telón se abre de nuevo.*)

INTERMEDIO

Representación simultánea, en el vestíbulo y en el escenario.

En el vestíbulo, actores y actrices han de comportarse (cada uno en su papel, evidentemente), con la máxima libertad y naturalidad, como verdaderos espectadores durante un entreacto.

Forman cuatro grupos en cuatro partes distintas del vestíbulo, y, contemporáneamente, cada uno de ellos representa una escena idependiente de las otras. RICO VERRI *con* MOMMINA. *La* SEÑORA IGNAZIA, *con dos oficiales llamados* POMETTI *y* MANGINI, *está sentada en un sofá.* DORINA *pasea conversando con el* TERCER OFICIAL, *que se llama* NARDI. NENÈ *y* TOTINA *se dirigen con* POMÀRICI *y* SARELLI *hacia un lado del vestíbulo, donde hay una barra en la que se sirven bebidas, café, cerveza, licores, caramelos y otras gollerías.*

Tales escenas, autónomas y simultáneas, aparecen ahora transcritas, para mayor comodidad, una tras otra.

I

NENÈ, TOTINA, SARELLI y POMÀRICI, *en el ambigú.*

NENÈ. ¿No tienen helados? Bueno, pues déme un refresco. Frío, por favor. De menta, sí.
TOTINA. Para mí una limonada.
POMÀRICI. Un paquete de chocolatinas. Y unos pocos caramelos.
NENÈ. No, no, gracias. Déjelo.

TOTINA. Seguramente no serán buenas. ¿Sí? Bueno, pues cómprelas. ¡Ay, qué honor!

POMÀRICI. ¿Las chocolatinas?

TOTINA. No, es que a las mujeres nos gusta que los hombres nos inviten.

POMÀRICI. Pues es una pena; yo quería llevarlas a una cafetería antes de venir al teatro.

SARELLI. Pero con lo que ha pasado...

TOTINA. También es que mi padre... él mismo se lo busca. Y además, con los sitios donde va, les está poniendo en bandeja que nos sigan criticando.

POMÀRICI. (*Llevándole una chocolatina a los labios.*) Tenga, para que no se amargue.

NENÈ. (*Abriendo la boca como un pajarito.*) ¿Y a mí no?

POMÀRICI. (*Haciendo lo propio con ella.*) ¡Claro! Pero para usted un caramelo.

NENÈ. ¿Está seguro de verdad que en la península se hace así?

POMÀRICI. ¿El qué? ¿Ponerle el caramelo en los labios a las muchachas bonitas? ¡Por supuesto!

SARELLI. ¡Y más cosas!

NENÈ. ¿Sí? ¿Qué más, qué más?

POMÀRICI. ¡Ah, si todo se hiciera igual que se hace allí!

TOTINA. (*Provocándolo.*) ¿Como qué?

SARELLI. Compreda usted que aquí...

NENÈ. Entonces mañana, entre las cuatro, asaltamos el aeropuerto.

TOTINA. Y como no nos den una vuelta en un avión...

POMÀRICI. Será una alegría tenerlas entre nosotros. Pero subir a un avión, desgraciadamente...

SARELLI. Lo prohíben las ordenanzas.

POMÀRICI. Y con el Comandante que nos ha caído...

TOTINA. Pero ¿no decían que el ogro se iba de permiso uno de estos días?

NENÈ. ¡Excusas, excusas! ¡Yo quiero volar por encima de este pueblo para escupirles! ¡Dígame que sí!

SARELLI. Que vuelen con nosotros es imposible.

NENÈ. Bueno, pues lo hace usted por mí: un buen escupitajo.

II

Dorina *y* Nardi, *mientras pasean.*

Nardi. ¿No sabía que su padre está locamente enamorado de la cantante esa del *cabaret?*

Dorina. ¿Papá? ¿Qué me dice?

Nardi. Su padre, su padre, se lo aseguro; y todo el mundo lo sabe.

Dorina. ¿Está hablando en serio? ¿Papá, enamorado? (*Suelta tal risotada que se vuelven los espectadores cercanos.*)

Nardi. ¿No lo ha visto usted misma, allí, en el *cabaret?*

Dorina. ¡Que no se entere mamá, por favor; le saca la piel a tiras! Pero ¿quién es esa cantante? ¿La conoce?

Nardi. Sí, fui a verla una vez. Un pobre loca, un alma en pena.

Dorina. ¿Qué quiere decir?

Nardi. Dicen que llora siempre cuando canta, con los ojos cerrados, y lágrimas de verdad; y que incluso más de una vez se ha desmayado, abatida por su propio llanto desesperado, ebria.

Dorina. ¡Será por el vino!

Nardi. Quizá. Cuentan que bebe para olvidar.

Dorina. ¿Y papá? ¡Dios mío, pobrecito! ¡Qué mala suerte ha tenido! Pero no, no me lo creo.

Nardi. ¿Que no? ¿Y si yo le dijera que una noche, quizá también él un poco curda, dio un espectáculo en medio del local, acercándose, con lágrimas en los ojos, a secarle las lágrimas con su pañuelo a la cantante de los ojos cerrados?

Dorina. ¡No es posible! ¿De verdad?

Nardi. ¿Sabe la respuesta de la otra cuál fue? ¡Arrimarle un sopapo de los de aúpa!

Dorina. ¿A papá? ¡Como si no tuviera bastante con los que le suelta mamá, pobrecito mío!

Nardi. ¡Eso mismo fue lo que él le dijo, allí delante de todos los clientes que se morían de risa! «¿Tú también, ingrata? ¡Ya no es sólo mi mujer!»

(Poco a poco se han ido acercando al ambigú. DORINA, *al ver a* TOTINA *y a* NENÈ, *corre con* NARDI *hacia ellas.)*

III

En el ambigú. NENÉ, TOTINA, DORINA, POMÀRICI, SARELLI *y* NARDI.

DORINA. ¿Sabéis lo que me ha contado Nardi? ¡Que papá se ha enamorado de la cantante del *cabaret*!

TOTINA. ¡No!

NENÈ. ¿Y tú te lo crees? ¡Es una broma!

DORINA. ¡No, es verdad, es verdad!

NARDI. Les puedo asegurar que así es.

SARELLI. Es cierto, yo también me he enterado.

DORINA. ¡Si supierais lo que ha hecho!

NENÈ. ¿Qué ha hecho?

DORINA. ¡La cantante, ya ves, hasta ella, le dio una torta en público!

NENÈ. ¿Una torta?

TOTINA. Pero ¿por qué?

DORINA. Porque él quería secarle las lágrimas.

TOTINA. ¿Qué lágrimas?

DORINA. Bueno, dicen que es una mujer que está siempre llorando...

TOTINA. ¿Lo veis? ¿No tenía yo razón? ¡Es él, él! ¿Cómo queréis que después la gente no se le ría en las propias barbas?

SARELLI. Si quieren una prueba, mírenle en el bolsillo interior de la chaqueta: seguro que lleva un retrato de la cantante. A mí me lo enseñó una vez, con unos aspavientos que... en fin. ¡Pobre señor Palmiro!

IV

Rico Verri y Mommina, *apartados.*

Mommina. (*Algo cohibida por el apesadumbrado semblante de* Verri *al abandonar el palco.*) ¿Qué le pasa?

Verri. (*Bruscamente.*) ¿A mí? Nada. ¿Qué me va a pasar?

Mommina. Y entonces ¿por qué está usted así?

Verri. No lo sé. Pero si me quedo un rato más en el palco la cosa acaba mal de verdad: hago una locura.

Mommina. Desde luego esta vida no se puede aguantar.

Verri. (*Alzando la voz, agrio.*) ¿Ahora se da cuenta?

Mommina. ¡Cállese, por Dios! ¡Todo el mundo nos mira!

Verri. ¡Por eso, precisamente por eso!

Mommina. He llegado a tal punto, que ya no sé ni cómo moverme, ni cómo hablar...

Verri. Yo quisiera saber qué es lo que miran tanto, ni por qué están tan pendientes de lo que hablamos.

Mommina. Tranquilo, tranquilo, haga el favor; no los provoque.

Verri. ¿Es que no somos como todos los demás? ¿Qué hay de raro en nosotros, en este momento, que no hacen más que mirarnos? ¿Será posible?

Mommina. Lo que yo digo, así no se puede vivir: cualquier gesto, simplemente levantar los ojos... El blanco de todas las miradas. Fíjese, allí, donde están mis hermanas..., y la pobre mamá...

Verri. ¡Ni que estuviéramos dando un espectáculo!

Mommina. ¡Parece mentira!

Verri. Pero desgraciadamente, usted perdone, sus hermanas...

Mommina. ¿Qué pasa?

Verri. Nada. Quisiera equivocarme, pero parece que les guste.

Mommina. ¿El qué?

Verri. Llamar la atención.

Mommina. ¿Qué hacen de malo? Charlan, se ríen...

[288]

Verri. Provocan a la gente con su desenvoltura.

Mommina. ¡Pues sus compañeros no se quedan cortos!

Verri. Parece que les dan carrete, es verdad. Y créame que están empezando a hartarme, en serio, sobre todo el tal Sarelli; bueno, los tres.

Mommina. ¡Bah, se divierten!

Verri. Podría ocurrírseles que se están divirtiendo a costa de la buena reputación de tres muchachas honradas; y abstenerse por lo menos de hacer ciertos gestos, ciertos secretitos...

Mommina. Es cierto, eso sí.

Verri. Yo, sin ir más lejos, no toleraría que ninguno de ellos se permitiera con usted...

Mommina. ¡Sería yo misma la que no lo permitiría! ¡Eso lo primero; y usted lo sabe!

Verri. Bueno, dejémoslo, dejémoslo. Pero incluso usted, otras veces, lo ha permitido.

Mommina. ¡Pero ahora ya no, y hace tiempo! Debería saberlo.

Verri. No basta que yo lo sepa; también ellos deberían saberlo.

Mommina. ¡Y lo saben!

Verri. ¡No! ¡Más de una vez se han complacido en demostrármelo, como si me desafiaran!

Mommina. ¡No es posible! ¿Cuándo? ¡Por Dios, no se meta esas ideas en la cabeza!

Verri. ¡Deberían tener claro que conmigo no se juega!

Mommina. Son muy conscientes de ello, esté seguro. Pero cuanto más demuestra usted que se toma a mal hasta una broma inocente, más insisten ellos para hacerle ver que no hay doble intención.

Verri. ¿Así que los disculpa?

Mommina. ¡No! Lo hago por usted, para que esté tranquilo; y también por mí, que, al verlo así, vivo en un estado de continua ansiedad. Vamos, vamos para allá. Mamá se ha levantado; parece que ya quiere volver.

V

La SEÑORA IGNAZIA, *sentada en un sofá; a un lado* POMETTI, *al otro* MANGINI.

SEÑORA IGNAZIA. ¡Ah, queridos jóvenes! ¡En sus manos está alcanzar el honor de varones beneméritos de la civilización.

MANGINI. ¿Nosotros, señora Ignazia? ¿Cómo?

SEÑORA IGNAZIA. ¿Cómo? ¡Dando, con su simple presencia, alguna que otra lección!

POMETTI. ¿Dar lecciones? ¿A quién?

SEÑORA IGNAZIA. A todos los zoquetes de este pueblo. Por lo menos una hora diaria.

MANGINI. Pero, ¿lecciones de qué?

POMETTI. ¿De urbanidad?

SEÑORA IGNAZIA. Lecciones demostrativas, eso es. Una lección diaria, una hora, para informarles sobre el modo de vivir de las grandes ciudades de la península. ¿De dónde es usted, amigo Mangini?

MANGINI. ¿Yo? De Venecia, señora.

SEÑORA IGNAZIA. ¿De Venecia? ¡Venecia, Dios mío, el sueño de mi vida! ¿Y usted, Pometti?

POMETTI. Yo de Milán.

SEÑORA IGNAZIA. ¡Ah, Milán, Milán! ¡Nada menos! *El nost Milan...*[33]. Yo soy de Nápoles. ¡Nápoles! Que, digo yo, sin menospreciar a Milán, y reconociendo los méritos de Venecia, digo yo que... como paisaje... el paraíso, vamos. Chiaia, Posillipo...[34]. Casi... casi me entran ganas de llorar cuando me acuerdo. ¡Qué maravilla! Ese Vesubio, Capri... Ustedes tienen la Catedral, la Galería Vittorio Emanuele, el Teatro de la Scala... Y ustedes, claro, la Plaza de San Marcos, el Canal Grande...

---

[33] Pieza teatral en dialecto milanés de Carlo Bertolazzi (1870-1916).
[34] Barrios napolitanos.

¡Ahí es nada! Y aquí, ya ven, mugre[35], nada más. ¡Y si fuera sólo en las calles!

MANGINI. ¡Pero no lo diga tan alto, en su misma cara, por favor!

SEÑORA IGNAZIA. Ah no, yo no me escondo. Las cosas claras y el chocolate espeso, amigos míos. Tienen la mugre metida dentro: en el corazón, en la sangre... ¡Siempre cabreados! ¿No les da esa impresión, que siempre están cabreados?

MANGINI. La verdad es que yo...

SEÑORA IGNAZIA. ¿No les parece? Que sí, que sí; siempre como si ardieran, ¿cómo diría yo?, en una rabia instintiva que los convierte en fieras, todos contra todos. Basta que alguien, qué sé yo, mire aquí en vez de allí, haga algo de ruido al sonarse la nariz, se le ocurra una cosa y sonría. ¡Dios nos pille confesados! Se ríe de mí, se suena aposta para ofenderme, mira aquí adrede en vez de allí para hacerme un desprecio. No se puede hacer nada sin que sospechen que alguna doble intención hay. ¡Pero es por la propia maldad que ellos encierran, todos! Mírenlos a los ojos: dan miedo, son ojos de lobo... Bueno, ya está bien. Es hora de ocupar nuestros sitios. Vamos a ver qué hacen esas pobres hijas mías.

Medido el tiempo que sea necesario para que los cuatro cuadros sean interpretados simultáneamente, cada uno en el lugar indicado, hágase de manera que, incluso añadiendo, o eliminando, donde sea menester, alguna que otra intervención, todos los personajes se dirijan de nuevo hacia el interior de la sala al mismo tiempo. La simultaneidad deberá asimismo regularse según el tiempo que necesite el DOCTOR HINKFUSS para llevar a cabo sus prodigios en el escenario.
Tales prodigios podrían por otra parte abandonarse a las extravagantes ocurrencias del DOCTOR HINKFUSS. Mas,

---

[35] El término usado en el original, en cursiva, es *fetenzierie*. Se trata de una formación de origen napolitano sobre el verbo latino *foetere*, que en italiano da *fetere*. El *Vocabolario de la lingua italiana* [Treccani] (II, Roma, 1987) registra sólo *fetenzia* como voz de área napolitana.

*puesto que ha sido él, y no el autor del relato, quien ha queri-
do que* Rico Verri *y los demás jóvenes fueran oficiales de
aviación, es probable que así lo haya decidido para permitirse
el placer de preparar, ante el público que permanezca en la
sala, una bonita escena que represente un campo de aviación,
dispuesto con un admirable efecto de perspectiva. De noche,
bajo un magnífico cielo estrellado, pocos elementos, sintéticos:
al nivel del suelo todo muy pequeño, de suerte que se recalque
la sensación de un vastísimo espacio bajo ese cielo salpicado de
estrellas; pequeña igualmente, al fondo, la dependencia de los
oficiales, blanca, con las ventanas iluminadas; pequeños los
aeroplanos, dos o tres, diseminados por la pista; y unas luces
como veladas, fuertemente sugestivas; y el zumbido de un
avión invisible volando en la noche serena. Puede muy bien el*
Doctor Hinkfuss *permitirse este placer, aunque ningún
espectador permanezca en la sala. En tal caso (que ciertamente hay que prever) no habría lugar durante el intermedio
a la representación simultánea en el vestíbulo y en el escenario.
Pero el problema podría solucionarse fácilmente. El* Doctor Hinkfuss, *una vez abierto el telón, al ver sin embargo
que su loa no ha surtido el efecto de retener en la sala ni siquiera a una pequeña parte del público, se retira entre bastidores, algo contrariado; y se desfoga dando una muestra de sus
habilidades cuando ya han concluido las escenas del vestíbulo y
los espectadores, requeridos por el timbre, han regresado a la
sala y ocupado sus sitios.*
*Lo más importante es que los espectadores tengan paciencia
con estas cosas que, si no exactamente superfluas, sin duda son
accesorias. Pero como por mil modos entenderse puede que les
acomoda, es más, que con insaciable gula van buscando la
guarnición en lugar de la substanciosa pitanza, buen provecho
les haga. Tiene razón el* Doctor Hinkfuss; *bien está que
les sirva por tanto, tras la escena del campo de aviación, otra
más, diciéndoles a las claras, con un desdén de gran señor que
puede permitirse ciertos lujos, que en verdad de la primera
escena se puede prescindir, pues no es estrictamente necesaria. Y aunque se haya perdido algo de tiempo en la obtención
de tan hermoso efecto, se dará a entender lo contrario, incluso
que no hay tiempo que perder, tan es así que se ha pasado por*

alto una escena que, sin perjuicio alguno, podía omitirse. Omitamos también nosotros las órdenes que el DOCTOR HINKFUSS, *por sí solo, podrá acordar con montadores, electricistas y ayudantes para el montaje del tal campo de aviación. En cuanto esté todo listo, bajará del escenario, se colocará hacia la mitad del pasillo central de la sala para disponer adecuadamente la iluminación con las órdenes oportunas, y cuando haya conseguido un efecto perfecto volverá a subir al escenario.*

DOCTOR HINKFUSS. ¡No, no! ¡Fuera todo eso, fuera! ¡Que cese ese zumbido! Apaguen, apaguen. Estoy pensando que se puede prescindir de esta escena. Sí, es un buen efecto, pero con los medios que tenemos a nuestra disposición podemos obtener otros no menos hermosos que hagan avanzar la acción de modo más expeditivo. Esta noche, afortunadamente, me siento libre con ustedes, y confío en que no les ha de disgustar contemplar cómo se pone en pie un espectáculo, no sólo ante sus propios ojos sino incluso (¿por qué no?) con su colaboración. El teatro, lo están ustedes viendo, señores, es como la enorme boca de un gran mecanismo hambriento; y esa hambre, los señores poetas...

UN POETA, DESDE LAS PRIMERAS FILAS. ¡Por favor, no llame usted señores a los poetas; los poetas no son señores!

DOCTOR HINKFUSS. *(Rápidamente.)* Tampoco los críticos, en este sentido, son señores; y si yo me he referido a ellos así es por una cierta afectación polémica que, sin ofender a nadie, creo se me pueda consentir en este caso. Es un hambre, decía yo, que los señores poetas, y en esto fracasan, no saben saciar. Para esta máquina que es el teatro, como para otras enorme y admirablemente crecidas y desarrolladas, es deplorable que la fantasía de los... poetas, anquilosada, no alcance a encontrar el sustento adecuado y suficiente. No se quiere entender que el teatro es sobre todo espectáculo. Arte, es cierto; pero vida también. Creación sí, pero no perenne, momentánea. ¡Un prodigio: la forma que se mueve! Y el prodigio, señores, no puede ser sino momentáneo. En un momento, ante los ojos de ustedes, crear una escena; y dentro de ella, otra, y otra más. Un instante de oscuridad; una rápida maniobra; un juego de luces sugerente. Fíjense, ahora verán. (*Da unas palamadas y ordena.*) ¡Fuera luces! (*Se apagan las luces y se cierra silenciosamente el telón a espaldas del* DOCTOR HINKFUSS. *Se encienden de nuevo las luces mientras suenan los timbres avisando a los espectadores para que vuelvan a sus localidades. En el caso de que todo el público hubiera salido de la sala y que el* DOCTOR HINKFUSS [*a causa de la fallida simultaneidad de la doble representación en vestíbulo y escenario*] *se viera obligado a esperar el regreso del público para dar inicio a la maniobra de la primera escena del campo de aviación y a la perorata sucesiva, se entiende que el telón no se bajaría y que, una vez dada la orden de apagar, él, ante todo el público presente en la sala, seguiría dando las órdenes precisas para la continuación del espectáculo. Aquí se prevé el caso de que la simultaneidad, como es deseable, se produzca; y habría que cuidar de que se produjera. De suerte que, una vez bajado el telón e iluminada de nuevo la sala, el* DOCTOR HINKFUSS *dice lo siguiente:*) Esperemos que el público se acomode. Hemos de dar tiempo asimismo a que la señora Ignazia y las señoritas La Croce vuelvan a su casa después de la función, acompañadas por sus amigos los jóvenes oficiales. (*Dirigiéndose al señor de las primeras filas, que justo en ese momento vuelve a la sala.*) Mientras tanto, si usted, señor, mi impertérrito comentarista, quisiera informar al público que ha permanecido aquí sentado, si ha tenido lugar alguna novedad en el vestíbulo...

SEÑOR DE LAS PRIMERAS FILAS. ¿Es a mí?

DOCTOR HINKFUSS. A usted, sí. Si fuera tan amable...

SEÑOR DE LAS PRIMERAS FILAS. Pues no, ninguna novedad. Mero divertimento. Conversaciones. Lo único que se ha sabido es que ese ridículo señor Palmiro, *El Gaita*, está enamorado de la *chanteuse* del *cabaret*.

DOCTOR HINKFUSS. Claro; pero eso a estas alturas cualquiera habría podido entenderlo. Por lo demás, tiene poca importancia.

EL JOVEN ESPECTADOR DEL PATIO DE BUTACAS. Perdone

pero no; también se ha entendido claramente que el oficial Rico Verri...

PRIMER ACTOR. (*Asomando la cabeza por el telón, a espaldas del* DOCTOR HINKFUSS.) ¡Ya está bien, basta con tanto *oficial!* ¡Pronto me quitaré de encima este uniforme!

DOCTOR HINKFUSS. (*Dirigiéndose al* PRIMER ACTOR, *que ya ha escondido la cabeza.*) ¡Pero bueno! ¿Usted por qué se inmiscuye?

PRIMER ACTOR. (*Asomando de nuevo la cabeza.*) Porque me irrita ese calificativo, y para poner las cosas en su sitio: yo no soy militar de carrera. (*Vuelve a esconder la cabeza.*)

DOCTOR HINKFUSS. Ya lo dejó bien claro desde el principio. Basta (*Dirigiéndose al joven espectador.*) Disculpe, tenga la bondad, ¿Decía usted...?

JOVEN ESPECTADOR. (*Tímido y apurado.*) Bueno... nada... Yo decía que... que allí, en el vestíbulo, además... este señor Verri ha puesto de manifiesto su mal humor, y que... que parece estar ya más que harto del escándalo que dan esas señoritas y su... su señora madre...

DOCTOR HINKFUSS. Bien, bien, de acuerdo; pero también eso ha podido notarse desde el principio. De todas maneras, gracias. (*Se escucha, tras el telón, el piano con las notas del aria de Siebel en el* Faust *de Gounod:* «Las pláticas de amores, queridas flores...») Ah, el piano; todo listo. (*Aparta un poco el telón y da la orden en el interior del escenario.*) ¡Aviso! (*Al oírse el aviso baja, toma asiento en su butaca, y vuelve a abrirse el telón.*)

III

A la derecha, al fondo, el armazón de una cristalera, con un paso en el centro, de suerte que a través de él pueda también entreverse el vestíbulo, casi adivinándolo gracias a algún que otro hábil toque de color y a alguna lámpara encendida. El armazón de otra pared en mitad del escenario, igualmente con una salida en el centro, abierta, que desde el salón, que queda a la derecha, introduzca en el comedor, sumariamente esbozado, con un pretencioso aparador y una mesa cubierta con un tapete rojo, sobre la cual cuelga del techo una lámpara, apagada en este momento, con una enorme pantalla redonda de vistoso color naranja y verde. Encima del aparador se ven, entre otras cosas, un candelabro de metal con su vela, una caja de cerillas y el tapón de una botella, de corcho. En el salón, además del piano, un sofá, algunos veladores, sillas.

Una vez abierto el telón, se ve a POMÀRICI *que sigue sentado al piano y a* NENÈ *que baila con* SARELLI *al ritmo de las notas, al igual que hace* DORINA *con* NARDI, *a paso de vals. Acaban de llegar del teatro. La* SEÑORA IGNAZIA *lleva atado en torno a la cara un pañuelo de seda negra, plegado como si fuera una venda, a causa de un dolor de muelas que le ha dado.* RICO VERRI *ha salido en busca de una farmacia de guardia, a comprar algún medicamento para aliviárselo.* MOMMINA *está sentada junto a su madre, en el sofá, cerca del cual también se encuentra* POMETTI. TOTINA *está al otro lado (fuera de escena) con* MANGINI.

MOMMINA. (*A su madre, mientras* POMÀRICI *toca y bailan las dos parejas.*) ¿Te duele mucho? (*Y le acerca una mano a la mejilla.*)
SEÑORA IGNAZIA. ¡Estoy rabiando! ¡No me toques!

Pometti. Verri ha ido corriendo a la farmacia; estará al llegar.

Señora Ignazia. ¡Seguro que no le abren! ¡Seguro!

Mommina. No tienen más remedio. ¡Es una farmacia de guardia!

Señora Ignazia. ¡Ya! ¡Como si no supieras qué pueblo es éste! ¡Ay, ay! ¡No me hagas hablar que estoy rabiando! ¡Si se imaginan que es para mí, son capaces de no abrirle! ¡brirle!

Pometti. ¡Ya verá cómo a Verri sí que le abren! ¡Es capaz de echar abajo la puerta!

Nenè. (*Que sigue bailando plácidamente.*) ¡Sí mamá, no te preocupes!

Dorina. (*Igual que su hermana.*) ¡Anda que no le van a abrir! ¡Como él quiera, más bestia que ellos todavía!

Señora Ignazia. ¡No, no, pobre chico, no digáis eso! ¡Es tan bueno! ¡Ha salido pitando!

Mommina. ¡Desde luego! Y ha tenido que irse solo. Vosotras, mientras tanto, baila que te baila.

Señora Ignazia. ¡Déjalas, déjalas que bailen! Total, no se me va a pasar el dolor porque estén a mi lado preguntándome cómo estoy. (*A* Pometti.) ¡Es la rabia, la rabia que me da esta gente, que se me mete en la sangre! ¡Esa es la razón de todos mis males!

Nenè. (*Dejando de bailar y acercándose a su madre, ruborizada por la proposición que pretende hacer*). Mamá, ¿y si dijeras un avemaría, como la otra vez?

Pometti. ¡Eso es! ¡Estupendo!

Nenè. (*Continuando lo anterior.*) ¡Ya sabes que, cuando la dijiste, se te pasó el dolor!

Pometti. ¡Inténtelo, señora, inténtelo!

Dorina. (*Que sigue bailando.*) ¡Sí, sí, mamá, venga! ¡Verás como se te pasa!

Nenè. ¡Pero dejad ya de bailar!

Pometti. ¡Claro, hombre! ¡Y tú, Pomàrici, eh, deja de tocar ya!

Nené. ¡Mamá dirá un avemaría como la otra vez!

Pomàrici. (*Apartándose del piano y acercándose.*) ¡Sí, muy bien! Vamos a ver, vamos a ver si se repite el milagro.

SARELLI. ¡Dígala en latín, señora Ignazia, en latín!
NARDI. ¡Claro! ¡Así le hace más efecto!
SEÑORA IGNAZIA. ¡Que no, dejadme en paz! ¡Lo que se os ocurre...!
NENÈ. Perdona pero la otra vez se te pasó. ¿Quieres más pruebas?
DORINA. ¡La luz apagada! ¡La luz apagada!
NENÈ. ¡Y con recogimiento, con recogimiento! Apague la luz, Pomàrici.
POMÀRICI. Pero ¿dónde está Totina?
DORINA. Está allí con Mangini. ¡Olvídese y apague la luz!
SEÑORA IGNAZIA. ¡Nada de eso! Hará falta por lo menos una vela. ¡Y las manos en su sitio! Y que venga Totina.
MOMMINA. (*Llamándola.*) ¡Totina! ¡Totina!
DORINA. Allí hay una vela.
NENÈ. Ve tú por ella; yo voy a coger la imagen de la Virgen.

(*Sale deprisa por la puerta del fondo, mientras* DORINA *va con* NARDI *al comedor a coger la vela del aparador. Antes de encenderla, a oscuras,* NARDI *da un impetuoso abrazo a* DORINA *y la besa en la boca.*)

SEÑORA IGNAZIA. (*A* NENÉ, *que ya ha salido, alzando la voz.*) ¡Déjalo, mujer, la imagen no hace falta! ¡Podemos hacerlo así también!
POMÀRICI. (*Igual que la* SEÑORA IGNAZIA.) ¡Tráigase mejor a Totina!
SEÑORA IGNAZIA. ¡Sí, sí! ¡Que venga Totina! ¡Inmediatamente!
POMETTI. Un velador que haga las veces de altar. (*Va por él.*)
DORINA. (*Que vuelve con la vela encendida al tiempo que Pomàrici apaga la luz.*) Aquí está la vela.
POMETTI. Póngala aquí en el velador.
NENÈ. (*Desde el fondo, con la imagen de la Virgen.*) La Virgen.
POMÀRICI. ¿Y Totina?
NENÈ. ¡Ahora viene, ahora viene! ¡Ya está bien, con tanta Totina!

Señora Ignazia. Pero ¿puede saberse qué está haciendo?

Nenè. Nada, está preparándonos una sorpresa; ahora lo veréis. (*A continuación, invitando a los demás con un gesto.*) ¡Aquí detrás todos, aquí detrás, rodeándola! ¡Mamá, recogimiento!

(*Cuadro. En la oscuridad apenas matizada por la luz temblorosa de la vela, el* Doctor Hinkfuss *ha dispuesto un delicadísimo efecto: una «luz de milagro» (luz psicológica) muy suave, difuminada, verde, casi una emanación de la esperanza de que el milagro se produzca. Todo ello en cuanto la* señora Ignazia, *ante la pequeña imagen de la Virgen, posada en el velador al lado del candelabro, empiece a pronunciar, juntas las manos, las palabras de la oración con voz lenta y profunda, esperando casi que, tras cada una de ellas, haya de pasársele el dolor.*)

Señora Ignazia. *Ave Maria, gratia plena, Dominus tecum...*

(*De repente, un trueno y el diabólico resplandor de un violentísimo relámpago rojo arrambla con todo.* Totina, *vestida de hombre con el uniforme militar de Mangini, irrumpe cantando, seguida por* Mangini, *que lleva una enorme bata del* señor Palmiro. *Inmediatamente el trueno se convierte en la voz de* Totina, *que canta, y el rojo relámpago acaba siendo la luz de que* Mangini *al entrar inunda el salón.*)

Totina. «Las pláticas de amores, queridas flores...»

(*Grito unánime, altísimo, de protesta.*)

Nenè. ¡Cállate, estúpida!

Mommina. ¡Lo ha estropeado todo!

Totina. (*Perpleja.*) ¿Qué pasa?

Dorina. ¡Mamá estaba rezando el avemaría!

Totina. (*A* Nenè.) ¡Podías habérmelo dicho!

Nenè. ¿Cómo iba yo a figurarme que te dejabas caer justo en este momento?

TOTINA. ¡Pues ya estaba más que vestida, cuando entraste
a coger a la Virgen!

NENÈ. ¡Entonces, bien te lo podías haber imaginado!

DORINA. ¡Bueno, basta ya! ¿Ahora qué hacemos?

POMÀRICI. ¡Volvemos a empezar!

SEÑORA IGNAZIA. (*Atontada, expectante, como si el milagro estuviera al caer.*) No... Esperad... No sé...

MOMMINA. (*Contenta.*) ¿Se te ha pasado?

SEÑORA IGNAZIA. (*Igual que antes.*) Qué sé yo... será obra
del diablo... o de la Virgen. (*Arruga toda la cara por una
nueva punzada de dolor.*) No, ¡ay!, no... ¿Que si se me ha
pasado...? ¡Ay, ay! ¡Dios, qué dolor! (*De repente se vence y
se impone a sí misma, dando un pisotón en el suelo.*) ¡No! ¡No
me da la gana rendirme! ¡Cantad, cantad, hijas mías!
¡Cantad, hijos míos! ¡Hacedme ese favor, cantad, cantad! ¡No sería yo si me dejara desanimar por un dolor
tan tonto! ¡Venga Mommina, venga: *Brama la hoguera!*

MOMMINA. (*Mientras todos aplauden, gritando: «¡Eso es! ¡Sí, sí!
¡El coro de* il trovatore!».) ¡No, mamá, no, ahora no
puedo!

SEÑORA IGNAZIA. (*Pidiéndoselo con rabia.*) ¡Hazlo por mí,
Mommina, por favor, por este dolor que tengo!

MOMMINA. ¡Te estoy diciendo que ahora no puedo!

NENÈ. ¡Venga, mujer, dale ese gusto!

TOTINA. ¡Te lo está diciendo, que no quiere que el dolor
la desanime!

SARELLI y NARDI. —¡Venga!
—¡Hágalo por ella!

DORINA. ¡Mira que te haces de rogar!

NENÈ. ¿Te crees tú que no lo sabemos, por qué ya no
quieres cantar?

POMÀRICI. ¡Que sí que canta!

SARELLI. Si es por Verri, no se preocupe que nos ocupamos nosotros de pararle los pies.

POMÀRICI. Se lo digo yo, que si canta el dolor se le es-
fuma.

SEÑORA IGNAZIA. ¡Anda, hija, hazlo por tu madre!

POMETTI. ¡Qué entereza la de nuestra Generala!

SEÑORA IGNAZIA. Tú *Manrico,* ¿eh, Totina?

TOTINA. ¡Hombre! ¡Estoy hasta vestida!

SEÑORA IGNAZIA. ¡Ponedle el bigote, ponedle el bigote a esta hija mía!

MANGINI. ¡Sí, sí, ya me encargo yo!

POMÀRICI. ¡Sí no te molesta, me encargo yo!

NENÈ. Aquí está el corcho, Pomàrici. Enseguida le busco un hermoso sombrero con sus plumas. Y un pañuelo amarillo y una toquilla roja para *Azucena. (Sale corriendo por el fondo y vuelve al rato con todo lo que ha dicho.)*

POMÀRICI. *(A* TOTINA, *mientras le dibuja el bigote.)* ¡Estése quieta un momento, por favor!

SEÑORA IGNAZIA. ¡Estupendo! Mommina, *Azucena...*

MOMMINA. *(Casi hablando consigo misma, sin fuerzas ya para oponerse.)* No, yo no...

SEÑORA IGNAZIA. *(Continuando lo anterior.)* Totina, *Manrico...*

SARELLI. ¡Y todos los demás, el coro de los gitanos!

SEÑORA IGNAZIA. *(Empezando a cantarlo.)*

«Venga, al trabajo. Dale al martillo.
¿Quién del gitano la vida alegra?»

(Lanza la pregunta, cantando, a algunos de los presentes, que se quedan mirándola al no entender si lo pregunta de veras o está bromeando; entonces, dirigiéndose a otros, vuelve a preguntar.)

«¿Quién del gitano la vida alegra?»

(También éstos se quedan mirándola, como los anteriores; ella, que ya no puede soportar el dolor, furiosa, vuelve a preguntar a todos, exigiendo la respuesta.)

«¿Quién del gitano la vida alegra?»

TODOS. *(Al fin, dándose cuenta, entonan la respuesta.)*

«¡La gitanilla!»

SEÑORA IGNAZIA. *(Suspirando, porque al fin la han entendido.)*

¡Ah! (*A continuación, en medio de la nota sostenida de los demás, dice para sí, retorciéndose de dolor.*) ¡Maldita sea! ¡No aguanto más! ¡Ánimo, ánimo hijos míos, venga, cantad!

POMÀRICI. ¡No, no, por Dios, esperad que termine!

DORINA. ¿Aún no? ¡Está bien así!

SARELLI. ¡Magnífico!

NENÈ. ¡Una preciosidad! ¡Ahora el sombrero, el sombrero! (*Se lo da y se dirige a* MOMMINA.) ¡Y tú, menos cuentos! ¡Ponte el pañuelo en la cabeza! (*A* SARELLI.) ¡Anúdeselo usted detrás! (SARELLI *lo hace.*) Y ahora la toquilla; eso es.

DORINA. (*Dándole un empujón a* MOMMINA, *que permanece inmóvil.*) ¡No te quedes así!

POMÀRICI. ¡Haría falta algo para poder marcar los golpes!

NENÈ. ¡Ya está! ¡Los cacharros de cobre! (*Se dirige hacia el comedor, para recogerlos del aparador; vuelve y los reparte.*)

POMÀRICI . (*Yendo hacia el piano.*) ¿Listos todos? ¡Desde el principio! «Mira, los hoscos velos nocturnos...» (*Empieza a tocar el coro de los gitanos, con el que comienza el segundo acto de* Il trovatore.)

CORO. (*Desde el principio.*)

«Mira, los hoscos velos nocturnos
desnuda de los cielos la inmensa bóveda:
una viuda parece que al fin se quite
los ropajes oscuros que la envolvían.»

(*A continuación, golpeando los cacharros.*)

«Venga, al trabajo. Dale al martillo.
¿Quién del gitano la vida alegra?»

(*Tres veces.*)

«¡La gitanilla!»

POMÀRICI. (*A* MOMMINA.) Preparada, señorita. ¡Ahora usted! ¡Vosotros, a su alrededor!

Mommina. (*Adelantándose.*)

> «¡Brama la hoguera! ¡Gentío indómito
> corre a su fuego, alegre el semblante!
> Gritos de gozo en torno resuenan:
> y cercada de esbirros una mujer avanza.»

Señora Ignazia. (*Mientras los demás cantan, a coro primero y después* Mommina *sola, ella, sentada en una silla, agitándose descompuesta, apretando contra el suelo uno u otro remo, dice sorda y cadenciosamente, como si estuviera pronunciando una letanía en sufragio propio.*) ¡Dios mío, esto es inaguantable! ¡Inaguantable! ¡La penitencia de mis pecados! ¡Qué dolor, Dios! ¡Castígame, Dios mío! ¡Hazme sufrir a mí sola! ¡Que pague yo las alegrías de mis hijas! ¡Cantad, hijas mías, cantad, divertíos, dejadme a mí sola que rabie por este dolor que es la penitencia de todos mis pecados! ¡Contentas os quiero, así, de fiesta, siempre de fiesta! ¡Eso, *dale al martillo*, encima de mí, sólo a mí, Dios mío, y deja gozar a mis hijas! ¡Ah, Señor, la alegría que yo no pude tener, nunca, Señor, nunca nunca, quiero que sea para mis hijas! ¡Ellas tienen derecho, tienen derecho! ¡La pena para mí, Dios mío, para mí, yo sufro por ellas, aunque no cumplan tus mandamientos! (*Y canta con los demás, mientras derraman lágrimas sus ojos.*) ¡La gitanilla!... ¡Silencio ahora! ¡Canta Mommina, una voz de *primadonna*! *¡La hoguera*, sí... en la boca tengo yo la hoguera! *¡Alegre*, eso es, *alegre el semblante...!*

(*En este momento aparece al fondo* Rico Verri. *Permanece indeciso al principio, como si el estupor hubiera abierto un precipicio ante su ira; luego, de un salto, se lanza contra* Pomàrici, *lo arranca de su taburete junto al piano y lo tira al suelo.*)

Verri. (*Gritando.*) ¡Ah, Dios! ¿De modo que os burláis de mí?

(*Estupor general, que se expresa mediante alguna que otra
estúpida exclamación incongruente.*)

NENÈ. ¿Qué maneras son éstas?
DORINA. ¿Se ha vuelto loco?

(*A continuación, un toma y daca cuando* POMÀRICI *se levanta y se lanza contra* VERRI; *los demás se interponen para
separarlos y calmarlos; hablan todos a un tiempo, en medio de
una gran confusión.*)

POMÀRICI. ¡Tendrás que responderme de lo que has
hecho!
VERRI. (*Empujándolo violentamente.*) ¡Aún no he termi-
nado!
SARELLI y NARDI. —¡Y a nosotros también!
—¡Ante todos tendrás que responder!
VERRI. ¡Sí señor, a todos! ¡Estoy listo para partiros la
boca a todos y cada uno!
TOTINA. ¿Cree usted acaso que está en su casa?
VERRI. Primero se me manda a comprar la medicina...
SEÑORA IGNAZIA. La medicina... ¿Y luego, qué?
VERRI. (*Señalando a* MOMMINA.) ¡Me la encuentro disfra-
zada de esta manera!
SEÑORA IGNAZIA. ¡Váyase inmediatamente de mi casa!
MOMMINA. ¡Yo no quería, no quería! ¡En todo momento
he dicho que no quería!
DORINA. ¡Lo que hay que ver! ¡La idiota ésta, excusán-
dose!
NENÈ. Se aprovecha de que no hay un hombre en esta
casa para echarlo a la calle a patadas como se merece.
SEÑORA IGNAZIA. (*A* NENÈ.) ¡Enseguida, ve a llamar a
tu padre! ¡Sácalo de la cama y que venga inmediata-
mente!
SARELLI. Si es por eso, nosotros mismos podemos ha-
cerlo.
NENÈ. (*Sale corriendo a llamar a su padre.*) ¡Papá, papá!
(*Mutis.*)
VERRI. (*A* SARELLI.) ¿Vosotros? ¡Eso habría que verlo!

¡Venga! (*A* NENÈ, *que ha salido corriendo.*) Sí, mujer, llame a papá; estoy dispuesto a responder de lo que hago ante el cabeza de familia, de pretender que estos individuos las respeten.

SEÑORA IGNAZIA. ¿Acaso alguien se lo ha pedido? ¿Cómo osa usted pretender semejante cosa?

VERRI. ¡La señorita sabe cómo! (*Señala a* MOMMINA.)

MOMMINA. ¡Pero no así, con esa violencia!

VERRI. ¿O sea que soy yo el violento? ¿No lo son los demás con usted?

SEÑORA IGNAZIA. ¡Se lo repito: no quiero saber nada! ¡Ahí tiene la puerta: fuera!

VERRI. No, señora. Es ella la que tiene que decírmelo.

SEÑORA IGNAZIA. ¡También ella se lo ha de decir! ¡En mi casa la dueña soy yo!

DORINA. ¡Todas se lo estamos diciendo!

VERRI. No es suficiente. Siempre que la señorita me apoye. ¡Yo aquí soy el único que tiene intenciones honestas!

SARELLI. ¡Ya ves tú, el único!

NARDI. ¡Aquí no se hace nada malo!

VERRI. ¡Ella sabe lo que digo!

POMÀRICI. ¡Qué ridículo!

VERRI. ¡Vosotros sois los ridículos! (*Blandiendo una silla.*) ¡Y fijaos bien: o dejáis de entrometeros, o esto acaba mal!

POMETTI. (*A sus camaradas.*) ¡Venga, vámonos, dejémoslo estar!

DORINA. ¡No, no! ¿Por qué?

TOTINA. ¡No irán a dejarnos solas! ¿O es que quien manda aquí es él?

VERRI. Y tú, Nardi, no te vayas a hacer el enfermo, mañana. ¡Nos veremos las caras!

NENÈ. (*Que vuelve muy agitada.*) ¡Papá no está en casa!

SEÑORA IGNAZIA. ¿Que no está en casa?

NENÉ. Lo he buscado por todas partes y no está.

DORINA. ¿Cómo es eso? ¿No ha vuelto?

NENÈ. ¡No ha vuelto!

MOMMINA. ¿Y dónde estará?

SEÑORA IGNAZIA. ¡A estas horas y en la calle todavía!

SARELLI. ¡Se ve que regresó al cabaret!

POMÀRICI. Nosotros nos vamos, señora.

SEÑORA IGNAZIA. No, esperen, esperen...

MANGINI. ¡Hombre claro, esperad! ¡No pretenderéis que salga así!

TOTINA. ¡Ay, perdone! Ya ni me acordaba que llevo su uniforme. Enseguida me lo quito. (*Sale deprisa.*)

POMÀRICI. (*A* MANGINI.) Espera tú a que la señorita te lo devuelva; nosotros nos vamos ya.

SEÑORA IGNAZIA. Perdonen, pero no veo por qué...

VERRI. ¡Ellos desde luego sí que lo ven, ya que usted no quiere verlo!

SEÑORA IGNAZIA. ¡Vuelvo a decirle que el que ha de irse es usted, no ellos! ¿Está claro?

VERRI. ¡No, señora, no! ¡Ellos! Porque ante lo serio de mis intenciones, bien saben que ya no es este el lugar adecuado para sus indignos juegos.

POMÀRICI. ¡Te vas a enterar tú mañana cómo jugamos nosotros!

VERRI. ¡Me muero de ganas!

MOMMINA. ¡Por favor, Verri, por favor!

VERRI. (*Agitadísimo.*) ¡Usted no tiene por qué rogarle nada a nadie!

MOMMINA. ¡No, no estoy rogando nada! Quiero decir solamente que ha sido culpa mía, que me he dado por vencida. No debía hacerlo, sabiendo que usted...

NARDI. Como buen siciliano, no está dispuesto a aguantar más bromas...

SARELLI. ¡Quienes no aguantamos más, ahora, somos nosotros!

VERRI. (*A* MOMMINA, *en tanto que* PRIMERA ACTRIZ, *abandonando espontáneamente su papel, con el reconcomio propio de un* PRIMER ACTOR *que se ve obligado a decir algo a disgusto.*) ¡Muy bien! ¿Contenta?

MOMMINA. (*Como* PRIMERA ACTRIZ, *desconcertada.*) ¿De qué?

VERRI. (*Igual que antes.*) ¡De haber dicho lo que no debía! ¿A santo de qué, después de todo, echarse las culpas?

MOMMINA. (*Igual que antes.*) Ha sido una cosa espontánea...

VERRI. ¡Y de paso ellos remontan el vuelo! ¡Tenía que haber acabado yo, gritando que se las tendrán que ver conmigo!

MANGINI. ¿También yo, así, en bata? (*Y báscula sobre los muslos, burdamente, como poniéndose en guardia.*) ¡Estoy listo! ¡Adelante!

NENÈ y DORINA. (*Riéndose y aplaudiendo.*) ¡Bravo! ¡Muy bien!

VERRI. (*Como* PRIMER ACTOR, *indignado.*) ¿Conque bravo? ¡Estupideces! ¡Eso es cargarse la escena! ¡Así no se llega a ningún sitio!

DOCTOR HINKFUSS. (*Levantándose de su butaca.*) ¿Cómo que no? ¡Estaba saliendo todo tan bien! ¡Sigan, sigan!

(*Empiezan a oírse unos golpes cada vez más fuertes, dentro, al fondo, como si llamaran a una puerta.*)

MANGINI. (*Excusándose.*) Estando como estoy en bata, tampoco es tan raro que me apetezca gastar una broma...

NENÈ. ¡Es natural!

VERRI. (*Con desdén, a* MANGINI.) ¡Rómpase la crisma usted solo si quiere, pero no pretenda ser actor!

MOMMINA. Si el señor... (*llama por su nombre al* PRIMER ACTOR) quiere interpretar su papel a solas, que lo diga y nos vamos todos.

VERRI. El que se va soy yo, si aquí cada uno quiere hacer las cosas como mejor le convenga, aunque no pinten nada.

SEÑORA IGNAZIA. Pero quedaba tan bien, tan oportuna, esa súplica de la señorita: «¡La culpa es mía, que me he dado por vencida!»

POMÁRICI. (*A* VERRI.) Los demás también cuentan, ¿no?

SARELLI. ¡También nosotros hemos de vivir nuestro papel!

NARDI. Quiere quedar bien él solo. ¡Pues todo el mundo tiene derecho!

DOCTOR HINKFUSS. (*Gritando.*) ¡Se acabó! ¡Ya está bien! ¡Adelante con la escena! Me parece que ahora es precisamente usted el que lo está estropeando todo, señor... (*El nombre del* PRIMER ACTOR.)

VERRI. ¡De ningún modo, perdone usted! Es más, lo que yo pretendo es que cada uno hable cuando le toque, y que se me responda adecuadamente. (*Refiriéndose a la* PRIMERA ACTRIZ.) Tres horas que no hago sino repetir «ella lo sabe, ella lo sabe», y la señorita no encuentra palabra alguna con que secundarme. ¡Y siempre con esa actitud suya de víctima!

MOMMINA. (*Muy irritada, casi llorando.*) ¡Lo soy, soy la víctima, víctima de mis hermanas, de esta casa, de usted; víctima de todo el mundo!

> (*En este momento, en medio de los actores que hablan desde el proscenio dirigiéndose al* DOCTOR HINKFUSS, *hace su aparición el viejo* GRACIOSO, *o sea* EL GAITA, *con cara de muerto, las manos ensangrentadas cubriéndose el vientre apuñalado, ensangrentados igualmente el chaleco y los pantalones.*)

EL GAITA. Pero bueno, señor Director: yo no hago más que llamar y llamar, lleno de sangre, las tripas fuera; tengo que venir a morirme aquí en el escenario, lo cual no es fácil para un Gracioso; no me abre nadie; y lo que me encuentro es un desbarajuste, los actores cada uno por su lado; echado a perder el efecto que yo esperaba obtener con mi aparición, porque además de estar moribundo, desangrándome, también estoy borracho. ¡Usted dirá cómo se arregla todo esto!

DOCTOR HINKFUSS. No hay problema. Apóyese usted en la *chanteuse.* ¿Dónde está?

CHANTEUSE. Aquí estoy.

UNO DE LOS CLIENTES DEL CABARET. Yo también he venido, para sostenerlo.

DOCTOR HINKFUSS. Muy bien, sosténgalo.

EL GAITA. Yo tenía que subir las escaleras, agarrando por el cuello a ambos...

Doctor Hinkfuss. ¡Pues imagine usted que ya las ha subido, hombre de Dios! ¡Los demás, cada uno en su sitio! ¡Y no se agobien! ¡Desde luego, se ahogan en un vaso de agua! (*Vuelve a su butaca, renegando.*) ¡Tantos humos por una tontería!

(*Se retoma la escena. El* señor Palmiro *aparece por el fondo, sosteniéndose por un lado en la* chanteuse *y por el otro en el cliente del* cabaret. *Inmediatamente, en cuanto lo ven su mujer y sus hijas, lanzan un grito. Pero el* viejo gracioso *no se siente en su papel y las deja que se desahoguen un buen rato, con una sonrisa tolerante en los labios y con aires de pensar: «Ya hablaré yo cuando hayáis acabado.» Ante las angustiosas preguntas con que le atosigan, él deja que contesten a veces la* chanteuse, *a veces el cliente del* cabaret, *aunque preferiría que se callaran, a la espera de la verdadera respuesta que él se reserva para el final. Los demás, viéndolo allí delante con aquella pinta desenfadada, no acaban de entender dónde quiere ir a parar y siguen como pueden representando su papel.*)

Señora Ignazia. ¡Ay, Dios mío! ¿Qué te ha pasado?

Mommina. ¡Papá, papá!

Nenè. ¿Estás herido?

Verri. ¿Quién ha sido?

Dorina. ¿Dónde está la herida, dónde?

El cliente. En el vientre.

Sarelli. ¿Una puñalada?

Chanteuse. ¡Lo han abierto en canal! ¡Se ha desangrado completamente!

Nardi. Pero ¿quién ha sido, quién ha sido?

Pometti. ¿En el *cabaret?*

Mangini. ¡Recuéstenlo, por amor de Dios!

Pomàrici. ¡Aquí, en el sofá!

Señora Ignazia. (*Mientras la* chanteuse *y el cliente recuestan al* señor Palmiro *en el sofá.*) ¿Así que había vuelto al *cabaret?*

Nenè. ¡No pienses en eso ahora, mamá! ¿No ves cómo está?

Señora Ignazia. Si te parece, en mi propia casa... Mira, mira como no la suelta... ¿Quién es ésa?

Chanteuse. Una mujer con entrañas, señora, no como usted.

Cliente del cabaret. ¡Dése cuenta que su marido se está muriendo!

Mommina. Pero ¿cómo ha sido, cómo?

Cliente del cabaret. Él quería defenderla... *(Señala a la chanteuse).*

Señora Ignazia. *(Con sonrisa sarcástica.)* ¡Él siempre tan caballero!

Cliente del cabaret. *(Continuando.)* Una pelea y...

Chanteuse. Y ese matón...

Cliente del cabaret. Olvidándose de ella, se fue para él.

Verri. Pero, dígame, ¿lo han cogido?

Cliente del cabaret. No, se ha escapado amenazando a todo el mundo con un cuchillo.

Nardi. Pero ¿se sabe por lo menos quién es?

Cliente del cabaret. *(Señalando a la* chanteuse.) Ella sí que lo sabe.

Sarelli. ¿Su amante?

Chanteuse. ¡Mi verdugo, mi verdugo!

Cliente del cabaret. Por él, hubiera hecho una carnicería.

Nenè. ¡Hay que llamar a un médico enseguida!

Totina. *(Que llega aún a medio vestir.)* ¿Qué ha pasado? ¿Qué ha pasado! ¡Dios mío, papá! ¿Quién ha sido?

Mommina. ¡Habla, di algo! ¡Habla, papá!

Dorina. ¿Por qué nos miras así?

Nenè. Nos mira y se ríe.

Totina. ¿Cómo ha sido? ¿Dónde?

Señora Ignazia. *(A* Totina.) ¡En el *cabaret!* ¿No estás viendo? *(Señala a la* chanteuse.) ¡Está claro!

Nenè. ¡Un médico, un médico! ¡No lo dejemos morir así!

Mommina. ¡Que vaya alguien, enseguida, enseguida!

Mangini. Yo iría, pero ya ve cómo estoy... *(Indica sus propias ropas).*

TOTINA. ¡Ah, sí! Vaya, vaya a ponerse su uniforme; allí
  está.
NENÉ. ¡Vaya usted, Sarelli, por favor se lo pido!
SARELLI. Sí, claro, voy corriendo. (*Mutis, por el fondo, con*
  MANGINI.)
VERRI. Pero, ¿por qué no dirá nada? (*Se refiere al* SEÑOR
  PALMIRO.) Algo debería decir...
TOTINA. ¡Papá, papá!
NENÈ. Sigue mirándonos y sonriendo.
MOMMINA. Estamos junto a ti, papá.
VERRI. ¿Será posible que quiera morirse sin decir nada?
POMÀRICI. ¡Y tan tranquilo! Ahí está, ni vivo ni muerto.
  ¿A qué espera?
NARDI. Yo ya no sé ni qué decir. Sarelli ha ido a llamar
  al médico, ¡quién pudiera! Mangini a recoger el uni-
  forme...
SEÑORA IGNAZIA. (*A su marido.*) ¡Habla, hombre, habla!
  ¿No tienes nada que decir? Si me hubieras hecho
  caso... Ni se te ha ocurrido pensar que tienes cuatro hi-
  jas, ¡que se quedan en la calle!
NENÈ. (*Tras esperar un poco, como todos los demás.*) Nada. Mí-
  ralo. Se ríe.
MOMMINA. Esto no es normal.
DORINA. ¡No puedes reírte de ese modo, papá, mirarnos
  así! ¡Estamos aquí!
CLIENTE DEL CABARET. Quizá es que ha bebido un poco...
MOMMINA. ¡No es normal! Cuando uno ha bebido, si le
  da pensativa, se calla. ¡Pero si no hace más que reírse,
  habla! ¡Si no, no se reiría!
SEÑORA IGNAZIA. ¿Podría saberse por lo menos de qué te
  ríes?

(*De nuevo una breve pausa; todos a la espera, ansiosos.*)

EL GAITA. Me siento orgulloso de todos ustedes, que son
  desde luego mucho mejores que yo.
VERRI. (*Mientras los demás se miran entre sí, todos ajenos de repente a sus respectivos papeles.*) Pero ¿qué dice?
EL GAITA. (*Incorporándose y sentándose en el sofá.*) Digo que

yo, así, sin más ni más, sin saber cómo he podido entrar en esta casa, ya que nadie me ha abierto, y yo llama que te llama...

DOCTOR HINKFUSS. (*Levantándose de su butaca, enfadasísimo.*) ¿Otra vez? ¿Insiste?

EL GAITA. En fin..., que no consigo morirme, señor Director; me da la risa de ver lo bien que trabajan ellos, y no consigo morirme. La criada (*mira a su alrededor*), ¿dónde está, que no la veo?, tenía que haber venido corriendo a avisar: «¡Dios mío, el señor, el señor! ¡Lo traen entre dos, herido!»

DOCTOR HINKFUSS. Pero ¿con qué me viene usted ahora? ¿No habíamos quedado que nos saltábamos la escena de su llegada a la casa?

EL GAITA. En ese caso más vale que ya me haya muerto, y no se hable más.

DOCTOR HINKFUSS. ¡De eso nada! ¡Tiene que hablar, representar su papel, morirse!

EL GAITA. ¡Vale, vale! Escena terminada: estoy muerto. (*Se deja caer en el sofá.*)

DOCTOR HINKFUSS. ¡Así no!

EL GAITA. (*Se levanta y se dirige hacia el proscenio.*) Querido señor Director: suba usted y termine de matarme, ¿qué quiere que le diga? Le repito que así, por mí mismo, no consigo morirme. ¿O se cree usted que yo soy un organillo que se le da al manubrio y ¡hala! música?

DOCTOR HINKFUSS. Pero sus compañeros...

EL GAITA. (*Rápidamente.*) Son mucho mejores que yo, repito; y estoy orgulloso. Yo no puedo. Para mí, mi aparición lo era todo. Usted se la ha querido saltar... Me hacía falta, para sentirme en mi papel, el grito de la criada. Y la Muerte tenía que haber entrado conmigo, presentarse aquí en medio de la desvergüenza y de la bulla de mi casa; la Muerte borracha: en eso habíamos quedado; borracha por un vino que se había convertido en sangre. Y yo tenía que hablar, ya lo sé; empezar a hablar yo entre el horror de todos, yo, con el coraje que me daban el vino y la sangre, yo, agarrado a esta mujer (*atrae hacia sí a la* chanteuse *y se le cuelga del cuello*), ¡así!

Y pronunciar palabras sin sentido, inconexas, terribles, de mi mujer, de mis hijas, incluso de estos muchachos; demostrarles que si les parecía un memo era por su maldad: una mala mujer, malas hijas, malos amigos. ¿Yo un memo? ¡No! Yo, el único bueno; ellos, malvados. Yo, el único inteligente; ellos, imbéciles. Yo, yo, en mi ingenuidad; y ellos, en su ignorancia perversa. (*Enfureciéndose, como si alguien le llevara la contraria.*) ¡Sí, inteligente, inteligente como lo son los niños! No todos, sólo los que crecen tristes entre la ignorancia de los mayores. Pero todo esto tenía que decirlo borracho, delirando; y pasarme por la cara estas manos ensangrentadas, así, y llenármela de sangre. (*Pregunta a sus compañeros.*) ¿Me la he manchado? (*Y puesto que ellos asienten.*) Muy bien. (*Sigue.*) Y aterrorizaros, y haceros llorar, pero llorar de verdad, faltándome el aliento, poniendo así los labios (*dispone los labios como para silbar, pero no lo consigue*) para dar un último silbido. Y luego, eso es... (*Llama al cliente del cabaret.*) Ven, ven (*se le cuelga del cuello con el brazo libre*), así: entre vosotros dos, pero más cerca de ti, hermosa mía, dejar caer la cabeza como hacen los pájaros... y morirme. (*Inclina la cabeza sobre el pecho de la* chanteuse; *enseguida los brazos quedan inertes; cae al suelo, muerto.*)

CHANTEUSE. ¡Dios mío! (*Intenta sostenerlo, luego lo deja caer.*) ¡Está muerto, muerto!

MOMMINA (*Se inclina sobre él.*) Papá, papá... (*Se pone a llorar verdaderamente.*)

(*Este ataque de auténtica conmoción de la* PRIMERA ACTRIZ *se contagia a las demás actrices, que asimismo se echan a llorar sinceramente. El* DOCTOR HINKFUSS, *entonces, irrumpe gritando casi.*)

DOCTOR HINKFUSS. ¡Muy bien! ¡Apaguen el escenario! ¡Apáguenlo! ¡Fuera luces! (*Se apagan las luces.*) ¡Que salga todo el mundo! Las cuatro hermanas y la madre, en torno a la mesa del comedor. Seis días después. El salón apagado. ¡Luz en la lámpara del comedor!

MOMMINA. (*A oscuras.*) Señor Director, tenemos que ir a ponernos de luto.

DOCTOR HINKFUSS. ¡Ah, claro, de luto! Y tenía que haberse bajado el telón después de la muerte. Pero no importa. Vayan, vayan a vestirse. Abajo el telón. ¡Luces! (*Se baja el telón. Se encienden de nuevo las luces de la sala. El* DOCTOR HINKFUSS *sonríe, contrariado.*) El efecto no se ha conseguido del todo; pero les prometo que mañana será perfecto, y fortísimo. Sucede también a veces, señores, en la vida diaria, que un efecto preparado con diligencia, con el que se contaba, llegado el momento oportuno no se produce, y entonces vienen como es natural los reproches, a la mujer, a las hijas: *«No tenías que haber hecho eso», «Tenías que haber dicho lo otro.»* Es cierto que en este caso se trataba de una muerte. Es una pena que mi admirado... (*el nombre del* GRACIOSO) se haya quedado atrancado en lo de su aparición en escena. Pero es un actor con arrestos; y sin duda mañana se desenvolverá en esta escena a las mil maravillas. Una escena de capital importancia, señores, por las consecuencias que implica. Y todo cosa mía; en el relato no aparece[36], es más, estoy convencido de que el autor nunca la hubiera presentado, entre otras cosas por ciertos escrúpulos que yo no tenía por qué respetar: para no dar pábulo a la tan difundida creencia de que en Sicilia silban a menudo las navajas. Si hubiera querido dar muerte al personaje, quizá lo hubiera hecho morir de un síncope o en un accidente cualquiera. Pero ya ven ustedes qué efecto tan distinto produce una muerte tal como yo la he imaginado, con vino y sangre y agarrado al cuello de la *chanteuse* esa. El personaje ha de morir; su familia hundirse en la miseria a causa de su muerte; sin tales premisas no me parecería natural que Mommina consintiera en casarse con Rico Verri, un energúmeno, resistiéndose a la opinión contraria de

---

[36] En efecto, en el relato nada aparece, ni personajes ni situaciones, que tengan que ver con las aventuras de don Palmiro, al que sólo se nombra.

madre y hermanas, que ya han pedido informes a la cercana localidad de la costa meridional de la propia Sicilia y saben que el tal Verri es, desde luego, de familia acomodada, pero que su padre tiene fama en el lugar de usurero y de ser tan celoso que en pocos años causó la muerte de su mujer de un infarto. ¿Cómo es que esta pobre muchacha no se imagina la suerte que le espera? ¿Cómo no se figura las componendas, sí, las componendas a las que Rico Verri se habrá avenido con ese padre suyo celoso y usurero, con tal de casarse con ella, picado en su orgullo, para ponérsela por delante a sus compañeros oficiales? ¿O las otras componendas que habrá tenido que hacer consigo mismo, no sólo para sentirse compensado por el sacrificio que le cuesta su propia arrogancia, sino además para elevarse ante sus paisanos, que bien conocen la fama de que goza la familia de la novia? ¡Sabe Dios cómo le hará pagar las diversiones que hasta ahora la vida le ha permitido mientras estaba en su casa, con su madre y sus hermanas! Consejos validísimos, como ustedes ven. La señorita... (*el nombre de la* PRIMERA ACTRIZ), nuestra extraordinaria Primera Actriz, no está por cierto de acuerdo conmigo. Mommina es para ella la que más conocimiento tiene entre las cuatro hermanas, la sacrificada, la que prepara siempre las fiestas para los demás pero no se divierte sino a costa de grandes esfuerzos, desvelos, pensamientos atormentados; la que lleva todo el peso de la familia; la que entiende muy bien las cosas, y antes que nada que los años pasan; y que su padre, con el desbarajuste de la casa, no pudo ahorrar ni una perra; y que ningún muchacho del pueblo estaría dispuesto a casarse con ninguna de ellas[37]. Y sin embargo Verri, ¡hombre!, Verri por ella sería capaz de batirse, no una vez, sino las que hicieran falta, con los oficiales esos que, a las primeras de cambio, se quita-

---

[37] La segunda mitad de esta larga tirada es casi transcripción de fragmentos del relato en el que la anécdota de la comedia tiene su origen. Cito siempre por *Novelle per un anno*, II, Milán, 1986, 570s.

ron de en medio. En el fondo, también ella comparte con sus hermanas la pasión por los melodramas: Raúl, Hernani, Don Álvaro...

«Jamás podré arrancarme
del corazón su imagen...»

Ella, en sus trece, se casará. (*Toda la perorata del* DOCTOR HINKFUSS *es para dar tiempo a las actrices a que se vistan de luto; pero no puede más; en un arranque, aparta un poco una de las alas del telón y grita en el interior del escenario.*) ¡Pero bueno! ¿Qué pasa? ¡Avisen de una vez! ¿Será posible que aún no estén listas las señoras actrices? (*Y añade, fingiendo que habla con alguien que está detrás del telón.*) ¿No? Y ¿ahora qué? ¿Cómo... que se niegan a seguir? ¿Qué significa esto? Y el público, ¿qué? ¡Venga, venga para acá! (*Se presenta el* SECRETARIO *del* DOCTOR HINKFUSS, *confuso, desorientado.*)

SECRETARIO. No... es que dicen...
DOCTOR HINKFUSS. ¿Qué dicen?
PRIMER ACTOR. (*Detrás del telón, dirigiéndose al* SECRETARIO.) ¡Hable, hombre, hable, dígale usted en su cara nuestros motivos!
DOCTOR HINKFUSS. ¡Ah! ¿Usted otra vez, señor...? (*El nombre del* PRIMER ACTOR. *Hacen su aparición, sin embargo, todos, actores y actrices, empezando por la* CARACTERÍSTICA, *que se quita la peluca delante del público, al igual que el* GRACIOSO. *El* PRIMER ACTOR *aparece ya sin uniforme.*)
CARACTERÍSTICA. ¡No, señor Director, es cosa de todos!
PRIMERA ACTRIZ. ¡Así no se puede continuar!
LOS DEMÁS. ¡Es imposible! ¡Imposible!
GRACIOSO. Mi papel ya ha concluido, pero aquí estoy...
DOCTOR HINKFUSS. ¿Se puede saber, por favor se lo pido, qué pasa ahora?

(*Se escucha, pronunciado con toda tranquilidad, el final de la frase del* GRACIOSO, *que cae como una ducha fría.*)

GRACIOSO. ¡Y me solidarizo con mis compañeros!
DOCTOR HINKFUSS. ¿Se solidariza? ¿Y eso a qué viene?
GRACIOSO. ¡Nos vamos todos, señor Director!
DOCTOR HINKFUSS. ¿Que se van? ¿Adónde?
VARIOS. ¡Simplemente nos vamos!
PRIMER ACTOR. A no ser que se vaya usted.
OTROS. ¡O se va usted, o nos vamos nosotros!
DOCTOR HINKFUSS. ¿Irme yo? ¡Cómo se permiten...!
¡Amenazarme a mí!
ACTORES. —¡Pues nos vamos nosotros!
—¡Eso es, sí señor!
—¡No somos payasos!
—¡Vámonos, vámonos!

(*Y se ponen en marcha, vehementes.*)

DOCTOR HINKFUSS. (*Reteniéndolos.*) Pero ¿dónde van? ¿Se han vuelto locos? ¡El público ha pagado! ¿Les da a ustedes lo mismo, lo que pueda pensar el público?
GRACIOSO. ¡Eso es cosa suya! Ya se lo hemos dicho: o se va usted, o nos vamos nosotros.
DOCTOR HINKFUSS. Y yo les pregunto de nuevo: ¿qué pasa ahora?
PRIMER ACTOR. ¿Ahora? ¿Le parece poco lo que ha pasado?
DOCTOR HINKFUSS. Pero ¿no estaba ya todo arreglado?
GRACIOSO. ¡Arreglado!
CARACTERÍSTICA. Usted pretende que improvisemos...
DOCTOR HINKFUSS. ¡Eso está claro desde el principio!
GRACIOSO. ¡Pero no de esta manera, usted perdone, saltándose las escenas, ordenando que uno se muera, en plan dictador!
CARACTERÍSTICA. ¡Empezando las escenas por la mitad, en frío!
PRIMERA ACTRIZ. ¡No se te ocurre qué decir!
PRIMER ACTOR. ¡Eso es, como yo decía! ¡Las palabras tienen que nacer de dentro!
PRIMERA ACTRIZ. Sí, pero precisamente ha sido usted el

primero que no ha respetado las que me nacían a mí
espontáneamente.

PRIMER ACTOR. Tiene usted razón. Pero no ha sido culpa mía.

POMÀRICI. ¡Eso es, él empezó!

PRIMER ACTOR. ¡Déjeme hablar! No ha sido culpa mía,
sino suya. *(Señala al* DOCTOR HINKFUSS).

DOCTOR HINKFUSS. ¿Mía? Pero ¿cómo? ¿Por qué?

PRIMER ACTOR. ¡Por su simple presencia, con su maldito
teatro que se lleve el diablo!

DOCTOR HINKFUSS. ¿Mi teatro? Pero bueno, ¿están locos?
¿Dónde estamos? ¿Acaso no estamos en el teatro?

PRIMER ACTOR. ¿Estamos en el teatro? ¡Muy bien! ¡Indí-
quenos usted entonces los papeles que tenemos que representar!

PRIMERA ACTRIZ. ¡Acto por acto y escena por escena!

NENÈ. ¡Los parlamentos escritos, palabra por palabra!

GRACIOSO. ¡Y corte, corte usted, ahora sí, todo lo que
quiera! ¡Y sáltese todo lo que quiera! ¡Pero en los momentos determinados y acordados con antelación!

PRIMER ACTOR. Para empezar, hace que se desencadene
en nosotros la vida...

PRIMERA ACTRIZ. Una vida furibunda, apasionada...

CARACTERÍSTICA. Habla que te habla, y uno se va metien-
do en su papel...

NENÈ. Una hasta llega a estar agitada...

PRIMERA ACTRIZ. En ascuas...

TOTINA. *(Señalando al* PRIMER ACTOR.) ¡Lo mataría!

DORINA. ¡Un chulo, que pretende sentar plaza en nuestra
casa!

DOCTOR HINKFUSS. ¡Tanto mejor, tanto mejor!

PRIMER ACTOR. ¡Ah! ¿Sí? ¡Pues no pretenda que al mismo
tiempo se tenga cuidado con tal o cual escena!

GRACIOSO. ¡Que no falle éste o aquel efecto!

PRIMER ACTOR. ¡Y todo porque estamos en el teatro!
¿Cómo pretende que pensemos en ese teatro suyo, si lo
que hemos de hacer es vivir! ¿Ve lo que pasa luego?
Que hasta yo me he puesto a pensar por un momento

que la escena debía terminar como usted quería, que era yo el que decía lo último, y he ido a tomármela equivocadamente con la señorita (*señala a la* PRIMERA ACTRIZ), que tenía toda la razón y buenos motivos para suplicar de ese modo.

PRIMERA ACTRIZ. ¡Lo hacía por usted!

PRIMER ACTOR. Claro, claro. (*Al actor que interpreta el papel de* MANGINI.) Como los tenía usted para gastar esa broma, en bata; le ruego que me perdone; el idiota he sido yo que le he hecho caso. (*Señala al* DOCTOR HINKFUSS).

DOCTOR HINKFUSS. ¡Mida sus palabras!

PRIMER ACTOR. ¡Déjeme en paz! (*Hace oídos sordos y se dirige otra vez, impetuoso, a la* PRIMERA ACTRIZ.) ¡Usted es la víctima, de verdad! Lo veo, lo noto: está sumida en su papel, como yo en el mío; y sufro y me consumo en un infierno, viéndola ante mí (*le toma la cara entre las manos*), con estos ojos, esta boca; tiembla, se muere de miedo sintiéndose en mis manos. Al público no se le puede dejar ir de cualquier manera. Pero basta de teatro; no podemos, ni usted ni yo, seguir ahora con el teatro de siempre: igual que usted grita su desesperación y su martirio, grito yo mi pasión, la pasión que me hace cometer el delito. ¡Está bien, que así sea: aquí, como ante un tribunal que nos escucha y nos juzga! (*De repente se dirige al* DOCTOR HINKFUSS.) ¡Pero es preciso que usted se vaya!

DOCTOR HINKFUSS. (*Estupefacto.*) ¿Yo?

PRIMER ACTOR. ¡Sí! ¡Que nos deje solos! ¡Nosotros dos solos!

NENÈ. ¡Muy bien!

CARACTERÍSTICA. ¡Que puedan hacer lo que les salga de dentro!

GRACIOSO. ¡Lo que les nace, eso es!

LOS DEMÁS. (*Empujando al* DOCTOR HINKFUSS *fuera del escenario.*) ¡Que se vaya, que se vaya!

DOCTOR HINKFUSS. ¿Se atreven a echarme de mi propio teatro?

GRACIOSO. ¡Ya no lo necesitamos!

LOS DEMÁS. (*Empujándolo pasillo adelante.*) ¡Fuera, fuera!

Doctor Hinkfuss. ¡Esto es un abuso! ¡Lo nunca visto! ¿Acaso pretenden ustedes juzgarme?

Primer Actor. ¡Queremos hacer teatro de verdad!

Gracioso. ¡Ese teatro que usted destruye cada noche, haciendo que las escenas sean un simple espectáculo para la vista!

Característica. ¡Ese es el teatro de verdad: cuando una pasión se vive! ¡Sin tanto bombo!

Primera Actriz. ¡Con las pasiones no se juega!

Primer Actor. Subordinarlo todo a la obtención de un efecto. ¡Eso bien está para un sainete!

Los demás. ¡A la calle, a la calle!

Doctor Hinkfuss. ¡Soy el director!

Primer Actor. ¡Cuando la vida se abre paso no atiende orden alguna!

Característica. ¡Hasta el propio escritor debe someterse a ella!

Primera Actriz. ¡Eso es, a ella sólo hay que obedecer!

Gracioso. ¡Y que se vaya el que quiera dar órdenes!

Los demás. ¡Fuera, fuera!

Doctor Hinkfuss. (*Con la espalda contra la puerta de la sala.*) ¡Protesto enérgicamente! ¡Esto es un escándalo! Soy el direc...

(*Lo empujan fuera de la sala. Entretanto se ha vuelto a abrir el telón: el escenario está vacío y a oscuras. El* Secretario *del* Doctor Hinkfuss, *los montadores, los electricistas, el personal auxiliar... nadie ha querido perderse el espectáculo de un Director al que sus actores echan a la calle.*)

Primer Actor. (*A la* Primera Actriz, *invitándola a volver al escenario.*) ¡Venga, vamos, aquí arriba enseguida!

Característica. ¡Lo haremos todo nosotros solos!

Primer Actor. ¡No nos hace falta nada!

Pomàrici. ¡Nosotros mismos montaremos el decorado!

Gracioso. ¡Estupendo! ¡Yo manejo las luces!

Característica. ¡No, no, mejor así, todo vacío, a oscuras! ¡Mejor así!

Primer Actor. Sólo un poco de luz para que las figuras queden apenas resaltadas sobre el negro.
Primera Actriz. ¿Sin decorados?
Característica. ¿Qué importa eso?
Primera Actriz. ¿Ni siquiera los muros de mi prisión?
Primer Actor. Sí, pero que se intuyan nada más; allí, un momento sólo, cuando usted los toca. Y luego fuera: a oscuras. Que se entienda, en pocas palabras, que no es el decorado lo que manda.
Característica. Basta con que tú, hija mía, te sientas como dentro de una cárcel; y ella aparecerá, todos la verán, como si en verdad estuvieras encarcelada.
Primera Actriz. ¡Pero es preciso que por lo menos me pueda maquillar un poco!
Característica. ¡Espera! Tengo una idea. (*A un ayudante de montaje.*) ¡Una silla, aquí, enseguida!
Primera Actriz. ¿Qué va a hacer?
Característica: Ahora lo verás. (*A los actores.*) Vosotros mientras tanto preparad las cosas, pero sólo lo estrictamente necesario. Las sillitas de las dos niñas. A ver si están ya listas.

(*El ayudante de montaje trae la silla.*)

Primera Actriz. Pero, el maquillaje...
Característica. (*Dándole la silla.*) Sí, hija, sí, siéntate aquí.
Primera Actriz. (*Perpleja y como desorientada.*) ¿Aquí?
Característica. ¡Sí, aquí, aquí! ¡Verás qué tormento has de sentir! Corre, Nenè, tráete el neceser, un paño... ¡Oh, fijaos! ¡Las niñas, con sus camisoncitos!
Primera Actriz. Pero, ¿qué quiere usted hacer? ¿Cómo...?
Característica. No te preocupes, déjanos a nosotras, tu madre, tus hermanas; te maquillaremos nosotras. Venga, Nenè.
Totina. ¡Tráete también un espejo!
Dorina. (*A Nenè, que se dirige corriendo hacia los camerinos.*) ¡Y el vestido, el vestido!

PRIMERA ACTRIZ. ¡El traje de chaqueta! ¡En mi camerino! (NENÉ *asiente con la cabeza y sale por la izquierda.*)

CARACTERÍSTICA. Ha de ser un tormento nuestro, ¿entiendes? Mío, de tu madre, que sabe lo que es la vejez...! ¡Hija mía, envejecer así, antes de tiempo...!

TOTINA. Y nuestro: nosotras, que tantas veces te hemos ayudado a arreglarte..., ahora, estropearte...

DORINA. Dejarte demacrada...

PRIMERA ACTRIZ. Vosotras..., ¿condenarme por haber querido a ese hombre?

CARACTERÍSTICA. Sí, pero con dolor, con mucho dolor, esa condena...

TOTINA. Por haberte apartado de nosotras...

PRIMERA ACTRIZ. ¡Pero no creáis que fue por miedo a la miseria que se nos venía encima al morir nuestro padre! ¡Eso no!

DORINA. ¿Por qué, entonces? ¿Por amor? ¿De verdad has podido enamorarte de un monstruo como ése?

PRIMERA ACTRIZ. No. Fue por gratitud.

TOTINA. ¿De qué?

PRIMERA ACTRIZ. Porque sólo él creyó, en medio de todo aquel escándalo...

TOTINA. ¿Que alguna de nosotras aún podría llegar a casarse?

DORINA. ¡No te arriendo la ganancia!

CARACTERÍSTICA. ¿Qué has conseguido con eso? ¡Ahora, ahora lo verás!

NENÈ. (*Que regresa con el neceser, un espejo, un paño y el traje de chaqueta.*) Aquí está todo. No encontraba...

CARACTERÍSTICA. ¡Dámelo, dámelo! (*Abre el neceser y empieza a maquillar a* MOMMINA.) Levanta la cara. ¡Hija, hija mía, si tú supieras lo que se dice aún en el pueblo! Igual que de una muerta: «¡Con lo guapa y lo joven que era! ¡Y qué buen corazón!» Ahora estás apagada... Eso es, así, así... la cara de quien no ha vuelto a ver el sol ni a sentir el aire en torno a ella...

TOTINA. Toda ojerosa...

CARACTERÍSTICA. Eso es, así...

DORINA. ¡No tanto!

Nenè. ¡No, no, que se vea, que se vea!

Totina. ¡Los ojos de quien ha de morir de un ataque al corazón!

Nenè. Y ahora..., aquí, en las sienes, el pelo...

Característica. ¡Sí, sí!

Dorina. ¡Blanco no! ¡Blanco no!

Nenè. No, no del todo.

Primera Actriz. ¡Dorina querida...!

Totina. Eso es..., muy bien así..., poco más de treinta años...

Característica. Y ya encanecida por la vejez...

Primera Actriz. ¡Y claro, ni siquiera podré peinarme!

Característica. (*Desordenándole el pelo.*) Eso es..., espera: así...

Nenè. (*Acercándole el espejo.*) ¡Mírate ahora!

Primera Actriz. (*Apartando el espejo enseguida con ambas manos.*) ¡No! ¡Los ha quitado todos, todos los espejos de la casa! ¿Sabes dónde tengo que mirarme? En los cristales, como una sombra; o deformada en el agua temblorosa de un lebrillo. ¡Y me quedo aterrorizada!

Característica. ¡Un momento! ¡La boca, la boca!

Primera Actriz. Sí, quitadme todo el color; ya no tengo sangre en las venas...

Totina. Las arrugas, las arrugas en las comisuras...

Primera Actriz. Hasta se me puede haber caído algún diente, a los treinta años...

Dorina. (*Abrazándola, en un arranque conmovido.*) ¡No, Mommina mía, no, no!

Nenè. (*Con rabia casi, pero también conmovida, apartando a Dorina.*) ¡El corpiño fuera, venga, desnudémosla!

Característica. ¡No, ponedle el traje encima, por encima!

Totina. ¡Eso es, estupendo, para que parezca más abandonada todavía!

Característica. Los hombros caídos, encorvada, como yo que soy vieja...

Dorina. Caminarás por la casa como ahogándote...

Primera Actriz. Obnubilada por el dolor...

CARACTERÍSTICA. Arrastrando los pies...
NENÈ. Un cuerpo muerto...

> *(Cada una, después de decir su última frase, se aparta en la oscuridad, hacia la derecha. La* PRIMERA ACTRIZ, *sola entre los desnudos muros de su prisión —que, mientras ha sido vestida y maquillada, han sido levantados en la oscuridad del escenario—, golpea su frente contra la pared de la derecha, después contra la del fondo, después contra la de la izquierda. Cada vez que la frente la toca, la pared se hace visible un instante, debido a un incisivo haz de luz que cae de lo alto como el frío resplandor de un rayo, y desaparece de nuevo en la oscuridad.)*

PRIMERA ACTRIZ. *(Con una cadencia lúgubre, creciente, de profunda intensidad, golpeando la frente contra las tres paredes, como un animal enloquecido en su jaula.)* ¡Un muro! ¡Un muro! ¡Un muro! *(Y va a sentarse a la silla con el aspecto y la actitud de quien está fuera de sí. Permanece así un buen rato.)*

> *(De la derecha, a cuya oscuridad se han apartado madre y hermanas, surge, desde esa oscuridad, una voz: la voz de la madre que, como si leyera una historia en un libro, dice.)*

CARACTERÍSTICA. «Fue encerrada en la casa más alta del pueblo. Clausurada la puerta, clausuradas todas las ventanas, miradores y persianas: sólo una, pequeña, abierta a la vista de los lejanos campos y del mar lejano. Del pueblo, elevado sobre una colina, no podía ver sino los tejados de las casas, los campanarios de las iglesias: tejados, tejados más o menos pendientes, dispuestos en mil distintos planos, y tejas, tejas, solamente tejas. Pero sólo a la noche podía asomarse a esa ventana, a tomar el aire.»

> *(En la pared del fondo se transparenta una pequeña ventana, como velada a lo lejos, que trasluce un tenue claro de luna.)*

NENÈ. (*Desde la oscuridad, despacio, contenta, con tono de infantil maravilla, mientras que se oye a lo lejos, muy lejos, el rumor casi imperceptible de una remota serenata.*) ¡Mira, la ventana, es verdad, la ventana!
GRACIOSO. (*Despacio, en la oscuridad.*) ¡Claro! Pero ¿quién la ha iluminado?
DORINA. ¡Silencio!

(*La prisionera permanece inmóvil. La madre sigue diciendo, como si leyera.*)

CARACTERÍSTICA. «Todos esos tejados, como otros tantos cubos negros, se aparecían a sus pies, en el difuminado resplandor de los faroles en las angostas calles del pueblo escarpado; en el silencio profundo de las callejas más próximas oía el eco del rumor de unos pasos, la voz de una mujer que quizá esperaba como ella, el ladrido de un perro y, con angustia creciente, el toque de las horas en el campanario de la iglesia más cercana.
¿Por qué sigue ese reloj midiendo el tiempo?
¿A quién indica las horas?
Todo está muerto, todo es vano.»[38]

(*Tras una pausa, se escuchan cinco toques de campana, velados, lejanos. Las horas. Aparece, fosco,* RICO VERRI. *Vuelve a casa en este momento. Lleva puesto el sombrero, la solapa del abrigo levantada, una bufanda al cuello. Mira a su mujer, inmóvil siempre en la silla; a continuación, con aire de sospecha, mira la ventana.*)

VERRI. ¿Qué haces ahí sentada?
MOMMINA. Nada. Esperándote.
VERRI. ¿Estabas asomada?
MOMMINA. No.
VERRI. Todas las noches te asomas.
MOMMINA. Hoy no.

---

[38] Se trata de *lecturas* prácticamente textuales de «*Leonora, addio!*», cfr. 571, 574.

VERRI. (*Tras arrojar en una silla el abrigo, el sombrero, la bufanda.*) ¿Nunca te cansas de pensar?

MOMMINA. No pienso en nada.

VERRI. ¿Se han acostado las niñas?

MOMMINA. ¿Dónde iban a estar a estas horas, si no?

VERRI. Te lo pregunto para que así pienses en lo único que tienes que pensar: en ellas.

MOMMINA. He estado todo el día pensando en ellas.

VERRI. Y ahora ¿en qué piensas?

MOMMINA. (*Entendiendo la razón por la que con tal insistencia le hace esa pregunta, lo mira al principio con desdén y después, volviéndo a su actitud de apática inmovilidad, le responde.*) En dejar caer en la cama este cuerpo mío, deshecho.

VERRI. ¡No es verdad! ¡Quiero saber qué piensas, lo que has pensado durante todo este tiempo, mientras me esperabas! (*Pausa, puesto que ella no responde.*) ¿No me contestas? ¡Claro! ¡No puedes decírmelo! (*De nuevo, pausa.*) ¡De modo que lo confiesas!

MOMMINA. ¿Qué es lo que confieso?

VERRI. ¡Que piensas en cosas que no me puedes decir!

MOMMINA. Ya te lo he dicho: sólo pienso en irme a dormir.

VERRI. ¿A dormir, con esos ojos, con esa voz? ¡Querrás decir a soñar!

MOMMINA. Yo no sueño.

VERRI. ¡No es verdad! Todos soñamos. No es posible dormir y no soñar.

MOMMINA. Yo no sueño.

VERRI. ¡Mientes! Es imposible.

MOMMINA. Pues entonces sueño..., como tú quieras.

VERRI. Sueñas, ¿eh? Sueñas... ¡Sueñas, y te vengas! ¡Piensas, y te vengas! ¿Qué sueñas? ¡Dime lo que sueñas!

MOMMINA. No lo sé.

VERRI. ¿Cómo que no?

MOMMINA. No lo sé. Eres tú quien dice que sueño. Tanto pena mi cuerpo, me siento tan cansada, que apenas me acuesto caigo en un pesado sopor. Ni siquiera sé ya qué quiere decir soñar. Si sueño y al despertarme no recuerdo mis sueños, tanto da haber soñado o no. ¡Quizá me ayuda Dios de esta manera!

VERRI. ¿Dios? ¿Dios te ayuda?

MOMMINA. Sí, a soportar esta vida, que me parecería aún más atroz al abrir los ojos por poco que en el sueño me hubiera ilusionado creyendo tener otra. ¿Lo entiendes? ¿Lo entiendes? ¿Qué quieres de mí? ¡Tú muerta me quieres, muerta! Que no piense, que no sueñe... Aún pensar puede depender de la voluntad; pero soñar, si yo soñara, mientras duermo, no dependería de mí: ¿cómo podrías impedírmelo?

VERRI. (*Frenético, agitándose él ahora como una fiera enjaulada.*) ¡De eso se trata! ¡Precisamente de eso, de eso! Yo condeno puertas y ventanas, hago poner trancas, barras, ¿y de qué me sirve si aquí mismo, dentro de tu propia cárcel, me traicionas? ¡En ella, dentro de ella, en esa carne suya, muerta, la traición! ¡Una traición viva, viva! ¡Ella piensa, sueña, recuerda! Está delante de mí; me mira; ¿puedo acaso abrirle la cabeza para ver en su interior lo que piensa? Se lo pregunto; y ella me contesta: «Nada.» Y sigue pensando, sigue soñando, recuerda, ante mis propios ojos, mirándome; pero quizá hay otro, dentro de ella, en sus recuerdos. ¿Cómo puedo saberlo? ¿Puedo verlo acaso?

MOMMINA. ¿No me ves? ¿Qué quieres que tenga dentro, si ya no soy nada? ¡No soy otra siquiera, no soy nada! ¿Qué quieres que recuerde, si mi alma se ha apagado?

VERRI. ¡No digas eso! ¡No lo digas! ¡Sabes que es peor cuando hablas de ese modo!

MOMMINA. Muy bien, no lo digo, no lo digo, quédate tranquilo.

VERRI. ¡Aunque te cegara, lo que han visto tus ojos, los recuerdos, los recuerdos que están aquí en tus ojos, permanecerían en tu mente! ¡Y si te arrancara los labios, esos labios que han besado, el gozo, el sabor que han sentido al besar seguirías sintiéndolo siempre, dentro de ti, recordándolo, hasta morir, hasta morir de placer! No puedes negarlo; mientes si lo niegas; no puedes sino llorar y asustarte de lo que yo sufro contigo, por el

daño que has hecho, que te indujeron a hacer tu madre
y tus hermanas; no puedes negarlo; lo has causado tú,
lo has causado tú este dolor; y tú lo sabes, me ves cómo
sufro, cómo sufro hasta enloquecer; sin culpa ninguna,
por la única locura que he cometido: casarme contigo.

MOMMINA. Fue una locura, es cierto, una locura; co
nociéndote como te conoces, no debías haberlo
hecho...

VERRI. ¿Yo, dices? Ah ¿sí? ¡Conociéndote a ti, deberías
decir, sabiendo la vida que habías llevado con tu madre y con tus hermanas!

MOMMINA. ¡Eso también, sí, eso también! Pero no olvides que bien te diste cuenta de que yo no aprobaba lo
que se hacía en mi casa.

VERRI. ¡Una vida que tú también llevabas!

MOMMINA. ¡A la fuerza! ¡Vivía allí!

VERRI. ¡Sólo cuando me conociste dejó de parecerte bien!

MOMMINA. ¡No! ¡Antes, antes! Tan verdad es que tú mismo me creíste mejor; y esto no lo digo por mí, para
acusar a los demás y excusarme yo misma, no; lo digo
por ti, para que tengas piedad; pero no conmigo, no, ya
que para ti es una especie de satisfacción no tenerla, o
hacer ver a los demás que no la tienes; sé cruel, sé cruel
conmigo; pero ten al menos piedad contigo mismo
pensando que me creíste mejor; que incluso en medio
de todo aquello creíste poder amarme...

VERRI. ¡Tanto que me casé contigo! Es cierto que te creí
mejor. ¿Y qué? ¿Piedad de mí mismo? Si pienso que te
amé, que pude amarte a pesar de la vida que habías llevado... ¿qué piedad puedo sentir?

MOMMINA. ¡Sí! Reconoce que por lo menos había en mí
algo que te excusa en parte de esa locura que cometiste
casándote conmigo. ¡Lo digo por ti!

VERRI. ¿No es peor así? ¿Puedo quizá borrar con eso tu
vida, tu vida antes de que me enamorara de ti? Haberme casado contigo porque eras mejor que los otros no
puede excusar mi locura sino agravarla, porque con
ello se hace más grave el mal de esa vida tuya, mucho
más grave, puesto que tú eras mejor que ellos. Yo te sa-

qué de ese mal, pero tuve, junto a ti, que cargar con él, traérmelo a la casa, aquí, a esta prisión, para cumplir la condena contigo, como si también yo lo hubiera cometido; y siento cómo me devora sin acabar conmigo, cómo me mantiene vivo todo lo que sé de tu madre y de tus hermanas.

MOMMINA. ¡Yo ya nada sé!

NENÈ. (*En la oscuridad, rebelándose.*) ¡Canalla! ¡Ahora le habla de nosotras!

VERRI. (*Gritando, terrible.*) ¡Silencio! ¡Vosotras no estáis aquí!

SEÑORA IGNAZIA. (*Acercándose hacia la pared, en la oscuridad.*) ¡Alimaña, fiera, que la tienes ahí, en esa jaula, desgarrándola entre tus fauces!

VERRI. (*Tocando dos veces la pared con la mano y haciéndola visible, las dos veces, al tocarla.*) ¡Esto es un muro! ¡Esto es un muro! ¡Vosotras no estáis!

TOTINA. (*Agresiva, también ella acercándose, junto con las otras, hacia la pared.*) ¿Y tú, canalla, te aprovechas para insultarnos?

DORINA. ¡Mommina, estábamos a punto de morir de hambre!

NENÈ. ¡Habíamos tocado fondo!

VERRI. Y ¿cómo habéis conseguido levantaros?

SEÑORA IGNAZIA. ¡Desgraciado! ¡Te atreves a echárnoslo en cara, tú que la estás matando de desesperación!

NENÈ. ¡Ahora somos felices!

VERRI. ¡Habéis vendido vuestro honor!

TOTINA. Y tú, por habérselo resguardado a ella, ¿cómo se lo estás haciendo pagar?

DORINA. ¡Ahora mamá está bien, Mommina! ¡Si vieras lo bien que está, los vestidos que tiene! ¡Hasta un abrigo de castor!

SEÑORA IGNAZIA. Y todo es mérito de Totina, ¿sabes? ¡Se ha convertido en una gran cantante!

DORINA. ¡Totina La Croce!

NENÈ. ¡Se la disputan los teatros!

SEÑORA IGNAZIA. ¡Grandes triunfos, fiestas!

VERRI. ¡Y la deshonra!

NENÈ. ¡Que viva la deshonra, si es honra lo que tú le das
  a tu mujer!
MOMMINA. *(De repente, en un arranque de afecto y de piedad, a
  su marido que se desespera echándose las manos a la cabeza.)*
  ¡No, no soy yo la que lo dice, no soy yo! Yo no me arre-
  piento de nada...
VERRI. Quieren mi perdición...
MOMMINA. ¡No, no, grita, desahógate gritando todo tu
  tormento!
VERRI. ¡Son ellas las que lo alimentan! ¡Si supieras los escándalos que siguen provocando! En el pueblo todos
  murmuran; imagínate yo, con qué cara... Se han desen-
  frenado con la victoria obtenida, han perdido ya todo
  pudor...
MOMMINA. ¿Dorina también?
VERRI. ¡Todas! Dorina también. Pero sobre todo esa
  Nenè. ¡Una *cocotte!*[39]. (MOMMINA *se tapa la cara.*) ¡Sí, sí,
  una mujer pública!
MOMMINA. Y Totina, ¿se ha hecho cantante?
VERRI. Sí, canta por los teatros, en provincias, claro; y el
  escándalo es cada vez mayor, con esa madre, las hermanas...
MOMMINA. ¿Las lleva con ella?
VERRI. ¡Todas, todas detrás de ella, de juerga en juerga!
  ¿Qué pasa? ¡Te ha dado un vuelco el corazón!
MOMMINA. No, no... Lo acabo de saber ahora... No sabía
  nada...
VERRI. Y ¿no se te revuelve algo por dentro? ¡Nada me-
  nos que el treatro! ¡Cuando tú cantabas..., con esa voz
  tan bonita! ¡La tuya era la mejor voz! ¡Cantar, en un
  gran teatro..., la ambición de tu vida! Luces, fulgores,
  pasiones desatadas...
MOMMINA. No, no...
VERRI. ¡No lo niegues! ¡Lo estás pensando!
MOMMINA. ¡Te he dicho que no!
VERRI. ¿Que no? Si te hubieras quedado con ellas, lejos
  de aquí... Qué distinta sería tu vida..., no como ésta...

---

[39] En francés en el original.

MOMMINA. ¡Eres tú quien hace que lo piense! ¡Qué quieres que piense yo, en el estado en que estoy!
VERRI. ¿Sientes angustia?
MOMMINA. El corazón se me sale por la boca...
VERRI. ¡Claro! ¿Ves? La angustia...
MOMMINA. ¡Me vas a matar!
VERRI. ¿Yo? ¡Tus hermanas, lo que has sido, tu pasado que se te revuelve dentro y te ahoga!
MOMMINA. (*Respirando trabajosamente, con las manos en el pecho.*) ¡Te lo suplico, por Dios! No puedo respirar...
VERRI. ¿Ves como es verdad, ves como es verdad lo que te digo?
MOMMINA. Ten compasión...
VERRI. ¿Creías que podías borrarlos, apagar en ti lo que has sido, tus propios pensamientos, tus propios sentimientos? ¡No! ¡El más mínimo acicate, y ahí los tienes, los mismos!
MOMMINA. Tú me los avivas...
VERRI. No, no es necesario, porque han estado siempre vivos, aunque tú no lo sepas, siempre vivos, acallados por la conciencia. Está viva siempre, dentro de ti, toda tu vida pasada. Cualquier cosa es suficiente: una palabra, un ruido, la más pequeña sensación... Mírame a mí: huelo la salvia... y estoy en el campo, en agosto, un niño de ocho años, detrás de la casa del bracero, a la sombra de un gran olivo, temeroso por un enorme abejorro azul, muy oscuro, que zumba ávido en el cáliz blanco de una flor; veo temblar en su tallo a la violada flor, los golpes de la voracidad feroz de ese bicharraco que me da miedo; ¡y aún lo siento, aquí, en los costados, el miedo! ¡Así que tú! Toda esa vida muelle, lo que sucedía entre vosotras y todos aquellos jóvenes que os visitaban, encerrándoos en una habitación, en otra... ¡No lo niegues! ¡Lo he visto con mis propios ojos! ¡De todo...! La Nenè esa, una vez, con Sarelli..., creían que estaban solos, y habían dejado la puerta entornada..., y pude verlos. Nenè fingía huir de él, hacia la puerta del fondo..., había una cortina verde, verde..., nada más salir volvió a aparecer entre las bandas de la cortina: se

había descubierto el pecho, bajándose su blusa de seda rosa, y hacía gestos con la mano como ofreciéndoselo, e inmediatamente se lo escondía con esa misma mano. Yo la vi; un pecho hermosísimo, ¿sabes?; pequeño, cabía todo en una mano. ¡Todo está permitido! Antes de que yo llegara, tú, con el tal Pomàrici... ¡Me he enterado! ¡Y antes de él quien sabe cuántos otros! Esa vida, durante años y años, casa abierta para todo el mundo... (*Se le abalanza, frenético, desfigurado.*) Tú, algunas cosas... algunas... lo primero que hicimos juntos..., si fuera verdad como me dijiste que hasta ese momento las desconocías..., no hubieras podido hacerlas...

MOMMINA. ¡No, no, te lo juro, nunca, nunca antes que contigo, nunca!

VERRI. Pero abrazos, apretujones..., eso sí, con Pomàrici. ¿Cómo te ceñía los brazos, cómo? ¿Así? ¿Así?

MOMMINA. ¡Ay, me haces daño!

VERRI. Y todo eso te gustaba, ¿verdad? Y la cintura, la cintura, ¿cómo te la ceñía? ¿Así? ¿Así?

MOMMINA. ¡Déjame, por Dios! ¡Me muero!

VERRI. (*Agarrándole la nuca con una mano, fuera de sí.*) ¿Y la boca, y la boca? ¿Cómo te besaba en la boca? ¿Así? ¿Así...? ¿Así...?

(*Y la besa, y la muerde, y se carcajea, y le tira del pelo, como enloquecido;* MOMMINA, *intentando desembarazarse, grita desesperadamente.*)

MOMMINA. ¡Socorro! ¡Socorro!

(*Acuden, en camisón, las dos niñas, asustadas, y se aprietan contra su madre;* VERRI, *cogiendo de la silla solamente el sombrero, huye gritando.*)

VERRI. ¡No puedo más! ¡Yo me vuelvo loco, me vuelvo loco!

MOMMINA. (*Protegiéndose, con las niñas a modo de escudo.*) ¡Vete! ¡Vete, animal, desaparece! ¡Déjame con mis hijas! (*Se deja caer en la silla, desmadejada; las dos niñas están junto a ella, y las aprieta contra sí, a ambos lados.)* ¡Hijas, hijas mías, lo que tenéis que ver! ¡Aquí encerradas conmigo, con vuestras caritas de cera y esos enormes ojos, desmesuradamente abiertos, de miedo! Ya se ha ido, ya se ha ido; no tembléis más, quedaos un poco aquí conmigo... No tenéis frío, ¿verdad? La ventana está cerrada. Es muy tarde. Vosotras siempre estáis ahí, pegadas a esa ventana, como dos pobrecitas mendigando que les dejen ver el mundo... En el mar contáis las blancas velas de los pesqueros, y en el campo esas casitas blancas en las que nunca habéis estado; o me lo preguntáis a mí, cómo son el mar y el campo. ¡Hijas, hijas mías, qué mala suerte la vuestra! ¡Peor que la mía! Pero al menos vosotras no lo sabéis. ¡Y mamá siente tanto dolor, tanto tanto aquí en el corazón! Me da golpes, siento en el pecho como un galope, el galope de un caballo desbocado. Aquí, aquí, dadme las manitas, mirad. ¡Que Dios no se lo tenga en cuenta, sólo por vosotras, hijas mías! Pero también a vosotras os martirizará, no puede evitarlo; él es así. ¡Él mismo también se martiriza! Pero vosotras sois inocentes, sois inocentes...

(Acerca a sus mejillas las cabecitas de las niñas y permanece así. Abandonando la oscuridad, se aproximan a la pared, por la derecha, como confabuladas, la madre y las hermanas, arregladas de modo llamativo; de suerte que forman un cuadro de vivos colores, oportunamente iluminado desde arriba.)

Señora Ignazia. *(Llamándola, despacio.)* Mommina...
Mommina...
Mommina. ¿Quién es?
Dorina. ¡Somos nosotras, Mommina!
Nenè. ¡Estamos aquí todas!
Mommina. ¿Aquí? ¿Dónde?
Totina. Aquí, en el pueblo; he venido a cantar.
Mommina. ¿Eres tú, Totina? ¿Vas a cantar aquí?
Nenè. ¡Aquí, sí, en el teatro!
Mommina. ¡Dios mío! ¿Aquí? ¿Y cuándo, cuándo?

Nenè. Esta noche, esta misma noche.

Señora Ignazia. ¡Pero bueno, hijas, dejadme a mí también decir algo! Óyeme, Mommina, mira... ¿Qué iba a decir yo...? ¡Ah, sí! Mira, ¿quieres convencerte? Tu marido ha dejado el abrigo ahí, en la silla...

Mommina. (*Volviéndose a mirar.*) Sí, así es.

Señora Ignazia. Busca, busca en alguno de los bolsillos del abrigo, a ver qué encuentras. (*En voz baja, a las muchachas.*) ¡Ahora hay que ayudarla a que interprete esta escena, que estamos acabando!

Mommina. (*Se levanta y rebusca febrilmente en los bolsillos del abrigo.*) ¿Qué es? ¿Qué es?

Nenè. (*En voz baja, a la* Característica.) ¿Contesta usted?

Característica. ¡Venga, mujer, vaya un problema!

Nenè. (*Alto, a* Mommina.) El anuncio del teatro... ¿Sabes?, uno de esos volantes amarillos que aquí, en provincias, se reparten por los cafés...

Señora Ignazia. ¡Aparece el nombre de Totina, en letras grandes..., el nombre de la *primadonna*!

(*Desaparecen.*)

Mommina. (*Lo encuentra.*) ¡Aquí está, aquí está! (*Lo abre; lee.*) *Il trovatore... Il trovatore... Leonora (Soprano),* Totina La Croce... Esta noche... ¡La tía, hijas mías, la tía, la que es cantante..., y la abuelita, y las otras tías... han venido, están aquí! Vosotras no las conocéis, no las habéis visto nunca, y yo tampoco desde hace muchos años... ¡Han venido! (*Pensando en la agitación de su marido.*) Así que era esto..., aquí, en el pueblo..., Totina va a cantar en el teatro del pueblo. Entonces, ¿también aquí hay teatro? No lo sabía... La tía Totina... ¡Entonces es verdad! Quizá la voz, a base de estudiar... Está claro, si canta en los teatros... Pero vosotras ni siquiera sabéis lo que es un teatro, pobres hijas mías. Yo os diré lo que es un teatro... Esta noche va a cantar la tía Totina... ¡qué guapa estará, haciendo de *Leonora*... (*Tararea.*)

«Calla la noche plácida
y hermosa en el cielo sereno
la luna su rostro de plata
muestra contento y pleno...»

¿Véis cómo yo también sé cantar? Sí, sí, yo también, yo también sé cantar; yo antes cantaba mucho, todo el tiempo; *Il trovatore* me lo sé entero, de memoria. ¡Os lo voy a cantar yo, yo, como si estuviéramos en el teatro, para vosotras, pobrecitas mías, mis niñas, encarceladas aquí conmigo! Sentaos, sentaos, aquí, delante de mí, las dos juntitas en vuestras sillas. ¡Voy a haceros una función de teatro! Os voy a decir antes cómo es. *(Se sienta ante las dos asombradas niñas; toda ella es un temblor, e irá poco a poco excitándose cada vez más hasta que, al fallarle el corazón, caerá fulminada, muerta.)* El teatro es una sala, una sala grande, grande, con muchas hileras de palcos todo alrededor, cinco o seis hileras llenas de hermosas y galantes señoras, plumas, piedras preciosas, abanicos, flores; y los señores de frac, la pechera de la camisa con botones de perla y corbata blanca, y mucha gente, mucha gente debajo, en las butacas rojas de las primeras filas y en la platea: un mar de cabezas; y luces, luces por todos lados; una lámpara en el centro, que parece colgar del cielo, toda como de brillantes; una luz que deslumbra, que marea como no os podéis imaginar; y rumores, y movimientos; las señoras hablan con sus respectivos caballeros, se saludan de un palco a otro, uno que ocupa su lugar en las butacas de platea, otro que mira con sus anteojos... ¡Esos de nácar que os dejé para que mirarais el campo, ésos eran los que yo llevaba, mamá los llevaba cuando iba al teatro, cuando también yo podía mirar...! De repente las luces se apagan; sólo permanecen encendidas las bombillas verdes de los atriles de la orquesta, delante de las butacas, debajo del escenario; ya han llegado los músicos, ¡muchos!; afinan sus instrumentos; el telón es igual que una cortina, pero grande, pesa mucho, todo de terciopelo rojo y listas de oro, una maravilla; cuando se abre, porque ya ha llegado el maestro con su batuta para dirigir a los músicos, empieza la ópera; se ve el escenario, en el que hay un bosque, o una plaza, o un palacio real; y la tía Totina que aparece para cantar, y más gente, mientras toca la orquesta. Así es el teatro. Pero yo, antes, yo antes tenía la voz más bonita, no la tía Totina; yo, yo, mucho más bonita, yo tenía una voz que entonces todos decían que podía cantar en los teatros; yo, mamá; y sin embargo, la que lo hace es la tía Totina... Ella ha sido valiente... Bueno, se abre el telón, fijaos, se oculta a uno y otro lado... Se abre, en el escenario se ve un atrio, el atrio de un gran palacio, con hombres de armas paseando al fondo, y muchos caballeros, y un tal Ferrando, que esperan a su señor, el Conde de Luna. Van todos vestidos a la antigua, esclavinas de terciopelo, sombreros de plumas, espadas, botas altas... Es de noche; están cansados de esperar al Conde que, enamorado de una gran dama de la corte de España que se llama Leonora, está celoso y se ha ocultado para espiar bajo sus balcones, en los jardines de palacio; porque sabe que el Trovador (que quiere decir alguien que canta y que además es un guerrero), todas las noches va a cantarle una canción a Leonora. (*Canta.*)

«El desierto en la tierra...»

(*Se detiene un momento para decir, casi hablando consigo misma.*) Señor, mi corazón... (*E inmediatamente sigue cantando, pero con suma dificultad, luchando con un ahogo que es también producto de la emoción de escucharse cantar a sí misma.*)

«La guerra es cruel destino,
y la sola esperanza un corazón (*tres veces*),
un corazón, para este Trovador...»

Ya no puedo cantar..., no puedo..., se me corta la respiración..., el corazón..., me ahogo..., hace tantos años que no canto... Pero quizá, poco a poco, el aliento..., la voz..., la recupero. Tenéis que saber que este Trovador es hermano del Conde de Luna, sí, pero el Conde no lo sabe, y tampoco lo sabe él, el Trovador, porque cuando era niño una gitana lo raptó. ¡Es una historia terrible! Escuchad. La propia gitana, que se llama Azucena, la cuenta en el segundo acto. Sí, era mío, era mío el papel de Azucena. Azucena raptó al niño para vengar a su madre inocente, quemada viva por el padre del Conde de Luna. Las gitanas son vagabundas, que leen la buenaventura, y todavía hoy, y se dice que de verdad raptan a los niños, y todas las madres bien que se guardan de ellas. Pero esta Azucena rapta al hijo del Conde, como os he dicho, para vengar a su madre, y quiere darle la misma muerte que sufrió su madre inocente; prende el fuego, pero en el furor de su venganza, loca casi, toma a su propio hijo por el hijo del Conde y quema a su propio hijo, ¿entendéis? ¡A su propio hijo! *«Hijo mío... hijo mío...»* No puedo, no puedo cantároslo... Vosotras no sabéis lo que para mí significa esta noche, hijitas mías... Precisamente *Il trovatore...,* la canción de la gitana..., la misma que yo, otra noche, cantaba rodeada por todos... (*Canta, ahogada por las lágrimas.*)

«¿Quién del gitano la vida alegra?
¡La gitanilla!»

Esa noche mi padre, mi padre, vuestro abuelito... nos lo trajeron a casa todo ensangrentado... y venía a su lado una especie de gitana... y esa noche, esa noche, hijas mías, se cumplió, se cumplió mi destino... mi destino... (*Se levanta, desesperada, y canta con toda la voz de que es capaz.*)

«¡Ah! ¡Que la muerte ahora
tarda en venir
al que desea,
al que desea morir!
Adiós,
adiós, Leonora, adiós...»

(*Cae fulminada, muerta. Las dos niñas, más asombradas si
cabe, no tienen la más mínima sospecha; creen que se trata de
la función de teatro que su mamá les está representando; y
permanecen allí, inmóviles en sus sillitas, esperando.
Se hace un mortal silencio ante tal inmovilidad. Hasta que
desde el fondo, a la izquierda, en la oscuridad, llegan ansiosas
las voces de* Rico Verri, *de la* Señora Ignazia, *de Totina, de* Dorina *y de* Nenè.)

Verri. ¿Lo habéis oído? ¡Canta! Era su voz...
Señora Ignazia. Sí, como un pájaro enjaulado.
Totina. ¡Mommina, Mommina!
Dorina. ¡Estamos aquí, con él! Ha claudicado...
Nenè. Gracias al triunfo de Totina... ¡Si vieras...! Todo el
   pueblo un cla...

(*Iba a decir «un clamor», pero se queda a la mitad, aterrorizada, como los demás, a la vista del cuerpo inerte, en el suelo,
y de las dos niñas, que siguen esperando, inmóviles.*)

Verri. ¿Qué pasa?
Señora Ignazia. ¿Está muerta?
Dorina. ¡Estaba jugando al teatro con las niñas!
Totina. ¡Mommina!
Nenè. ¡Mommina!

(*Cuadro. El* Doctor Hinkfuss, *entusiasta, entra en la
sala por la puerta principal y atraviesa corriendo el pasillo
dirigiéndose al escenario.*)

Doctor Hinkfuss. ¡Una escena magnífica, sí señor,
   magnífica! ¡Tal como yo decía lo han hecho! ¡Todo eso
   no está en el cuento![40].
Característica ¡Aquí está otra vez!
Gracioso. (*Que aparece por la izquierda.*) ¡No se ha movido
   de aquí! Ahí estaba, de tapadillo, con los electricistas,
   disponiendo todos los efectos de luz.

---

[40] La conclusión del relato es idéntica.

NENÈ. ¡Ya decía yo..., tan conseguidos!

TOTINA. Me lo he imaginado, cuando nosotras estábamos allí, en grupo... *(señala al otro lado, a la derecha, tras la pared)*, visto desde la sala tenía que ser muy bonito...

DORINA. *(Señalando al* GRACIOSO.*)* ¡Ya me parecía que era demasiado para él solo!

CARACTERÍSTICA. *(Indicando a la* PRIMERA ACTRIZ, *que sigue en el suelo.)* ¿Por qué no se levanta la señorita? Sigue ahí.

GRACIOSO. ¡No habrá ido a morirse de verdad!

(Todos se inclinan apresurados sobre la PRIMERA ACTRIZ.*)*

PRIMER ACTOR. *(Llamándola y zarandeándola.)* Señorita..., señorita...

CARACTERÍSTICA. ¿Se encuentra mal?

NENÈ. ¡Dios mío, se ha desmayado! ¡Vamos a levantarla!

PRIMERA ACTRIZ. *(Irguiendo el busto por sí misma.)* No..., gracias. Es el corazón, de verdad... Déjenme, déjenme respirar...

GRACIOSO. ¡Claro! Se nos pide que vivamos los papeles... ¡Aquí tenemos las consecuencias! ¡Pero bueno, esto no se nos puede pedir! Nosotros hemos venido a actuar: papeles por escrito y aprendidos de memoria. ¡No pretenderá que cada noche uno de nosotros se deje la piel aquí!

PRIMER ACTOR. ¡Un escritor es lo que hace falta!

DOCTOR HINKFUSS. ¡No, un escritor no! En todo caso los papeles por escrito, para que luego nosotros, en su momento, les demos vida... *(se vuelve hacia el público)* sin las inconveniencias de esta noche... que el público será tan amable de perdonarnos. *(Reverencia.)*

TELÓN

Berlín, 24 de marzo de 1929.

ÍNDICE